SUSILA BUDHI DHARMA

Muhammad Subuh Sumohadiwidjojo

SUSILA BUDHI DHARMA

SUBUD

A poem received and written down in High Javanese
with a commentary in Indonesian
by

MUHAMMAD SUBUH SUMOHADIWIDJOJO

*A new English translation of the Indonesian has been
prepared for this centenary edition.
Siti Rahayu, Muhammad Subuh's eldest daughter,
contributes a foreword.*

Centenary limited edition
of 2001 copies

SUBUD PUBLICATIONS INTERNATIONAL

First published 1959
Reprinted by SPI in 1975 with a new English translation
Third edition 1991 (English only) SPI
This edition published in 2001 by Subud Publications International Ltd
Loudwater Farm, Loudwater Lane,
Rickmansworth, Herts WD3 4HG
England

© Copyright the World Subud Association (WSA) 2001

No part of this publication may be reproduced, stored in a retrieval system, or transmitted in any form or by any means, electronic, mechanical, photocopying, recording or otherwise without the written permission of the publisher.

ISBN 1 869822 74 9

This edition translated by Sharif and Tuti Horthy,
edited by Manuela Mackenzie.
Book designed by Marcus Bolt and Leonard Hurd.
Typeset by Leonard Hurd in 12pt Goudy and 9pt Gill Sans.

Printed in Great Britain by Hobbs the Printers, Southampton, Hants.

In the holy books it is said that the way that leads to the completeness of life is not a path that can be made up, explored or planned by human beings – only by Almighty God. Human beings are required only to surrender; to surrender with acceptance and a willingness to let go.

If one were to investigate, step by step, realm by realm and journey by journey, it would be impossible to calculate how many hundred million years the journey from this world to heaven would take, the journey to the level we refer to as God.

... *Susila Budhi Dharma* will give you some idea of that journey.

Muhammad Subuh Sumohadiwidjojo
Vancouver, 20 July, 1981
81 YVR 4

CONTENTS

		Page
	INTRODUCTION	xi
	FOREWORD	xvii
	PREFACE/KATA PENDAHULUAN	xviii
1	**SINOM** The separation of the mind and the feeling.	1
2	**DHANDHANGGULA** The influence of the material forces.	15
3	**KINANTHI** The power of the material forces.	33
4	**PANGKUR** The heart and mind – and the material.	57
5	**MEGATRUH** The yearning of material things to be linked to human thought.	75
6	**ASMARANDANA** The nature of the vegetable forces.	93
7	**DHANDHANGGULA** How the vegetable forces exert their influence. The significance of the animal force.	117
8	**KINANTHI** The influence of animal forces on people who live in villages.	145
9	**SINOM** The influence of animal forces on people who live in towns.	167
10	**PUCUN** The influence of various animal forces.	183
11	**ASMARANDANA** The influence of the human force; the qualities of the human body.	195

CONTENTS

		Page
12	**PANGKUR**	211
	Human qualities likened to different soils.	
13	**DHANDHANGGULA**	223
	The nature of sexual union.	
14	**KINANTHI**	253
	Sexual union and relationships.	
15	**MIJIL**	273
	The end result of training practised by people who compel themselves to extinguish all their desires and thinking.	
16	**SINOM**	285
	An easy way of inner training that does not require isolation or abandonment of everyday needs.	
17	**PANGKUR**	309
	How the various forces can accompany humankind's progress.	
18	**PUCUNG**	335
	Understanding about the forces involved in the human inner feeling.	
19	**MEGATRUH**	343
	How the forces that accompany human beings work in the various organs and members of the body.	
20	**DHANDHANGGULA**	351
	The way to bring you real results.	
	APPENDICES	357
	NOTES	364
	TRANSLATORS' NOTES	365
	SUBUD	366
	FURTHER READING ABOUT SUBUD	367

INTRODUCTION

In 1925, a young man in Semarang, a port on the north coast of Java, received a remarkable spiritual experience that was to transform his life and that of many people all over the world. That experience is fundamental to understanding how this book came to be written. His name was Muhammad Subuh. By day he worked as a bookkeeper at the municipality and at night he would study accounting. It was his custom to go for a walk late at night after working at his studies, to clear his head before going to bed.

On this particular night he was on his way back from his walk at around 1 a.m. when he was startled by the appearance in the sky above him of a ball of light as bright as the sun, which illuminated everything around him. As he looked up, he saw that the ball of light was falling towards him. He felt a tremendous physical shock as it entered his body through his head. His body shook, and he was sure he was experiencing a heart attack.

He stumbled home, went to his room, lay down on his bed and surrendered to God, preparing to die. What actually happened was completely unexpected. First he saw the inside of his own body, filled with light. This lasted only a few seconds. Then his body started to move of its own accord. He was made to sit on his bed, then stand up and walk to his study. There his body went through the movements of the Muslim prayer. These were the customary movements that would have been familiar to him as a practising Muslim, but they were not accompanied by the words that are normally spoken. Then he was walked back to his bed. All this happened quite independently of his will, as if an invisible force was moving him, but throughout the whole experience he was fully conscious and aware of what was happening.

That was how Subuh described the first occurrence of what was to become a regular event. Every night the involuntary movements returned, and Subuh observed what was happening as if he was a second person in his own body. Since all this happened independently of his own will and his own mind, Subuh felt that it must be happening by God's will; so he simply surrendered to what was happening, but remained attentive.

INTRODUCTION

These manifestations kept changing – the movements of prayer gave way to different kinds of dance and martial arts. Subuh had some expertise in the latter, and to his surprise he found he was being taught many new movements and techniques that he had never before experienced. Gradually the movements also became deeper and more complete, involving his feelings and understanding. Soon he found that he was being taught about and experiencing all the levels of life in the universe: the material, vegetable, animal, human and levels higher than that.

As this process of inner change went on, Subuh increasingly came to be regarded by his acquaintances and friends as a person of remarkable wisdom and insight. All this culminated one night some years later in an experience in which he was given to understand that what he had received was indeed the action of God's power, and that it was not just for him but could be transmitted to others. He was not to seek people out, but if they sincerely asked they could receive the same contact with this same power that Subuh had received.

This proved to be true. When acquaintances asked him to transmit this contact to them, he found that he could do so. If they were simply close to him in a state of surrender, they would suddenly start to feel the same action that had started within Subuh many years ago. It was clear they were experiencing the same power, but that it adapted itself to the nature and individual needs of each person. This passing on of the contact from one person to another came to be called *pembukaan* or 'opening'. Once it became established in the new person, they were in turn able to pass it on to others.

For several years after that, this experience spread slowly among Subuh's circle of friends in Semarang and Yogyakarta, a neighbouring city that became his home after the Second World War. They referred to it simply as 'the spiritual training' – *latihan kejiwaan* in Indonesian – and practised it together on a regular basis. The practice consisted of Subuh's friends meeting in a room – men and women separately – where they would surrender themselves to the working of this inner power for thirty minutes to an hour at a time. People would simply follow whatever spontaneous movements and manifestations arose within them. When the practice later spread outside Indonesia, it came to be called simply 'the latihan', because it was felt that the

English word 'training' would confuse people, as it implies learning something through the use of intellect and will.

Besides joining in the latihan with his friends, Subuh also shared with them his insights about its true nature and purpose. He told them that this experience was not something new, but simply the result of restoring the connection between the Divine Power that fills the whole universe and the human soul; a connection that is the birthright of all God's creatures, but which human beings have lost through generations of life that emphasised the development of the mind rather than awareness of the soul.

Subuh told them that maybe the reason these movements had started for him with the familiar movements of prayer was to reassure him that what he was experiencing came from God's power. He had later come to understand that there are different stages in the worship of God. There is the familiar worship enshrined in our various religions, which is initiated by the heart and mind, and based on faith in what has been handed down in traditions deriving from the teachings of prophets or messengers of God. There is also worship that arises spontaneously from the human soul being guided by the power of God, as in the latihan. According to Subuh, this second kind of worship leads to the repair and improvement of the character and physical body of the worshipper. He made it clear that what he passed on was in no way a new religion, since it brought no new teaching, but was rather a reconnection with God's power that provides the proof of the reality of what the great religions teach.

In the same way Subuh would always emphasise the great difference between the latihan and the many spiritual or mystical ways to be found in Java known as *kebatinan*, which are passed from teacher to pupil and depend on human will, using techniques of meditation and asceticism. Although Subuh would from time to time pass on to those doing the latihan some of what he had learnt in the course of his own spiritual experiences, he always warned them not to treat this as a teaching but more like a road map to help them understand their own individual experiences in the course of the latihan.

He was later to say, 'In all this, Bapak's function is like that of a school servant, who sets out the books, opens the door, cleans the classroom,

INTRODUCTION

and arranges the desks and chairs for you to sit on. When you are all there, sitting down and facing the front, facing the blackboard, the teacher will come and give the lessons; and the teacher is God, not Bapak.' [Coombe Springs, England, 19 Aug 1959. 59 CSP 9]

A few years after the war, after Indonesia had declared its independence from the Netherlands, there were already a few hundred people doing the latihan in Central Java and they called a congress with the intention of incorporating themselves as a spiritual association. They chose for themselves the name 'Subud' – not taken from Bapak's name but from a contraction of three Sanskrit words: *susila*, *budhi* and *dharma*. The meanings ascribed to these words were as follows:

susila – humane behaviour that is in accord with God's will.
budhi – the inner power within human beings.
dharma – surrender in following God's will.

In 1951 an Englishman of Syrian descent called Husein Rofé arrived in Yogyakarta, whose coming had been predicted by Subuh some years earlier. He was to be instrumental in spreading the latihan beyond the shores of Java. He spoke many languages and started to earn his living by giving language lessons in town. Driven by an interest in the mystical movements of Islam, he was eventually introduced to Subuh, and soon afterwards received the Subud contact. That evening, on his way home, he realised that what he had come across was not another eastern mystical teaching but something of great importance for the whole of humanity, and that his mission would be to help it to spread around the world.

Indeed, after experiencing the latihan for some time in Subuh's circle in Yogyakarta, Rofé began to travel and started Subud groups in Sumatra and later in Hong Kong and Japan. In 1956 he travelled to Cyprus and London, which led to the first invitation to Muhammad Subuh to travel abroad in 1957. So began the spread of Subud around the world.

It was soon after the arrival of Rofé in Yogyakarta that Subuh wrote the poem *Susila Budhi Dharma*, his most important and comprehensive statement on the worship of God through the latihan. He explained

INTRODUCTION

later that he had received the whole poem – that the words were not planned but guided by the power of God. In other words, the poem itself was received in a state of latihan. He received it in the form of *tembang*, a Javanese verse form in which texts are sung to melodies of great beauty that correspond to the particular metre being used, traditionally used for conveying spiritual or philosophical truths (see Appendix 1).

The language is *kawi*, a literary form of high Javanese that is not in everyday use. Subuh therefore felt it necessary to translate the text into *Bahasa Indonesia*, the national language adopted by the new Indonesian Republic that had come into being in 1945. In his correspondence with Rofé, who was in Sumatra at the time and was to make the first English translation, Subuh refers to the Indonesian version as a commentary, and explains that it was not received but the result of intellectual effort that often left him exhausted (see Appendix 2). In later correspondence he explains that the subtlety of the Javanese language – and even more of *kawi* – with its extreme sensitivity to spiritual levels and relationships, make a literal translation into languages like Indonesian or English impossible (see Appendix 3). What he wrote, therefore, was more of an explanation of the meaning of the original, and it is this that has been translated into English in the present volume.

Readers of *Susila Budhi Dharma* should note that when it was written, the enormous changes that have taken place in Indonesia were still in the future. Java was then almost exclusively an agrarian society where most people still lived in villages. This book therefore expresses universal spiritual realities in terms of the world that surrounded the author at the time.

Sharif Horthy

FOREWORD

Susila Budhi Dharma contains the receiving of Bapak Muhammad Subuh Sumohadiwidjojo, expressed in the form of traditional Javanese melodies.

For those who follow the latihan, the content of this book is like a light and a key for obtaining the explanations they need concerning life and the development of the soul.

Therefore Bapak, the pioneer of Subud, recommended to those who follow the latihan that they read and absorb its contents.

In this way you will go forward, in accordance with the source, to obtain the truth in your worship of the One Almighty God.

I hope that this new edition will help its readers towards a deeper understanding of its contents.

Siti Rahayu Wiryohudoyo

KATA PENDAHULUAN

Sekedar penjelasan dari isi buku ini baiklah Bapak terangkan lebih dahulu, dalam keadaan bagaimanakah sifat badan manusia itu dapat menerima kontak dari hidup besar yang sebenarnya dari kekuasaan Tuhan Yang Maha Esa.

Sebagai kenyataan Tuhan itu kuasa dan maha-melebihi dalam segala apapun daripada manusia, karena memang sebenar-benarnya Ialah Pencipta dari manusia dan seluruh cakrawala. Maka karena itulah manusia dalam keadaan yang sesungguhnya hanya merupakan suatu benda ciptaan yang tak berdaya terhadap Tuhan itu.

Demikianlah keadaan sifat manusia itu dalam hakekatnya, sehingga manusia dengan hati dan akal pikirannya terpaksa tidak dapat mengerti dan memikirkan bagaimana keadaan dan kekuasaan Tuhan itu. Inilah sebab-sebabnya, maka tidak kurang-kurang orang dalam usahanya mencari jalan yang dapat menuju kekontakan hidup besar itu selalu kandas ditengah-tengah jalan atau kalau tidak, maka dengan tiada kesadaran jiwanya ia terpaksa menyimpang menuju ke lain jurusan, yang hakekatnya adalah ke jurusan sifat bayangan dari angan-angan, rasa hati dan akal pikiran.

Oleh sebab itu, maka yang utama dalam usaha manusia untuk mendapatkan sifat kebaktian yang dapat kontak dengan hidup besar itu, ia perlu meniadakan kebangkitan angan-angan dan akal pikirannya. Karena dengan keadaannya yang demikian itu, ia hakekatnya melumpuhkan nafsu dan menundukkan baik kepandaian maupun kebijaksanaannya sebagai manusia, dan ini berarti pula ia sebagai manusia patuh atas perintah dan menyerah dengan penuh keikhlasan kepada Tuhan yang menguasai dirinya.

Sebenarnya ini bukan sesuatu yang baru, dalam abad yang telah lama lampau manusia sudah menjalankan sedemikian itu; juga ia telah menemukan sifat kontak yang terasa dalam dirinya. Tetapi apa sebab keadaan yang demikian itu sesampainya diabad sekarang ini sudah tidak begitu banyak orang yang masih memilikinya? Ini disebabkan tidak lain karena manusia dalam keadaan turun-temurun selalu menghadapi perubahan keadaan keduniaan, dan dari perubahan keadaan keduniaan yang selalu dihadapi itu banyak diantaranya yang mudah terkena pengaruh keduniaan itu. Lebih-lebih sesudah akal pikiran manusia makin berkembang atau makin maju dalam lapangan yang disebut : pengetahuan; ini sebagai makin membuka jalan bagi

PREFACE

To explain the contents of this book it will be best if Bapak first makes clear the conditions under which human beings can receive a contact with the Great Life, whose source is in fact the power of Almighty God.

In reality God has power, and far excels human beings in all things; for in very truth God is the Creator of humankind and of the whole universe. So human beings as they really are, are just created things, powerless before God.

This being their real nature, human beings cannot understand or reflect on the nature and power of God with their heart and mind. This is why, whenever people try to find a way that may lead to contact with the Great Life, many are stranded on the path or, if not, are impelled – without their soul being aware of it – to stray in other directions, directions which in reality are mirages of the imagination, heart and mind.

Therefore, in seeking a kind of worship that can make contact with the Great Life, people need, above all, to stop the welling up of their imagination and thinking. By doing that they really paralyse their passions and surrender their human ability and wisdom; that is to say, as human beings they obey and submit with complete sincerity to God who rules within them.

In fact this is nothing new, for in times long past human beings already followed such a path and found a contact they could feel within them. Why, then, are there not many people in our own time who still have that contact? The reason is simply that conditions on earth for humankind keep changing as generation succeeds generation, and many people are easily affected by the influence of these ever-changing conditions that face them. This has especially been so since the human mind has progressively developed its knowledge. This has, as it were, increasingly opened the way for the inner feeling to plunge into the realm of thought rather than into the realm of inner peace. Over time, the human self has come to be ruled

KATA PENDAHULUAN

rasa diri terjun ke dalam alam akal pikiran daripada ke alam ketenangan rasa diri, sehingga dalam dirinya manusia lambat laun lebih dikuasai oleh akal pikiran daripada ketenangan rasa diri atau rasa pribadi, sehingga akhirnya menyebabkan sifat hati dan otak manusia selalu bekerja dan kesempatan bagi rasa diri untuk bertenang hampir tidak ada.

Memang, sesungguhnya perlu sekali manusia berpikir itu, sebab akal pikiran itu merupakan alat manusia yang penting, agar ia dengan alat itu dapat berusaha untuk mencukupi kebutuhan hidupnya didunia, sehingga hidupnya didunia menjadi teratur. Tetapi untuk mendapatkan keinsafan kejiwaan hingga mendatangkan kontak kembali dengan hidup besar, manusia tidak diperlukan menggunakan akal pikirannya, melainkan agar ia menghentikan jalan akal pikiran dan angan-angannya. Karena hanya dengan jalan yang demikian inilah ia mungkin dapat menerima sesuatu diluar dugaannya yang akhirnya mendatangkan getaran daya yang terasa dalam diri. Maka teranglah bahwa jalan untuk mendapatkan kontak dengan hidup besar atau dengan kekuasaan Tuhan itu tidak lain daripada manusia perlu menyerah dan ikhlas dengan sesungguh-sungguhnya. Dan sifat penyerahan ini bukan hanya dalam kata-kata saja, tetapi harus dapat menembus ke dalam seluruh rasa diri hingga benar-benar terasa bahwa tidak ada sesuatu yang dipercaya, dipuji dan diper-Tuhan kecuali Tuhan Yang Maha Esa (Allah).

Kalau yang demikian itu dapat sungguh-sungguh dikerjakan, maka pada seketika itu juga ia akan terasa dalam keadaan yang tak berdaya, tetapi masih utuh dan sadar. Artinya : ia terasa tidak berdaya karena pada saat itu kekuatan nafsu, hati dan akal pikiran terlepas dari padanya; dan terasa masih utuh sebab rasa diri lalu terisi dengan sesuatu yang datang dari hidup besar; akhirnya terasa sadar yang disebabkan dari kebangkitan jiwa manusianya.

Demikianlah apabila manusia dapat mengerjakan itu dengan keadaan yang sebenarnya. Tetapi kalau ia dalam usahanya menuju ke situ masih selalu menggunakan akal pikiran karena dianggap sebagai suatu syarat atau alat yang dapat mengatasi segala sesuatu, maka kemungkinan utnuk mendapatkan kontak dengan hidup besar itu sukar diharapkan.

Kenyataan ini telah banyak diucapkan oleh para penerima yang telah hidup didunia ini dalam abad-abad yang telah lama lampau, ialah : bahwa jalan satu-satunya bagi manusia untuk dapat mendekati kekuasaan Tuhan memerlukan agar ia suka menenangkan rasa dirinya more and more by thought, instead of by the quietness of the inner feeling or the inner self; so in the end people's hearts and brains are always busy and their inner feeling has almost no opportunity to be at peace.

Certainly human beings must think, because thought is an important tool with which they can strive to fulfil the needs of their life on earth and so make their existence here an orderly one. But to become aware of the realm of the soul and make contact again with the Great Life, people do not need to use their minds. On the contrary, they should stop the process of their thinking and imagining, for only by doing so can they receive something from beyond their imagination that eventually brings about a vibration of energy felt within the self. Clearly then, the only way to make contact with the Great Life or the power of God is for a person really to surrender and let go. And this surrender must not be in word only, but must penetrate throughout their inner feeling until they truly feel they believe in, praise and worship no one but the One Almighty God.

If they can really do this, then at that moment they will feel powerless, but complete and conscious. That is to say, they will feel powerless because at that moment the strength of their passions, heart and mind will have gone from them; they will feel complete because their inner feeling is filled with something that comes from the Great Life; and finally, they will feel conscious because of the awakening of their human soul.

That is how it will be when a person can do this in the right way. But if in their efforts to do this they keep using thought, because they regard it as the means or the tool that can overcome everything, then they can hardly hope to make contact with the Great Life.

This truth was often expressed by those who were able to receive while living on earth in times past. They said that the one and only way for a person to be able to draw near to the power of God is for them to be willing to quieten their inner feeling with complete

KATA PENDAHULUAN

dengan penuh kesabaran, ketawakalan dan keikhlasan.

Kenyataan sebagai ini telah menjadi syarat yang mutlak, karena hakekatnya pemberian dari Tuhan itu hanya dapat diterima oleh umat manusia yang memiliki rasa diri yang penuh menyerah, sabar, tawakal dan ikhlas kepada kebesaran Tuhan.

Demikianlah ucapan Bapak kepada barang siapa yang suka membaca buku ini. Adapun keterangan-keterangan yang ada dalam buku ini seterusnya, adalah mewujudkan jalan kejiwaan yang didapat dalam menerima latihan.

Kemudian harapan Bapak semoga para pembaca dapat terbuka rasa dirinya oleh Tuhan Yang Maha Esa, sehingga dapat mengabdi kepadaNya dengan sesungguh-sungguhnya. Dan Bapak mengharapkan pula, agar para pembaca suka memaafkan banyak-banyak apabila ada kata-kata Bapak yang tidak pada tempatnya. Amin!

Bapak Muhammad Subuh Sumohadiwidjojo

PREFACE

patience, trust and surrender.

This has been an absolute requirement, for in truth this gift from God can only be received by human beings who have inner feelings filled with surrender, patience, acceptance and willingness to let go before the greatness of God.

Such are Bapak's words to all who may wish to read this book. The explanations in the pages that follow give shape to the path attained by the soul in receiving the latihan.

In conclusion, Bapak hopes that the inner feelings of those who read this book may be opened by Almighty God, so that they can truly worship God. Bapak also hopes that readers may be very forgiving if anything Bapak has said is out of place. Amen.

Bapak Muhammad Subuh Sumohadiwidjojo

1
SINOM

'These are the words of divine
counsel received, and so far as was
necessary written down, in the
historic city of Yogyakarta
in the year 1952.'

SUSILA BUDHI DHARMA

1. Untuk dapat terlaksana dan terwujud suatu kenyataan kejiwaan yang telah terlatih dengan lahir dan batin, maka bertalian dengan itu disini dituturkan segala sesuatu yang menjadi intisarinya dengan diiringi irama lagu yang indah, agar dengan ini hendaknya dapatlah diperoleh kenyataan yang diperlukan.

2. Demikianlah sabda penuturan ini, yang telah diterima dan ditulis seperlunya di kota Yogayakarta, suatu kota yang bersejarah, dalam tahun seribu sembilan ratus limapuluh dua.

3. Sebagai permulaan diterangkanlah disini, bahwa sesudah hati berhenti tidak memikir-mikir dan telah terpisah dari rasa perasaan karena pembukaan itu, maka terasalah segera suatu getaran hidup, yang lalu meliputi seluruh badan dan segera mewujudkan suatu gerakan yang sungguh asing bagi hati akal pikiran.

4. Memang, hal itu sesungguhnya asing bagi hati akal pikiran, karena bukan suatu hal yang dapat dicapai oleh akal pikiran, tetapi adalah suatu kenyataan yang dapat diterima dan disaksikan oleh rasa perasaan, yang telah tidak dipengaruhi pula oleh akal pikiran.

5. Sesudah diterima dan disaksikan kenyataan itu, rasakanlah selanjutnya benar-benar bagaimana keadaan yang sesungguhnya, sehingga mendapatkan suatu petunjuk ke arah jalan yang benar dan menampakkan pula keaslian diri pribadi yang sebenarnya.

6. Karena yang demikian, maka terasalah sifat kesalahan yang selalu terbawa, yaitu sifat kesalahan yang terjadi karena tindakan orang tua pada waktu si anak belum terjadi.

---

1. Rinengga sekar tinata,
mrih resmi rinaos sami,
ing panggulang ahli rasa,
ginulang dadya sawiji,
lahir batin anunggil,
kumpula anunggal lungguh,
palungguhan kang nyata,
nyata jatining pribadi,
mrih ngaléla angégla jatining jiwa.

2. Mangkana wosing carita,
kalanira dèn atiti,
anèng nagri kang sejarah,
Ngayogyakarta wewangi,
dhinapuk dèn wiwiti,
taun sèwu sangangatus,
sèket kalih kang warsa,
wedharira dèn pèngeti,
mrih katata pranataning ahli jiwa.

3. Kang dhihin sawusnya nampa,
karkating badan sakalir,
kang ageter sumarambah,
salir badan dèn limputi,
yèku geter kang wus nir,
sirnaning cipta tyasipun,
greget tanpa sarana,
ana tan sinedyèng ati,
wus kahana ananya karsèng priyangga.

1 SINOM

4   Wus mangkana wahananya,
     meloknya sepi ing ati,
     yèn sinedya datan ana,
     saka pasrah temah dadi,
     mula salah tyasnèki,
     ing tingkah kalamun nurut,
     akal pikir tyasira,
     kang tuhu mung wèh sesilip,
     becik iki ing tingkah mula dohana.

5   Mungguh nyata-nyatanira,
     sawusira dèn atampi,
     saut kridhaning kang ana,
     rasakena yekti-yekti,
     nyatèng rasa kang mingis,
     wiyosé ingkang pituduh,
     marsitani purwanya,
     sangkan paraning dumadi,
     kang minangka purwaning janma dumadya.

6   Kono ana kang pinanggya,
     pinanggih kang dadi wadi,
     bener lan isih salahnya,
     adeg-adeging pribadi,
     ing kalanira nguni,
     kumpuling bapa lan biyung,
     kang minangka lantaran,
     dedalan ananing dadi,
     dadi sifat sampurnaning badanira.

1   In order to put into practice and give form to a spiritual reality that has been received both inwardly and outwardly, its entire essence is here expressed in beautiful melodies and metres, to help you obtain the evidence you need.

2   These are the words of divine counsel received, and so far as was necessary written down, in the historic city of Yogyakarta in the year 1952.

3   To begin with, let it be explained here that once the mind has stopped thinking and has been separated from the feeling as a result of the opening, a vibration of life is felt, which goes on to envelop the whole body and soon causes movements that seem very strange to the mind.

4   This state is indeed foreign to the mind, because it is not something that can be attained by thought, but is a reality that is received and witnessed by a feeling no longer influenced by thinking.

5   When you have received and witnessed this reality, go on and truly feel what is in fact happening within you. By doing so you will be guided towards the right path and will also become aware of your authentic individual self.

6   In this way you will feel the nature of the faults you always carry with you – faults caused by your parents' conduct before their child came into existence.

SUSILA BUDHI DHARMA

7 Keadaan itu merupakan sesuatu yang sungguh ganjil, karena dengan sewajarnya menyatakan kekurangan macam perlengkapan bagi kedudukan manusia, sehingga kemungkinan untuk meningkat ke atas atau untuk meningkat ke alam kesempurnaan sangat tipis.

8 Hal itu memang suatu kesalahan yang sungguh-sungguh terasa dan si anak pun sudah tidak dapat berbuat apa-apa kecuali hanya harus menerima saja apa yang telah terjadi atas diri pribadinya. Dan kalau dipertimbangkan benar-benar, hal ini bukan suatu kejadian yang luar biasa, melainkan suatu kejadian atau keadaan biasa semata-mata yang dapat dikatakan hampir saban orang mengalaminya, karena pertama : tidak saban orang dapat mengerti kejadian-kejadian yang belum terjadi dan kedua : walau bagaimanapun juga orang pun tetap orang, yang mudah berubah keadaannya dan mudah pula terkena oleh keadaan yang menggoncangkan hati. Oleh karena itu, maka rasanya tak adalah gunanya andaikata si anak lalu menyalahkan orang tua, meskipun kesalahan ini berasal dari mereka sesungguhnya.

9 Mungkin diantara orang-orang tua itu ada yang sungguh-sungguh berusaha untuk mendapatkan kesempurnaan dari tindakannya dengan pengharapan supaya kelak mempunyai anak yang berbudi utama atau sempurna perlengkapan hidupnya, tetapi karena salah cara berusaha, tidak dapat terlaksana apa yang diharapkan.

10 Oleh karena itu baiklah jalan secara itu tidak ditempuh, teristimewa hanya dengan menguatkan dan mempersatukan kehendak untuk dapat menciptakan barang sesuatu yang diperlukan. Sebab hasil daripada apa yang diterima, tidak lain daripada suatu bayangan belaka yang timbul karena ciptaan hati.

7 Anèng kono yekti krasa,
karasèng durungé tapis,
tapis tepus temu gelang,
kang dadi adeging janmi,
janma manungswa yekti,
ujarnya titah kang luhur,
ingkang mangka dumadya,
guruning titah sakalir,
ingkang mangka tetunggul
    nèng alam donya.

8 Paran ta ingkang mangkana,
nadyan krasa durung tapis,
kanyatahan kang tinampa,
agung isih ingkang sisip,
beciké aywa kongsi,
bapa biyung dèn tetutuh,
dupèh ananing salah,
saka kono kang sakawit,
karan tuwa wong tuwa kurang
    wéwéka.

1 SINOM

7   This state is something truly remarkable, because it truthfully reveals the qualities you are lacking for your status as a human being, the lack of which makes your chance of rising higher – of reaching the realm of perfection – very slight.

8   You, the child, become truly aware of these faults and can do nothing but accept what has befallen your individuality. And if you really think about it, this is far from uncommon; on the contrary, it is a very common situation that almost everybody experiences. For, in the first place, most people cannot foresee what is going to happen; and secondly, no matter what, people remain people, their state can easily change and they are easily affected by conditions that upset their feelings. So it would seem useless for the child to blame his or her parents, even though they really were the source of these faults.

9   Sanyatanya pan mangkana,
    nora awit kurang titi,
    lawan malih ujarira,
    apan ora kurang yekti,
    trapnya kang ngati-ati,
    paran déné meksa luput,
    luputing pangangkahnya,
    awit saka isih sepi,
        sepi hisi durung wruh nyataning jiwa.

10 Apa manèh jeneng bisa,
    lawan ingkang nama ngerti,
    nyatanya sih kira-kira,
    watoné bisa anyepi,
    nyepi adrenging pikir,
    mremanem ambuwang nafsu,
    wus ningken pancadriya,
    dinalih salir wus mamring,
        mamring sirna tipeting tyas kang memindha.

9   There may be parents who make real efforts to perfect their behaviour, in the hope that later they will have a child of excellent character who is fully prepared for life; but, because their efforts are wrongly directed, their hopes are not fulfilled.

10 So it is better not to take these ways, especially if they only involve strengthening and concentrating the will in order to create the thing that is desired, for the results that are obtained are nothing but fantasies born of the heart.

SUSILA BUDHI DHARMA

11 Demikianlah, maka yang utama bagi orang tua ialah keperluan untuk sedikit banyak menginsafi tentang kejiwaan itu, agar kelak tidak menjadi sasaran tuduhan kesalahan yang diucapkan oleh anak keturunannya.

12 Sebagai anak, baiklah hal itu sekarang tidak perlu diperpanjang, karena hanya menambah kekeruhan dalam rasa perasaan, sehingga menjauhkan segala sesuatu yang akan dicapai, terutama yang ditujukan kearah kesempurnaan hidup.

13 Bagi kamu si anak, sudahlah bahagia hidupmu, karena telah mendapatkan suatu cara yang dapat membangkitkan jiwa, sehingga jiwamu bangun dan dapat bertindak menurut ukuran dan kekuatan yang ada padamu. Sedikit demi sedikit jiwamu akan bertambah kekuatannya, yang akhirnya dapat memenuhi keperluanmu sendiri.

14 Karena itu kerjakanlah latihanmu selalu, agar lekas dapat menjumpai macam-macam daya yang terkumpul dalam rasa perasaanmu dan dapat pula memisah-misahkannya satu sama lain.

15 Dalam hal itu diperlukan supaya kamu dapat menginsafi tingkah laku daya-daya itu, sehingga daya-daya itu dapat tersusun cara bekerjanya yang akhirnya nanti mewujudkan suatu kerjasama yang diartikan : saling tolong-menolong.

16 Baiklah diingat, hatimu jangan kadang-kadang ingin lekas-lekas menginsafi keadaan-keadaan yang bukan-bukan, lebih-lebih memikirkan alam hidup yang maha besar. Karena itu bukanlah suatu hal yang perlu dipikirkan dan kenyataannya waktu bagimu untuk sampai kesitu pun masih sangat jauh. Selanjutnya, tingkah laku yang demikian itu bukan melekaskan tercapainya apa yang diharapkan, malahan kalau kurang teguh pikiranmu dapat menjadi goncang.

---

11 Mula aywa dèn gegampang,
mundhak dadi paran titih,
tinutuh, ingundha mana,
déning sagung para siwi,
déné salah kepati,
anak putu samya katut,
tut salah tan rumangsa,
kelantur saya kepati,
temah tuna huripnya samya nggraita.

12 Becik nadyan kang mangkana,
ywa tinampa tyas prihatin,
anenutuh ingkang ora,
utamané dèn kèndeli,
tan perlu dèn pepulih,
mundhak saya sru kelantur,
kebanjur ngambra-ambra,
nora bener malah sisip,
temah kisruh ing tumindak manggih sonya.

13 Begja déné ing samangkya,
wus amanggih kang dèn anti,
lahirnya kang jeneng jiwa,
kang mangka adegirèki,
nadyan ta durung tapis,
paran wus jeneng dumunung,
karan sampun karaga,
wus muna kalawan muni,
mula aywa rinasa durung prayoga.

1 SINOM

14 Saka kono tindakira,
    ingkang atul ing panggladhi,
    tlatènana sakadarnya,
    supayènggal amethuki,
    methuki ponang hisi,
    saliring daya kang kumpul,
    kang kumpul jroning rasa,
    sumrambah badan sakalir,
    saka iku anané bisa wéwéka.

15 Sawusnya sira mangkana,
    jroning tingkah dèn ulati,
    laku-lakuning kang daya,
    kang ndayani adegnèki,
    lan uga kang nguwati,
    kang nguwati jejeripun,
    jejernya kang tinata,
    susunaning daya salir,
    mrih katata sampurnaning huripira.

16 Mula aywa sru kesesa,
    ing pangangkah nedya huning,
    alam kobra kang pininta,
    ingkang jembar agung inggil,
    paran iku tan yogi,
    wektunya sih nyamut-nyamut,
    yèn dèn agé sulaya,
    temah salah mikatoni,
    warna-warna kang kinandha ngayawara.

11 So what parents need above all is to be conscious in some degree of the life of the soul, so that later they do not become a target for reproaches from their offspring.

12 As a child, it is better for you not to dwell on this matter, for that will only add to the confusion in your feelings and make it harder for you to achieve whatever you want, especially if it is to perfect your life.

13 You, the child, are already fortunate in your life, because you have found a way that is able to awaken the soul, so that it is awake and can act according to your capacity and strength. Little by little your soul will grow stronger and will eventually be able to fulfil your needs.

14 For that reason, always do your latihan, so that soon you may encounter the various powers that have gathered in your feelings and be able to tell one from another.

15 You need to become aware of how these powers behave, so that you can bring order to the way they work. This will eventually result in co-operation between them and they will help one another.

16 It is good to remember not to give way to your heart's wish at times to understand quickly what is out of reach, and especially not to think about the realm of the Great Life. For that is not a subject for thought, and in truth the time for you to reach an understanding of it is still very far off. Moreover, such activity will not enable you to achieve your hopes more quickly; on the contrary, if your mind is not firm enough it could become disturbed.

17 Sebab itu baiklah dilatih secara sabar, meskipun kemajuan dalam latihanmu itu hanya sedikit demi sedikit. Pokoknya asal kamu dapat memperoleh kenyataan, sehingga kamu dapat kemajuan yang utama.

18 Selain daripada itu perlu juga disini diperingatkan supaya para pelatih jangan sekali-kali meninggalkan kewajiban, misalnya tidak menyukai lagi kebiasaan orang hidup di dunia. Sebaliknya, malahan diharapkan supaya mengisi dunia dengan segala macam kesenian yang berguna bagi masyarakat. Justru yang tersebut belakangan inilah sesungguhnya yang merupakan tugas sebagai manusia atas kehendak Tuhan.

19 Haruslah diingat selanjutnya, bahwa sifat manusia terjadi adalah di dunia, dan dunia ada karena keperluan manusia. Maka andaikata ia memaksa dirinya lalu menyendiri dan meniadakan sifat bekerja segenap anggota badan, umpamanya tidak memperdulikan segala apa yang dilihat, didengar, dicium, dirasakan dan lain-lain, hakekatnya malahan menyalahi kodrat Tuhan, karena telah menyia-nyiakan segala sesuatu yang telah diberikanNya.

20 Oleh karena itu janganlah kamu berlaku demikian. Yang utama dan selaras dengan jalan hidup manusia, kerjakanlah untuk memenuhi keperluan hidupmu dengan jalan menghidupkan rasa perasaan dari seluruh tubuhmu, sehingga segenap anggota badanmu terasa sebagai bertanggung jawab atas kedudukanmu, yang merupakan suatu kesatuan dari segala penjuru.

17 Paran mula utamanya,
gegulangen saking kedhik,
rèhné kedhik pandumira,
ywa keladuk kudu inggil,
beciké saka sithik,
nadyan sithik waton dunung,
dunung genah akena,
kakenan ingkang binudi,
yèku tindak ingkang becik tur prayoga.

18 Liya tutur kang kinandha,
ngèngetken kang salah kardi,
utamanya pra panggulang,
ing tingkah ywa ninggal wajib,
ing donya papanèki,
tatanen ywa kongsi suwung,
hisinen gunanira,
salir guna kang médahi,
apan iku kang mangka pandadarira.

1 SINOM

17 So, it is best to do your training patiently, even though you make progress only little by little. The main thing for you is to experience its reality, so that you may develop in the best way.

19 Mula tan samesthinira,
    èng donya nggènnya dumadi,
    nulya ninggal wajibira,
    ngungkurken asaling dadi,
    tyasnya angèpi-èpi,
    gelisa nèng alam agung,
    wruh donya kipa-kipa,
    pangrasanya donya sisip,
    nora ngerti ing tingkah salah ènggoknya.

18 Besides that, it is necessary here to remind those who are doing this training never to neglect their obligations – for example, not to reject the ordinary life of people on earth. On the contrary, it is hoped they will fill the world with all the arts and skills useful to society, for this is precisely the task set for human beings by the will of God.

20 Paran ywa samya mangkana,
    iku patrap tan utami,
    jeneng sira wani nulak,
    nulak Sihing Hyang Kang Luwih,
    tuna ginawé dadi,
    tur rinengga saliripun,
    prabotira ngagesang,
    salir sampun dèn cukupi,
    sanyatanya wus tan kurang marganira.

19 It must also be remembered that humankind has been created to inhabit the earth, and that the earth exists to provide for human needs. So if someone deliberately isolates themselves and ignores the working of their physical faculties – paying no attention to sights, sounds, smells, feelings, and so on – then in truth they are acting contrary to the will of God, because they are wasting what God has given them.

20 So you must not behave like that. The best and most fitting way to live is for you to work to meet the needs of your existence by bringing the feeling to life throughout your body, so that every part of it feels responsible for your role as a human being whose specialised parts together form a unity.

SUSILA BUDHI DHARMA

21 Cara itulah yang utama dan sesungguhnya selaras dengan garis hidup sebagai makhluk yang mulia, dan berarti pula bahwa ia dapat menepati janjinya sanggup mengatur dan mengerjakan segala keperluan hidup lahir dan batin. Demikianlah anakku, maka laku yang menyimpang jalan baiklah dijauhi benar-benar, karena dapat mengakibatkan lenyapnya keperwiraanmu dan lenyap pula kejayaan alat peserta hidupmu yang sempurna.

22 Sebab itu, maka yang utama bagi kamu sekalian ialah supaya pengaruh daya-daya yang selalu mencampuri rasa perasaanmu itu dihadapi dengan alat peserta hidupmu, agar akhirnya tidak lagi merupakan perintang bagi kemajuan hidupmu, tetapi dengan sendirinya malahan menjadi pesertamu yang sungguh-sungguh berguna.

23 Sekarang ganti yang dituturkan, yaitu : adanya daya-daya yang bersangkut-paut dengan hidup manusia. Yang pertama atau sesungguhnya yang terendah, yaitu : daya kebendaan. Daya ini letaknya atau kedudukannya sudah tentu di sifat barang-barang yang nampaknya tidak dapat bergerak sendiri.

24 Barang-barang ini meskipun nampaknya tidak dapat bergerak sendiri, namun hakekatnya berisi daya, yang cocok dengan akal-pikiran manusia, sehingga manusia dapat mempergunakan ini untuk segala macam pekerjaan dan dapat pula mengubah bentuk dan warnanya menurut kehendak hatinya.

25 Malahan lama-kelamaan karena tarik-menarik antara daya benda itu dengan akal pikiran manusia, akhirnya manusia dapat mewujudkan bentuk benda-benda itu dalam keadaan beraneka warna yang dapat digunakan untuk segala keperluan.

26 Pendek kata, karena yang demikian itu, manusia telah dapat menciptakan segala macam alat yang dapat digunakan untuk menghias diri, bernaung atau didiami (rumah), memperlengkapi keperluan rumah, bepergian, pertanian dan lain-lain.

21 Mula yèn kongsi mangkana,
    ing patrap mung nyulayani,
    iku teges aneninggal,
    mring kaprawiraning janmi,
    nata donya tan dugi,
    dèn éca amundur alus,
    mbuwang prabot asalnya,
    sartanya asaling dadi,
    iku tiwas atuwas dadi sujanma.

22 Paran mangkya utamanya,
    becik aywa dèn unduri,
    salir wahananing donya,
    kang kebek saliring hisi,
    daya mawarni-warni,
    kang mangka rangkèning hidhup,
    dhepana ywa suminggah,
    pan iku don-adonèki,
    yèn dèn dohi temah papa nora kwasa.

23 Paran mangkya wedharira,
    salir daya kang momori,
    kang dhihin mangka dhasarnya,
    daya barang kang winiwit,
    nyatané sipat iki,
    daya sétan kang dedunung,
    mobah mosik tan bisa,
    bisa awit saka janmi,
    dhasar nyata lungguhnya mung
                karya srana.

1 SINOM

24 Nanging nadyan kang mangkana,
    meksa gedhé andayani,
    kacondhong tingkahing akal,
    nyatané dadi piranti,
    mangka sarat makarti,
    nyukupi butuhing hidhup,
    nggènnya samya bebrayan,
    anèng donya mrih lestari,
    kang mangkana mula becik dèn
                              pranata.

25 Pan mangkono gunanira,
    dayané barang puniki,
    mapan iku saratira,
    sampurnanirèng makarti,
    nyatané amuwuhi,
    mring undhaking gunanipun,
    nadyan kang rupa sandhang,
    salir tekèng ingkang pèni,
    apan iku tan béda barang wujudnya.

26 Nadyan silih prabotira,
    salir prantining ngajurit,
    gaman landhep salirira,
    datan béda barang yekti,
    wuwuh prantining tulis,
    pan punika tunggilipun,
    sipat omah salirnya,
    klawan sahisinirèki,
    apan kabèh dadi sipating bebarang.

21 That way is best, and is really fitting for the life of noble beings; it also enables them to fulfil their commitment to manage and satisfy all the needs of their life, both inner and outer. So, my children, it is better to avoid behaviour that leads you astray, for that can cause your high qualities to vanish and the glory to be lost from the full range of tools and faculties that you have for your life.

22 That is why it is best for all of you to use these human tools to confront the influence of the powers that always interfere in your feelings, so that eventually these no longer impede your progress in life, but rather of themselves become really useful companions to you.

23 Now to discuss the existence of powers connected with human life. The first, or rather the lowest, is the power of matter. Of course this force is located or has its presence in objects that appear to be inanimate.

24 These things, although they appear unable to move of their own accord, in fact contain a power that matches the human faculty of thought; hence people can make use of these things for every kind of task and can change the shape and nature of them as they wish.

25 In fact, thanks to the mutual attraction between the material forces and the human mind, people have gradually become able to make a variety of objects that meet their every need.

26 So, in short, people have been able to create all kinds of devices, which they can use for their adornment, shelter or dwelling, for their household needs, for travelling, for agriculture, and so on.

27 Jadi kesimpulannya, karena manusia menginginkan supaya tindakan hidupnya itu dapat sempurna, maka terpaksalah ia menciptakan suatu alat peserta sebagai yang tersebut di atas.

28 Karena itu, maka seharusnya manusia dapat mempergunakannya dengan sungguh-sungguh hingga dapat mendatangkan ketertiban dan kesejahteraan hidupnya bersama.

29 Demikianlah hakekatnya yang perlu diinsafi dengan sungguh-sungguh supaya jangan sampai menjadi terbalik, sehingga malahan manusia yang diperalat oleh alat pesertanya itu.

30 Sekian uraian tentang kebendaan itu, yang nampaknya tidak berdaya, tetapi sesungguhnya amat kuat daya penariknya, karena hakekatnya memang sejalan dengan akal pikiran manusia.

27 Sagung iku ananira,
pan sayekti saking janmi,
mula samya dèn anakna,
saka butuh dèn nggo pranti,
nurut perlunya sami,
kabutuhan kang pinangguh,
apan iku nyatanya,
jeneng janma kang ngwasani,
nyatanira pan wus dadi kanthinira.

28 Kanthi mangka saratira,
saratnya janma ngaurip,
mranata kerta raharja,
utamanya kang pinanggih,
mrih rukun mring sesami,
bisaa tulung-tinulung,
samad pan sinamadan,
kang sugih tulung kang miskin,
ingkang wasis nenuntun mring
kang sih tuna.

1 SINOM

29 Mangkana wijanganira,
   benernya janma puniki,
   apan kudu bisa mréntah,
   sarta kudu bisa ngerti,
   perluné kang piranti,
   tuwin apa gunanipun,
   pan iku yektinira,
   anané wit saka janmi,
   wus beneré yèn janma bisa mranata.

30 Wus mangkono pranatannya,
   jantranya ingkang winarti,
   paran kang sami waspada,
   ubengnya daya sétoni,
   katoné tan ngisruhi,
   nyatané gung dayanipun,
   paran iki yektinya,
   datan tebih king tyasnèki,
   awit ana anané saking sujanma.

27 In conclusion, because people want to have a life that lacks nothing, they have no choice but to create such accessories.

28 People must therefore be able to use them rightly to create order and well-being in their lives together.

29 This is a reality you must be truly aware of in order to prevent the reverse from happening, where human beings become the tool of their own tools for living.

30 So much for what concerns matter, which seems powerless but which actually exerts a very strong attraction, because in reality it has an affinity with the human mind.

2

DHANDHANGGULA

'There are also people who are altogether incapable of using their possessions according to need and who, on the contrary, are completely ruled and used by them.'

SUSILA BUDHI DHARMA

1. Menurut uraian yang tersebut di atas, agaknya orang dapat mengenyahkan pengaruh daya benda itu dengan mudah. Tetapi sesungguhnya tidak demikian, sebab meskipun barang-barang itu adanya dan terciptanya oleh manusia, hakekatnya daya penariknya telah sampai ke hati, yang telah menembus juga ke dalam rasa perasaan, hingga bila orang dipisahkan dari padanya terasa sebagai dipecat separuh nyawanya.

2. Benar kalau diingat terjadinya barang-barang itu karena manusia, tentu mustahil manusia sampai teperdaya oleh barang yang dibuatnya. Justru karena ciptaan hati dan tenaganya itulah yang menjadikan sebab musabab rasa perasaan manusia betul-betul tertarik olehnya. Malahan banyak diantara kita manusia yang terbalik keadaannya, yaitu bukannya mempergunakan barang-barang itu sebagai ciptaan biasa, tetapi menganggapnya sebagai suatu pujaan yang dapat memberikan rahmat bagi dirinya. Dan ada pula lain orang yang dalam segala hal, bukannya dapat mempergunakan barang-barang itu seperlunya, tetapi malahan diperintah dan dipergunakan oleh barang-barang itu semata-mata.

3. Karena itu maka banyaklah diantara orang yang kaya raya, karena harta bendanya saja sudah memandang rendah kepada orang lain yang tidak sekayanya. Ini tidak lain daripada akibat pengaruh daya kebendaan itu yang telah meresap ke dalam rasa perasaannya.

4. Keadaan yang sedemikian itu mengakibatkan pula ketegangan dan perselisihan antara si kaya dengan si miskin. Betul adakalanya juga antara kedua itu dapat berkumpul, tetapi karena tenaga si miskin dibutuhkan untuk mengejar keuntungan, bukan karena rasa cinta dan persaudaraan.

1. Raosira manis kadya gendhis,
sajak gampang lir ambuwang sepah,
nyatané kèri leginé,
lumrahé yèn wis klebu,
dhasar klebu wus dadi ati,
manjing wus saya tresna,
ing raos wus kumpul,
paran iki nyatanira,
mula yekti nora gampang
    nedya nyapih,
nyapih mring dayanira.

2. Wigatiné lamun dèn atiti,
apan mula purwanira ana,
ana saka sujanmané,
nadyan sipating wangun,
warna becik èdi lan pèni,
guna myang ajinira,
salir saking manus,
paran déné tekèng pada,
malah janma ingkang tansah
    caos bekti,
manut sapakonira.

2 DHANDHANGGULA

3 Mula ana akèh pra sujanmi,
   ingkang darbé donya klawan bandha,
   tur omahé gedhé-gedhé,
   dhasar salirnya cukup,
   pan sadaya sarwa mantesi,
   samubarang wus ana,
   senengira nutug,
   saréngaté nulya béda,
   samubarang ing tingkah
           mung ngleluwihi,
   ngrèmèhken mring liyanya.

4 Nyawang liyan ingkang datan sugih,
   panganggepnya dudu apa-apa,
   dèn anggep lir barang rèmèh,
   temah pisah tan kumpul,
   yèn kumpula mung dèn nggo pranti,
   prantinira ngupaya,
   gunging bandhanipun,
   yèn wus rampung nora mantra,
   tabet becik tyasira sungkan anitik,
   jelèh yèn cinedhakan.

1 From what has been said previously, it would seem that people should be able to repel the influence of the material forces with ease. But in fact it is not so. For although material objects have been created and fashioned by human beings, their power of attraction has in truth so affected people's minds and penetrated their feelings that, if they are separated from their possessions, they feel as if they have lost half of themselves.

2 Truly, if one remembers that all these things owe their existence to human beings, it seems impossible that people could be overwhelmed by the things they have made. Yet it is precisely because they are creations of the human heart and mind and energy that they do exert this attraction on human feelings. Many people even get things back to front and, instead of making use of things as ordinary products, regard them as objects to worship, able to bestow blessings on them. There are also people who are altogether incapable of using their possessions according to need and who, on the contrary, are completely ruled and used by them.

3 That is why many rich people, just because of their wealth, look on those less rich than themselves as inferior. This is caused simply by the influence of the material force that has been absorbed into their feelings.

4 This leads also to tensions and conflicts between rich and poor. True, the two come together at times, but that is because the labour of the poor is needed for the pursuit of profit; it is not due to feelings of love and brotherhood.

SUSILA BUDHI DHARMA

5 Sebab itu mudahlah mereka terpisah, bila si miskin sudah tidak lagi dibutuhkan tenaganya. Jadi kekekalan persahabatan itu hanya melulu karena pengaruh daya kebendaan.

6 Padahal kalau diinsafi sungguh-sungguh, harta benda atau kebendaan itu hanya suatu alat belaka, yang diperlukan sebagai syarat untuk dapat mengatur pergaulan hidup manusia bersama ke arah keutamaan, sehingga mewujudkan suatu ketertiban dan kesejahteraan dalam masyarakat.

7 Sesungguhnya benda sebagai alat peserta memang perlu bagi orang, dan setiap orang malahan harus mempunyainya, lebih banyak dan lengkap makin utama lagi. Hanya yang perlu diingat, orang harus dapat menginsafi tentang gunanya dan cara mengaturnya, jangan sampai menjadi barang pujaan hendaknya.

8 Lagipula jangan hendaknya si orang sampai dipengaruhi oleh sifat benda-benda itu, sebaliknya malahan harus dapat memerintahnya. Karena itu, maka caranya menginsafi tentang ini bagi kamu, ialah mengerjakan latihanmu dengan sabar dan ikhlas. Sebab dari pelatihan itu sedikit demi sedikit kamu akan memperoleh kenyataan bagaimana cara bekerja daya benda itu dalam rasa perasaanmu hingga menunjukkan salurannya yang tertentu. Seterusnya, keadaan semacam ini akhirnya akan merupakan kerja sama antara kamu dengan daya benda itu, tetapi berlainan dalam tugas, sehingga nanti kamu tidak perlu harus membuang atau menjauhkan benda-benda itu dari dirimu.

5 Hatinira tansah kwatir mir-mir,
datan wurung lamun cinelakan,
bakal nyudakken bandhané,
orané meksa cucul,
nguculi kang wus dèn bundheli,
panerkanya tan ora,
mesthi golèk butuh,
mangkono iku nyatanya,
daya barang kang tansah
     ngerèh sujanmi,
kang kerèh tan nglegèwa.

6 Marmanira barang kang sayekti,
apan nyata dadya butuhira,
karya sarat sujanmané,
sarat perluning hidhup,
hidhupira nèng donya iki,
pinrih cukupa samya,
nyukupi mring butuh,
nanging aywa dèn la-ela,
dèn pepuja sinama dèwaning hurip,
ngènthèngken nyawanira.

2 DHANDHANGGULA

7 Perlu tumrap janma yektinèki,
adeduwèn mangka ugerira,
uger rangkèning huripé,
wus jamaké pra manus,
utamané yèn andarbèni,
sarat perluning gesang,
salir kang bebutuh,
saya rowa luwih yogya,
agung pisan malah saya
    wuwuh becik,
waton bisa mranata.

8 Amranata pranataning hurip,
aywa kerèh nanging angerèha,
daya barang myang sakabèh,
ruktinen ywa katungkul,
katungkul dèn aling-alingi,
dayaning barang-barang,
ingkang wus cinatur,
yèn klakon bisa mangkana,
nora kisruh malah bisa
    wruh ing wadi,
wewadining kahanan.

5 So they easily part company when the labour of the poor is no longer required. The permanence of their association depends entirely on the influence of the power of matter.

6 Rightly understood, however, wealth and material things are simply and solely tools needed for organising the communal life of human beings towards excellence, so as to bring order and prosperity to society.

7 People do indeed need material objects to aid them. Everyone has to have them: the more, and the more complete, the better. But people have to remember to be aware of what they are for and how to manage them; they must not let them become objects of worship.

8 Furthermore, people should not be influenced by material things; on the contrary, they must be able to command them. The way for you to realise this is by doing your latihan patiently and sincerely. Because from that training will come evidence, little by little, of the way the material force works in your feelings, so that you may channel it in its rightful direction. This awareness will then eventually lead to your self and the material force working co-operatively – though with different duties – so that you will not need to discard or avoid having possessions.

9 Sekarang sambungannya, bagaimana pengaruh daya benda-benda lain terhadap orang, umpamanya yang dikatakan senjata tajam. Barang ini sesungguhnya hanya merupakan suatu alat penangkis bila ada bahaya yang mendatang. Jadi bukan semata-mata suatu alat yang diperuntukkan membunuh orang. Alat semacam ini bila hati orang yang mempunyainya sampai lengah atau kurang waspada, daya pengaruhnya yang menjelma dalam rasa perasaan sungguh membahayakan hidupnya. Karena dengan itu si orang merasa dirinya amat kuat dan sakti, sehingga dengan alat itu ia bukan hendak menangkis bahaya yang datang, tetapi mempergunakan alat senjata tajamnya itu kepada siapapun yang dirasanya perlu dikalahkan atau ditaklukkan.

10 Demikianlah akibat pengaruh daya benda tajam itu terhadap orang yang lengah atau kurang waspada hatinya, sehingga hakekatnya mau tidak mau rasa perasaannya disalurkan atau dibawa ke alam kebendaan yang tak berpengetahuan itu. Dan selanjutnya kebiasaan orang yang demikian itu hanya suka bermusuhan dengan lain orang, meskipun bukan musuhnya.

11 Hal yang demikian itu sudah tentu akan menimbulkan rasa kecewa dalam masyarakat, sehingga rasa kasih sayang dan rasa persaudaraan antara sesamanya lenyap sudah. Inipun akibat dari pengaruh daya kebendaan atas seseorang yang lemah dalam pendiriannya sebagai makhluk yang utama.

12 Tetapi meskipun begitu, karena iapun masih tetap sifat manusia, kiranya masih dapat menjadi baik keadaannya apabila menemukan jalan yang dapat melatih diri hingga sampai ke kepribadian. Sebab dengan ini tekanan daya benda kepadanya makin hari makin bertambah kurang dan bersamaan dengan itu timbullah kekuatan jiwa manusianya, yang dapat nanti memperbaiki kebiasaannya yang rendah itu.

9 Warna-warna dayané sétoni,
kang ndhodhoki mring saliring barang,
kang dadya janma kanthiné,
mangkya upaminipun,
jeneng barang kang wujud pranti,
murih samya terangnya,
becik yèn tinutur,
upama prantining yuda,
barang landhep kinarya
    kanthi nenangkis,
nangkis salir bebaya.

10 Dayanira barang kang winarni,
paran lamun janma ing tyasira,
léna kelindhih dayané,
sréngatnya nulya santun,
wateknya lir dayaning pranti,
mangkana gawatira,
tyas kang wus kapupuh,
satemah salah ing tingkah,
tan nenulak malah tyasnya
    memungsuhi,
saya brangas tingkahnya.

2 DHANDHANGGULA

9 Now to go on to the way the material force of other things influences people – a sharp weapon for example. Used rightly, this is only a means to repel approaching danger; it is in no way an instrument for killing people. But when the possessor of such a weapon is careless or inattentive, the influence of its force, transforming the person's feelings, can truly endanger their life. For it makes them feel very strong and supernaturally powerful, with the result that they are ready to use their weapon, not to ward off approaching danger but against anybody they want to defeat or overpower.

11 Ing sasolah-solahnya matiri,
   rembug catur nedyanira menang,
   karepé menanga dhéwé,
   tingkahnya kang keliru,
   pangakuné meksa kang becik,
   ngeselken kang hupiksa,
   wit senenging padu,
   bebasan wus datan kena,
   dèn idaka wewayangané kang dhiri,
   rongèh wus tan biyasa.

10 Such is the effect of the material power of weapons on a person who is careless and inattentive that, whether they wish it or not, their feelings are in fact channelled or carried over into the insensible realm of matter. Once this has happened, these people just like to quarrel with others even though they are not their enemies.

12 Tinon salir ing sasolahnèki,
   tipet hadi utamaning tindak,
   wus tan ana ngèngèhané,
   kang kari tyas kang luput,
   wit wus kisèn dayaning pranti,
   pranti sifat gegaman,
   kang landhep tur ampuh,
   mula yèn kongsi tan ana,
   tengah marga tan ana srana
              mrih becik,
   kebanjur saya tuna.

11 Such behaviour will certainly cause disappointment in the community, and the disappearance of feelings of love and brotherhood between people. This, too, is a result of the influence of the power of matter on anybody who is not firmly established as a creature of high degree.

12 Even so, because they still have a human nature, they will still have a chance to improve their condition if they find a way that can train them to reach their inner self. The pressure of the material force on them will grow weaker and weaker with the strengthening of their human soul, which can then correct their bad habits.

13 Itulah anakku, sekedar gambaran tentang pengaruh daya kebendaan terhadap diri manusia. Nampaknya benda-benda itu memang tak berjiwa dan adanyapun karena manusia juga, tetapi hakekatnya sungguh mengandung zat hidup yang dapat saling mempengaruhi dengan lain-lainnya, pun dengan rasa perasaan orang.

14 Oleh sebab itu, maka seharusnya orang perlu memperhatikan ini, terutama yang merasa lemah kedudukan jiwa dan hatinya. Selanjutnya, dengan memaksa hatinya sendiri sedapat mungkin supaya suka bergaul atau mendekati orang lain, yang dapat diharap tuntunannya kearah kejiwaan, yang sungguh-sungguh memperoleh kenyataan, hingga dapat merasakan bagaimana sifat perbedaan daya-daya yang telah terkumpul dalam rasa perasaan, mana yang dari : ia, kebendaan dan daya lain-lain, serta dari Pengawas.

15 Demikianlah apabila sungguh-sungguh dikehendaki dan dapat terlaksana. Sesungguhnya memang perlu diingat, meskipun manusia itu sifat makhluk yang mulia dan sempurna perlengkapan hidupnya, tetapi kalau tidak menginsafi kemuliaan dan kurang mengerti mempergunakan perlengkapan hidupnya itu, akan mengalami kesengsaraan hidup karena kemuliaan dan perlengkapan hidupnya itu sendiri. Maka dari itu, supaya hal yang demikian itu tidak sampai terjadi, perlu kiranya memulai melatih diri dan bila nanti beruntung, dapat tuntunan yang nyata sebagaimana tersebut di atas.

13 Pan mangkana tutur kang tinulis,
dayanira barang kang sinawang,
katonira datan darbé,
kekwatan kang cinatur,
lir kang kasbut ngarsa puniki,
katonnya lir biyasa,
tuhu hisi kéwuh,
kéwuh kuwat wèh bebaya,
mbebayani lamun kurang ing paniti,
temah kebanjur papa.

14 Papa sepi tan kisèn ing budi,
budi luhur kang wrin mring utama,
utamanya manungswané,
mula ywa sepèng tuduh,
upadinen kongsi kepanggih,

2 DHANDHANGGULA

pituduh ingkang nyata,
wewijanging hidhup,
pranataning tata silah,
bédanira sira klawan kang momori,
ingkang ngreksa lan sira.

15 Poma iki setitèkna kaki,
    ywa gumampang dupèh sira janma,
    pangrasanya bener baé,
    tan weruh tuhunipun,
    lamun janma kèh kang momori,
    njaba njero tan sela,
    tan na renggangipun,
    mapan salir wus karaga,
    wus ablèngkèt akelèt nunggal sawiji,
    lir gula lan leginya.

13 That, my children, is just to show how the power of matter sways the human self. Those material objects, seemingly lifeless and owing their existence to human beings, really contain a living essence that can influence and be influenced by other forces, even human feelings.

14 So people need to pay attention to this, especially those who feel that their heart and soul are weak. Furthermore, they need to make themselves mix with and draw near to people who may be able to guide them towards the realm of the soul. This is where they will really obtain evidence enabling them to feel the difference between the forces that have gathered in their feelings, and to know which are from themselves, which are material and other forces, and which are from the One who keeps watch.

15 That is how it will be if you sincerely wish for this and are able to attain it. You really do need to remember that, although human beings have the nature of a noble being and are fully equipped for life, unless they are aware of their nobility and understand how to use this equipment, these very things will cause them suffering. To avoid this they need to begin the training of the self; and later, if they are fortunate, they will get the clear guidance referred to above.

16 Sekarang bagi kamu dan para pelatih, yang tersebut di atas itupun hendaknya menjadi perhatian juga. Sifat manusia beserta perlengkapan hidupnya itu sungguh hidup dan bekerja sangat luas, hingga segala macam daya termasuk di dalamnya. Hal ini dapat diumpamakan laksana gula dengan manisnya. Karena itu tidak dapat dipisahkan antara satu dengan yang lain atau yang satu mengenyahkan yang lain, melainkan diatur cara kerjasamanya, yaitu : yang mulia (manusia) harus dapat menyalurkan aliran daya-daya itu ke jurusan yang dibutuhkan, dan untuk dirinya harus memenuhi tugas kewajiban sendiri dengan tidak menyinggung kepentingan daya lain. Demikianlah sulitnya anakku, janganlah hendaknya mengurangi latihanmu karena merasa sudah dapat melatih dan menerima bisikan jiwa, ditambah dengan sudah dapat bergerak macam-macam gerakan dan bicara sesuka-sukanya.

17 Sadarilah, bahwa itu sebenarnya baru memulai pembangunan, yang seharusnya masih perlu dirasakan benar-benar dari mana asal kedatangan hal-hal yang diterima itu, hingga nanti mengenal bagaimana kenyataannya. Karena itu, janganlah anakku lekas-lekas merasa puas dan merasa bangga karena telah dapat menjadi perantara caranya orang melatih bagi para peminat.

16 Paran iku gawatnya kepati,
tuhunira tan kena sembrana,
kasesa wus ngandelaké,
dupèh wus bisa cluluk,
niba tangi wus muni-muni,
solahnya warna-warna,
tur kèh kang winuwus,
paran iku nyatanira,
wektunira lagi bérang amemuni,
muni sadhanganira.

2 DHANDHANGGULA

16 It is hoped that all of you who are doing the latihan will pay attention to what has been said. Human nature, fully equipped as it is, is really alive and has a breadth of activities, so that every force is included in it. This can be compared to sugar and its sweetness, for they cannot be separated from each other, nor can one rid itself of the other. On the contrary, the two have to co-operate; that is to say, the noble one, the human being, must be able to channel the flow of forces to where they are required; and for his or her own benefit a person must fulfil their duties and obligations without harming the interests of the other forces. This is how difficult it is, my children; so do not cut down on your latihan just because you feel you can already do it and are able to receive the whisper of the soul as well as make all sorts of movements and utter sounds freely.

17 Apan iku wigatinya kaki,
wruhana ing sangkanira samya,
purwanya ingkang agawé,
déné teka kepangguh,
ananira muna lan muni,
tenaga warna-warna,
akèh kang winuwus,
mula tyasnya ywa gumampang,
dupèh bisa wus mbuka kang
        darbé karsi,
ngrasa sampun sampurna.

17 You need to be aware that actually you are still just at the beginning of your awakening. You still need truly to feel where what you receive is coming from, so that later you will recognise the truth. So, my children, you must not quickly feel satisfied or feel proud because you have become a link for those interested in receiving the latihan.

18 Apalagi yang tersebut belakangan ini, sekali-kali janganlah dianggap bahwa anak sudah selesai, karena masih merupakan keadaan yang biasa dalam kejiwaan. Ketahuilah, bahwa siapapun juga yang telah dilatih, apa lagi yang telah agak lama mengalami latihan kejiwaan, setidak-tidaknya sudah terisi daya kekuatan hidup yang meliputi suasana lahir dan batin, terutama pada saat mengalami kekosongan akal pikiran. Justru pada saat yang demikian itu, seandainya didekati oleh orang lain yang sesungguhnya berkehendak supaya dilatih, dengan sendirinya si orang itu segera merasakan suatu getaran, dan mungkin ada diantara mereka itu yang lalu dapat bergerak. Hal ini sudah tidak perlu diperpanjang, karena anak sekalian telah mengalami sendiri pada waktu pertama kali menerima.

19 Sungguhpun masih menyatakan keadaan yang biasa dalam kejiwaan, tetapi si perantara (pembuka) kiranya sudah patut dipuji juga, karena pada saat itu setidak-tidaknya mengalami ke tidak enakan penderitaan rasa perasaan yang telah terbongkar dari jasad yang dibuka, sedangkan yang dibuka malahan merasa sebagai kehilangan bebannya yang berat.

20 Karena itu kepuasanmu janganlah sampai disitu saja, malahan rasakanlah pada waktu menyampingi saudara yang baru dibuka itu apa yang akan diterima, sehingga kamu kecuali menyaksikan apa yang diperoleh saudara baru itu, pun dapat menerima kebutuhan dirimu sendiri.

21 Dalam keadaan yang demikian itu, kamu dapat banyak kemajuan, yang terjadi karena daya-daya yang telah terkumpul dalam rasa perasaan itu menampakkan bagaimana caranya kumpul dan pisah.

18 Paran iku tan angèl sayekti,
ananira kang binuka bisa,
tur tan béda babarané,
nyatanya kadya iku,
pan kedayan kang handayani,
daya hurip kang lana,
ingkang tuhu agung,
kang anggepok raosira,
purwanira tan béda samya nglakoni,
kalanira binuka.

19 Kang mangkono sanyatanya kaki,
datan ana pakéwuhing tindak,
mapan iku nedya wèwèh,
wèh laku mring kang durung,
dhasarira adreng kepati,
sayarsa glis anampa,
wewadining hidhup,
malah iku kang prayoga,
déné sira wus kapareng anglantari,
ambuka warananya.

2 DHANDHANGGULA

20 Amung baé utamanirèki,
    becik aywa nir ing kaprayitnan,
    kesesa ninggal wajibé,
    wajib munggwing sirèku,
    tan yogya nir pasrahing hati,
    nadyan dadi lantaran,
    tyasira ywa angkuh,
    ywa ngrasa yèn darbé kwasa,
    mbuka wrana ngengkoki yèn sampun luwih,
    kinacèk mring sasama.

21 Becik mula ing tingkah sayekti,
    sawusira datan béda pasrah,
    barengana ing lakuné,
    ing sujud aywa suwung,
    rasakena ingkang ndayani,
    cluluké kono ana,
    ana nyatanipun,
    sangkan paran nyatèng daya,
    awor pisah carané nggènnya ngemori,
    ubengnya kang nèng sira.

18 Never imagine, my children, especially with regard to that last point, that you have already reached the goal, for spiritually your state is still an ordinary one. Do realise that anybody who has done the latihan, especially anybody who has experienced it for some time, is to an extent filled with the life force, which encompasses them both within and without, particularly at moments when they are empty of thought. If at such times they are near other people who earnestly wish for the latihan, these people will spontaneously feel a vibration, and some of them may make movements. There is no need to speak further about this, because you all had this experience the first time you received.

19 Really this condition is an ordinary one in the realm of the soul. But the person who is the link (the opener[1]) probably deserves some praise, because at that moment he or she will at the very least experience the unpleasantness of the suffering in the feelings that is released from the body of the person being opened; the latter, on the contrary, will feel as if they have been relieved of a heavy burden.

20 So you must not be satisfied just with reaching that stage; rather, when standing by someone who is being opened, be attentive to what they are receiving, so that besides witnessing what is happening to them you can also receive what you need for your own self.

21 In this state you can make good progress, for it will become apparent how the forces that have gathered in your feelings combine and separate.

22 Dengan demikian penderitaanmu yang terjadi karena menyampingi atau membuka saudara baru itu, bukan lagi merupakan suatu beban yang berat, tetapi malahan menambah lancar kemajuanmu ke arah kepribadian manusia. Pun keadaan saudara baru yang kamu sampingi, karena keadaanmu yang demikian itu, akan lebih memuaskan juga.

23 Sekarang tentang daya barang yang berupa pakaian yang baik lagi indah. Begitu pula barang-barang yang berupa perhiasaan yang bersinar dan berkilau-kilauan cahayanya. Inipun tidak kurang daya pengaruhnya terhadap manusia. Bila rasa perasaan manusia sampai terpengaruh olehnya, tabiat yang dahulu peramah akan menjadi sombong, dengan arti kata : merasai dirinya lebih tinggi, lebih besar, lebih bagus dan lebih bercahaya daripada orang lain.

24 Demikianlah, sehingga rasa perasaan orang itu benar-benar berinti kan sari daya barang-barang yang dipunyainya. Hal yang demikian itu sudah tentu tidak dirasai sebab justru rasa perasaannya sudah terisi daya kebendaan itu.

25 Kadang-kadang malahan menggelikan juga keadaannya, karena kebiasaannya selalu memperlihatkan tingkah laku yang berlebih-lebihan. Tetapi meskipun demikian, sekali-kali tidaklah dirasakannya sebagai suatu sikap yang keliru, malah dianggap benar dan terpuji.

22 Temah kono sira nora tuni,
nora tuna nggènnya dadya marga,
marga kang mangka wiyosé,
tetep sira tan suwung,
kang linatih uga tan sepi,
apan kekalihira,
sami leganipun,
iku yekti kanugrahan,
déné sira wus bisa kinarya margi,
dedalaning panembah.

23 Ganti mangkya kang cinatur malih,
daya barang kang rupa sandhangan,
kang becik tur kèh ajiné,
dhasar èdi tur luhung,
pan gumebyar abyor kepati,
sunarnya ting karelap,
mblereng yèn dinulu,
pan iki mungguh nyatanya,
lamun janma kadayan tyasnya gumingsir,
temah salin sréngatnya.

2 DHANDHANGGULA

24 Tingkahira dhihin kang utami,
    kang lugu tan misah mring sasama,
    satemah salin saliré,
    tyasnya wus kapilulut,
    awakira wus dèn sesami,
    sami èdining barang,
    myang pangaosipun,
    kang mangkono nyatanira,
    apan terang dayanya barang ndayani,
    mring raosing sarira.

25 Raos janma kang wus dèn kwasani,
    daya barang nurut tyas kang léna,
    wateknya mbebecik dhéwé,
    tyasnya angkuh kalangkung,
    samubarang sedyanya luwih,
    ngrasa ing awakira,
    luwih mring lyanipun,
    nadyan lagak lagunira,
    tyasnya ngrasa lamun samya dèn pepuji,
    pangrasanya sanyata.

22 By this means the suffering that comes to you from accompanying or opening a new member will no longer be a heavy burden, but will even make your own progress towards a human individuality easier. Also, because you are in this state, the state of the new member you are accompanying will be more satisfactory.

23 Now for the material force that is embodied in fine and beautiful clothes and in radiant, sparkling jewellery. These have just as powerful an influence on people. If these forces influence people's feelings, their behaviour, formerly friendly, will become arrogant, in the sense that they will feel themselves superior, grander, better looking and more splendid than other people.

24 So much so, that the essential force of the things they own becomes the content of their feelings. And, by the very fact of their feelings being filled with the power of matter, these people are of course unaware of it.

25 At times they are ridiculous too, because they are apt to behave in an exaggerated way; but far from feeling this is wrong, they even think it proper and praiseworthy.

26 Begitu jauhlah tersesat hati orang yang rasa perasaannya telah teperdaya oleh daya kebendaan itu, hingga tidak lagi terisi perasaan yang dapat mempertimbangkan mana yang benar dan mana yang salah, mana yang mesti memerintah atau mempergunakan dan mana yang seharusnya diperintah dan digunakan.

27 Inipun sejenis pula dengan yang tersebut dimuka, ialah golongan umat manusia yang terkena pengaruh daya kebendaan, meskipun berlainan keadaan. Selain itu masih banyak lagi jenis benda yang perlu dituturkan, yang dayanya sangat mempengaruhi jalan hidup seseorang.

28 Barang-barang itu ialah : sikat bajak, parang, sabit, pacul dan lain-lain sebagainya, yang menjadi alat peserta untuk mengerjakan pertanian, terutama mengerjakan sawah dan ladang.

29 Karena mengerjakan sawah dan ladang dengan alat-alat pesertanya itulah si orang bila tak teguh dalam kedudukannya, mudah menjadi tenggelam rasa perasaannya ke alam kebendaan. Dari sebab itu, maka banyaklah diantara mereka yang sempit pandangan hidupnya, sehingga kebahagiaan hidup hanya terbatas sampai disitu saja.

30 Maka tidak kurang-kuranglah diantara mereka itu yang kebetulan mengalami kekurangan penghidupan, terpaksa hanya mendiamkan diri dengan hati sabar dan menerima, dengan arti kata : sudah tidak hendak berusaha keluar dari dusunnya. Malahan ada yang takut bila keluar dan ada pula yang segan bergaul dengan orang lain yang nampaknya mentereng dan pandai bicara.

26 Pan samono ketliwenging janmi,
datan krasa lamun kang mangkana,
saking kliru pangrasané,
nyatané ingkang weruh,
lan kang tuhu anguningani,
patrapnya kang mangkana,
sanget klintunipun,
apan iku yektinira,
wit wus owah tan rumangsa
        dèn owahi,
daya liya kang kwasa.

27 Paran iki tunggalira kaki,
para ingkang samya kenèng pluwang,
mung béda séjé warnané,
nanging nadyan tan jumbuh,
apan iki tunggalnya yekti,
daya barang darbèknya,
kang mbalik amupuh,
wus mangkana ubengira,
lamun léna tan mréntah
        malah kegitik,
bendara dadi rowang.

28 Isih akèh kaki kang nèng wuri,
wijangira salir punang daya,
ingkang perlu dèn gelarké,
becik mangkya cinatur,
ingkang kasbut barang piranti,

2 DHANDHANGGULA

prantining ngupa boga,
karya gesangipun,
garu luku lan liyanya,
bendho arit pacul pécok
    klawan salir,
prantining tegal sawah.

29 Apan iku datan béda yekti,
nadyan barang pranti kang mangkana,
tan béda mungguh jinisé,
paran iku yèn mengku,
nora béda anyilakani,
dayanya kang mring janma,
janma dadya kuthuk,
kuthuk bléluk sepi rasa,
rasa jembar ing donya ywa
    kongsi mruhi,
wruhé mung tegal sawah.

30 Tyasnya gumun lamun wruh
    wong pekik,
dhasar pekik tur baut wicara,
wuwuh becik sandhangané,
tyasnya ngrasa tan dunung,
kaya paran marganirèki,
déné kèh bédanira,
klawan dhirinipun,
temah mupus anorraga,
puluh-puluh begjané si awak iki,
saméné takdiring Hyang.

26 People whose feelings have been deceived by the power of matter go so far astray that they are no longer able to distinguish between what is right and what is wrong; between what in themselves must be master and user and what has to be ruled and used.

27 Such people are no different from those mentioned earlier, who have become similarly influenced by the power of matter but in a different way. There are many other kinds of material objects besides these, whose forces strongly influence the course of people's lives, and which need to be discussed.

28 Objects of this sort are: rakes, ploughs, scythes, sickles, hoes and other such tools used in agriculture, particularly for work in paddy fields and on farmland.

29 Because the peasants use these tools to cultivate their paddy fields and farmland, if they are not firm in maintaining their position their feelings can easily sink into the realm of matter. That is why many of them have a narrow outlook, and their enjoyment of life is limited to these activities.

30 So, many of them who happen to live in poverty have no choice but to resign themselves and accept their lot, meaning that they are unwilling to make any effort to leave their villages. Some are even frightened if they go out, and some are shy of meeting people who look prosperous and are articulate.

3
KINANTHI

'… there is something like a light within the human self that can guide them to act in accordance with the path for their life.'

SUSILA BUDHI DHARMA

1 Maka teranglah, bagaimana akibat pengaruh daya kebendaan terhadap rasa perasaaan orang, hingga orangnya berperasaan tidak jauh dari hakekat benda-benda itu.

2 Lagi pula, karena kuatnya pengaruh daya benda dan lemahnya kedudukan jiwa dan hatinya, menyebabkan ia tidak suka lagi memikirkan bahwa di luar lingkungannya masih banyak tempat atau sifat pekerjaan yang tidak akan kalah manfaat bagi hidupnya.

3 Teranglah, bahwa apa yang dikatakan : sabar dan menerima saja itu, tidak lain daripada hasil pengaruh daya alat-alat pesertanya belaka.

4 Hal itu sungguh-sungguh terbalik, karena bukan orang yang dapat mempergunakan barang-barang itu sebagaimana mestinya, tetapi alat-alat pesertanya malahan yang menguasai seluruh hidupnya, hingga dapat dikatakan : hidup dan matinya hanya karena itu saja.

5 Memang keadaannya telah menjadi sedemikian rupa, hingga hampir-hampir tak mengingat bahwa dunia itu luas dan terisi segala macam keperluan bagi hidup manusia.

6 Inipun akibat dari pengaruh sejenis daya kebendaan juga. Karena itu kiranya tidak perlu lekas-lekas dicela atau disalahkan kegemarannya yang hanya mencangkul dan sebagainya itu, pun kebiasaannya lekas-lekas tidur sepulang dari sawah atau ladang.

1 Kang mangkono tyas kang luput,
nora wruh kanthinirèki,
kanthinya angupa boga,
ingkang sampun andayani,
saka kliru surupira,
nora bisa ngrèh piranti.

2 Saka katrem seneng macul,
adegnya tan dèn ulati,
lungguhira kang sanyata,
jeneng janma titah luwih,
paran seneng dèn peprèntah,
mesthiné kudu mrèntahi.

3 Bener pasrah nrimèng pandum,
tyas angaya sampun sepi,
nanging iku nyatanira,
saka tyasnya kang katitih,
daya barang kang ngalèla,
kang mlebu nurut ing hati.

3 KINANTHI

4 Nyatanira kang cinatur,
dayanira kang piranti,
mung wèh guna ngolah tegal,
unggahira mung nèng sabin,
yèn anaa liyanira,
tan béda mung macul ngarit.

5 Mula lamun janmanipun,
saliring tyas wus kajodhi,
nora uwal malah pasrah,
ujarnya nrima ing takdir,
nyatanira tyasnya rupak,
wus kisèn dayaning pranti.

6 Sesawangan kang dinulu,
lepasira mung nèng sabin,
pan kareme raosira,
tebanya mung anèng tegil,
saben énjing mangkat medal,
yèn sonten wus mapan guling.

1 So it is clear that, owing to the influence of the force of matter on a person's feelings, their feelings are not far from the essence of those objects.

2 Also, because of that strong influence, together with the weakness of their soul and their will, they no longer care to reflect that beyond their immediate surroundings there are many places and many kinds of work that would offer them a better life.

3 Clearly, then, their so-called patience and their acceptance of their lot result simply and solely from the effect of the force contained in their own tools.

4 This is completely the wrong way round, because it is not the person who makes use of their tools as they should; instead, it is the tools that govern their whole existence. So it could be said that the person's life and death are determined just by these things.

5 Indeed, such has their condition become that they scarcely remember that the world is wide and contains everything needed for human life.

6 This too is the effect of one kind of material force. So perhaps we should not be quick to blame or criticise someone whose only satisfaction is in hoeing and work like that, and whose habit is to go to sleep soon after coming back from the fields.

7 Pun juga karena ketenggelaman rasa perasaan yang sedalam itu tak teringat pula olehnya, bahwa dalam diri manusia itu apabila diketahui adalah sesuatu yang diumpamakan pelita, yang bisa memberikan petunjuk untuk bertindak sesuai dengan jalan hidupnya.

8 Demikianlah, kalau diingat atau dapat diingat karena sifat manusia itu adalah sifat makhluk yang utama, seharusnya dapat mengerti dan lebih dapat bertindak daripada sifat lain-lain.

9 Selanjutnya, manusia mesti dapat meluaskan pandangan hidupnya, hingga dapat membuka atau memilih jalan yang membahagiakan.

10 Disitulah akan tercapai keinginan hidupnya yang tertentu, yang dapat menjamin keselamatan sekeluarga, hingga dapat dijadikan contoh nanti oleh anak keturunannya.

11 Oleh sebab-sebab itu, maka sadarilah, jangan sampai mudah dapat dipengaruhi daya benda-benda itu hingga merasa sudah puas dengan sesuap nasi, begitu pula jangan suka selalu mengucapkan sabar dan menerima saja karena sudah pasti dan takdir Tuhan demikian.

12 Ini adalah ucapan yang tidak semestinya, yang pada pokoknya hanya asal pandai mengucap saja, sedangkan arti takdir sesungguhnya belum dimengerti.

13 Lagi pula, ucapan itu hakekatnya adalah menyumpahi diri sendiri dan banyak kemungkinan dapat menembus ke anak turunannya yang sebenarnya tidak berdosa.

14 Demikianlah bahayanya orang yang tidak tahu tentang kenyataan kepribadian, hingga dapat dikatakan terpaksa menelan saja bagaimana pengaruh daya kebendaan itu.

7 Tyasnya klantur saya nungkul,
saya tanek nggènnya guling,
luwih katrem tan sebawa,
wus tan nenga rasèng hurip,
hurip agung nyakrawatya,
ingkang tansah memadhangi.

8 Awèh padhang kang nedya wruh,
supayanya bisa mruhi,
rèhné janma titah mulya,
kang sanyata luwih yekti,
pan undhagi jinisira,
mesthinira luwih ngerti.

9 Yèn wus ngerti wuwuh luhung,
lukitanya saya yekti,
papan jembar wus tan kèwran,
tan karasèng hurip sepi,
malah megar saya mbabar,
huripnya saya mantesi.

10 Kono janma wruh ing dunung,
dunungnya olah pakarti,
papanira ngupa boga,
kang lestari tekèng janji,
tur nyrambahi turunnira,
ingkang bénjang dadya ganti.

3 KINANTHI

11 Mula aywa ngénak-énuk,
   mung sapincuk wus maregi,
   sarta aywa ngrasa nrima,
   sapiring wus dadi daging,
   lan dohana ciptèng tyasnya,
   pijer-pijer sèndhèn takdir.

12 Paran iku nora urus,
   gumampang nggènnya memuni,
   muni-muni waton bisa,
   nyatèng takdir durung ngerti,
   iku yekti luwih dosa,
   nyalahi huripirèki.

13 Kapindho nyalahi turun,
   turunnira saya sepi,
   baboné salah ing tingkah,
   turunné anunggak semi,
   watoné salah ing arah,
   temahané nglayung hati.

14 Kaya paran iku kulup,
   cilakané kang tan huning,
   wewadiné ingkang daya,
   ingkang tansah amomori,
   amor kembul rebut kwasa,
   singa-singa kang ketitih.

7 And because their feelings have sunk so deep, it does not even occur to them that, if only they knew it, there is something like a light within the human self that can guide them to act in accordance with the path for their life.

8 If they remembered, or could remember, that human nature is the nature of a high creature, they would realise that human beings ought to be able to understand better and behave better than other kinds of creatures.

9 Human beings must be able to broaden their outlook on life so that they can make or choose a way that will lead them to happiness.

10 That is how they will be able to achieve their particular aims in life, whereby they can ensure the welfare of their family, and later be taken as an example by their descendants.

11 Be aware, therefore, and do not be so easily influenced by the power of material things that you feel satisfied with a mouthful of rice. And do not always be so ready to speak of patience and resignation, as if circumstances were inevitable and decreed by God.

12 One should not talk like that. People just say those things without any understanding of the true meaning of fate.

13 Moreover, saying such things is in reality cursing your own self and will most likely affect your innocent descendants.

14 This is the danger of people not knowing the true state of their inner self. One could say they then have no choice but simply to swallow the influence of the material force.

SUSILA BUDHI DHARMA

15 Hal ini kalau dirasakan memang sungguh menyedihkan tetapi tidak dapat disalahkan, karena dengan tidak disengaja daya kebendaan itu telah mempengaruhi rasa perasaannya. Memang begitu hebat pengaruh daya kebendaan itu terhadap diri manusia, sehingga nampaknya menjadikan orang sebagai disengaja : suka melarat dan miskin daripada berusaha mencari jalan yang membahagiakan hidupnya.

16 Sejauh itulah kemerosotan tingkat kedudukan manusia yang rasa perasaannya telah dipengaruhi oleh daya kebendaan. Dari sebab itu, maka baiklah segera berusaha, mencari tuntunan yang nyata, yang dapat melatih diri hingga berhasil dapat menginsafi bagaimana kerja sifat daya kebendaan itu dalam rasa perasaan.

17 Dengan terlaksananya tindakan ini, akan dapat pula diketahui bagaimana sifat pekerjaan sewajarnya yang menjadi hak atau yang perlu dijalankan.

18 Sudah tentu yang demikian itu tidak akan sekaligus dapat tercapai, tetapi dalam latihan nanti akan berturut-turut diterima petunjuk hingga sampai pada saat tinggal memilih mana yang dikerjakan.

19 Dengan mengerjakan pekerjaan sebagai ini, dengan sendirinya nanti tidak akan mengurangi kebutuhan diri pribadi, yaitu : kebaktian manusia kepada Tuhan. Sungguh demikianlah jalan yang utama, karena manusia bukan bekerja hanya melulu guna keduniaan saja, tetapi kebaktian terhadap Tuhanpun tak dapat ditinggalkan.

20 Karena dengan yang tersebut belakangan ini, hakekatnya kamu tidak hanya akan mengalami hidup tenteram dan bahagia dalam dunia saja, meski di akhiratpun nanti demikian juga.

15 Apan nyata saya kojur,
yèn janma kongsi ketitih,
nora pulih malah nékad,
nékad mlarat wani miskin,
pan kebanjur saya tuna,
temah aji godhong aking.

16 Mula aywa kadya iku,
beciké samya ngulati,
dalan padhang kang wèh terang,
weruha mring kang ngalingi,
kang ngalingi tingalira,
nggènnya arsa wruh ing hurip.

17 Yèn kalakon kadya iku,
tegesnya sira wus panggih,
dedalan wiwiting bisa,
kang mangka purwanya huning,
sira nulya wruh nyatanya,
apa pepintanirèki.

3 KINANTHI

15 Although this is truly tragic if you think about it, these people cannot be blamed, because their feelings have come under the influence of the material force without their intending it. In fact, so strong is the effect of that force on the human self that people may often appear wilfully to prefer misery and poverty to the effort of seeking a way to a happier life.

18 Mundhak-mundhak nggènnya kantuk,
    pituduhnya mbanyu mili,
    tan dèn aya meksa teka,
    kari nari tékadnèki,
    ganti-ganti sifatira,
    pundi ingkang dèn pepilih.

16 This is how far the status of human beings can fall when a material force has influenced their feelings. Therefore you should quickly make an effort to seek true guidance that can train your self to become aware of the way the material forces work in your feelings.

19 Salir becik tur wèh hayu,
    tan ngowahken sujudnèki,
    yèku tindak kang prayoga,
    patut samya dèn leluri,
    njaba njero wus tan pisah,
    mring salir pan nunggal kapti.

17 Having done this, you will also be able to discover the right sort of work, which is your natural right to do and which you should undertake.

18 Of course this cannot be achieved all at once, but in the latihan you will receive successive indications, until an opportunity arises where it only remains for you to choose what you will do.

20 Nadyan apa kang sinambut,
    sifating pakartinèki,
    nyatanya kono tan sepa,
    pan wus hisi kang mengkoni,
    dadya sira wruh kang ngreksa,
    kang wèh tuduh ingkang yekti.

19 When you do your right work, as a matter of course you will not deprive yourself of your inner need as a human being to worship God. Truly this is the best way, for human beings should not just work for their worldly needs; they cannot abandon the worship of God.

20 By doing what has been described, you will truly experience peace and happiness, not only in your life in this world but also in the hereafter.

SUSILA BUDHI DHARMA

21 Sekarang lain barang lagi yang dibicarakan, yaitu sifat barang-barang yang diperdagangkan oleh pedagang-pedagang di pasar, di toko-toko dan di tempat-tempat lain.

22 Inipun tak kurang hebat pengaruhnya terhadap orang (pedagang), bila kedudukan jiwanya lemah.

23 Malahan pengaruh dayanya makin meresap, sebab barang-barang ini selalu dikeluar-masukkan dan selalu pula membawa keuntungan atau menyebabkan kerugian. Karena inilah rasa perasaan orang (pedagang) makin sangat dipengaruhi oleh daya barang-barang yang dijual belikan itu, hingga makin tenggelam ke alam kebendaan.

24 Tetapi hal itu pada lahirnya tidak dapat disesalkan, karena sebagai pedagang memang demikianlah cara mencari keuntungan. Dan keuntungan yang didapat itu lalu digunakan untuk mencukupi kebutuhan hidupnya sekeluarga.

25 Malahan oleh yang giat, cara mencari untung dikerjakan dengan sekuat tenaga, agar lekas menjadi kaya. Dan untuk itu, jerih dan payah badan kadang-kadang tidak begitu menjadi perhatian.

26 Yang terpenting bagi pedagang, ialah memikirkan bagaimana cara berusaha, supaya jual belinya dapat menguntungkan. Karena itu banyak diantara mereka yang rasa perasaannya hanya terisi gambaran-gambaran dari barang-barang yang diperdagangkan.

27 Hal itu kiranya bagi pedagang bukan menjadi suatu soal, malahan diperlukan supaya dengan keadaan yang demikian dapat beperhitungan tepat, hingga apa yang dibeli dan dijual nanti sungguh-sungguh menghasilkan atau mendatangkan keuntungan yang menyenangkan.

21 Salin mangkya kang rinembug,
candhaknya kang wus kawarti,
sifat barang warna-warna,
kang samya wus dèn adhepi,
pra bakul kang anèng pasar,
lan kang anèng urut margi.

22 Pan iki uga tan luput,
dayanya barang winarni,
tan béda ndayani janma,
kang karan : bakul puniki,
mlebu nurut atinira,
ingkang samya wus kapikir.

23 Malah iki saya manjur,
dayanira sru ngenani,
tyasing janma saya kena,
awit bisa wèh bebathi,
mula lamun tyasnya léna,
saya langkung andrawasi.

24 Paran iki nyatanipun,
wus lumrah tingkahirèki,
lamun bakul golèk uwang,

3 KINANTHI

21 Now to discuss another kind of object: namely, goods that are dealt in by traders in markets, shops and other places.

22 These goods have an effect just as severe on the people who deal in them, if their soul is weak.

23 The influence of the power within these goods goes even deeper because they are continually coming and going, always bringing a profit or causing a loss. Hence the feelings of the traders are all the more affected by the force within the goods they buy and sell, and so sink ever deeper into the realm of matter.

24 However, on the face of it one cannot object to this, for that is indeed how traders look to make profit; and the profit they gain is then used to supply the necessities of life for themselves and their families.

mangka nyukupi ing hurip,
huripnya sadina-dina,
nyrambahi mring anak rabi.

25 Kang bisa malah dèn sengkut,
supaya antuka luwih,
kauntungan langkung ngekat,
pamrihé gelisa sugih,
mula tyasnya wus tan ngétang,
sayahnya nggènnya nglakoni.

25 In fact, in order to become rich quickly, the energetic ones work as hard as they can in pursuit of profit, heedless at times of physical fatigue.

26 Rina wengi nora suwung,
tan kendhat nggènnya memikir,
obahing barang dagangan,
tansah kéngis jroning ati,
gagasannya dèn kekebak,
isi barang warni-warni.

26 The most important thing for traders is to think about the business and make their buying and selling profitable. Therefore the feelings of many of them contain nothing but the images of the goods they deal in.

27 Tumrap bakul kang kadyèku,
ujarnya malah prayogi,
wus mesthiné golèk arta,
kudu akèh akalnèki,
pikir perlu dèn gunakna,
mrih ntuk réka kang sayekti.

27 Apparently this is no problem to traders, rather, it is a necessity to enable them to calculate accurately, in order that their dealings may be sure to yield a good profit.

28 Demikianlah keadaan pedagang-pedagang itu, hingga mereka kerap kali menyampingkan keperluan lain yang tidak bertalian dengan jalan perdagangan. Bahkan waktu untuk menenteramkan diripun seolah-olah tak diperdulikan.

29 Keadaan seperti itu bagi para pedagang agaknya sudah menjadi suatu keharusan. Sebab kalau tidak demikian, tentu mereka itu bukanlah pedagang dan tak mungkin pula mereka itu menjadi pedagang dalam arti kata yang sesungguhnya.

30 Oleh karena itu, maka tindakannya yang demikian tak dapat disalahkan. Lagi pula, tak dapat juga disesalkan tentang penggunaan akal pikirannya untuk keperluan itu, sedangkan untuk pekerjaan biasa saja, walaupun sedikit orang perlu juga menggunakan akal pikiran.

31 Hal itu dapat juga dibenarkan, sebab sifat akal pikiran sesungguhnya memang alat bagi manusia untuk dapat memikirkan segala sesuatu yang perlu dilaksanakan atau diselesaikan. Hanya saja meskipun demikian halnya, haruslah juga manusia pandai menggunakannya untuk dapat menginsafi kepribadiannya, agar ia (manusia) dapat mengerti bahwa yang berkuasa atas hidupnya itu bukan akal pikiran, tetapi jiwa, ialah jiwa manusia.

32 Akan tetapi bagi para pedagang hal yang tersebut belakangan itu tak akan mudah dapat dijalankan. Karena mereka telah terkena daya barang-barang yang selalu dipikirkan itu. Malahan karena sangat memikirkan keadaan barang-barang perdagangan itu, dengan tak diduga-duga maka tabiatnya dengan sendirinya lalu berubah menyerupai daya barang-barang itu

33 Karena itu bila seseorang pedagang hatinya sampai terkena sungguh-sungguh oleh daya barang-barang yang dipikirkan sedemikian itu, akhirnya hatinya sudah tak lagi tenteram dan akan menyukarkan pula bila ia akhirnya memerlukan menenteramkan dirinya dengan maksud hendak memiliki kepribadian.

28 Sawusira salir gathuk,
kang tembé bisa ngasili,
tan sranta nggènnya tumindak,
nadyan lara dèn lakoni,
wus tan na wektu binuwang,
salir sampun dèn enggoni.

29 Mangkono mula tan luput,
ingkang samya dèn lakoni,
lumrah bakul nglakonana,
lir kang samya kasbut ngarsi,
wit lamun datan mangkana,
yektinya tan bisa dadi.

30 Iku mula bener kulup,
nyatanya yèn tan pinikir,
sarta nora dèn memanah,
tangèh bisanira dadi,
lagi tindak ingkang lumrah,
beciké amawa pikir.

3 KINANTHI

28 Such is the condition of traders; they often put aside other needs that are not connected with their business. They do not even seem to care about taking time to quieten themselves.

29 This kind of existence has probably become a necessity for traders, for otherwise they would certainly not be and could not be traders in the true sense of the word.

31 Mula pikir kang sinambut,
jer pikir kinarya kanthi,
tegesnya ingkang punika,
rowang mungguhing sujanmi,
mula rowang tetep rowang,
tan kena ginusti-gusti.

30 So they cannot be blamed for their ways; nor is the use of their minds for this purpose to be deplored, because even for the most ordinary work people have to use their minds to some extent.

32 Nanging lumrah kang tinemu,
pra bakul kang nambut kardi,
saka tyasnya kang kakenan,
kenèng daya kang pinikir,
temah salin séngatira,
wateknya lir kang pinikir.

31 One could say that this is right, for the mind is in fact the means for human beings to think about whatever they need to do or deal with. Even so, they must use their mental ability in such a way that they can become aware of their individuality, and so understand that the master of their life is not the mind but the soul – the human soul.

33 Mula bakul kang cinatur,
yèn tyasnya kongsi kagingsir,
temah rongèh kang pinanggya,
atinya tan kober tintrim,
rina wengi nganta-anta,
kanthanya ingkang pinikir.

32 For the traders, however, it will not be easy to do the latter, because they are already under the spell of the force within the goods they are always thinking about. Moreover, because they think so much about the goods they deal in, their characters unexpectedly and spontaneously change and become like the force within those goods.

33 So a trader's mind, when completely subject to the force within the goods that fill his thoughts, is no longer calm, and he will have difficulty in quietening himself if later on he would like to do so with the intention of possessing his true individuality.

34 Demikian selanjutnya, hati makin telanjur tak sedikitpun memikirkan diri pribadi, tetapi selalu bergerak sebagai gerakan uang yang kian kemari dan selalu berganti-ganti, sehingga hidupnya itu menyerupai sepotong benda yang timbul tenggelam di tengah-tengah samudera.

35 Jadi terangnya, umat manusia yang hendak memiliki kepribadian, tak hendak selalu menuruti kehendak hatinya saja, tetapi memerlukan juga meniadakan kehendak hatinya dengan cara samadi (menenteramkan diri). Perlunya dengan keadaan yang demikian itu ia akan menemui suatu keadaan yang tak terduga sama sekali. Dan justeru itulah yang sesungguhnya akan menjadi petunjuk bagi hidupnya yang tak akan mengurangi kebahagiaan.

36 Bagi seseorang yang telah insaf tentang kejiwaan, meskipun mengerjakan pekerjaan sebagaimana kebiasaan para pedagang, rasa dirinya tak akan mudah dipengaruhi oleh daya barang-barang perdagangan itu. Malahan segala tingkah laku akal pikir yang bertalian dengan keadaan barang-barang perdagangan itu, dapat selalu diawasi oleh rasa diri pribadinya.

37 Itulah yang utama, dan sebagai manusia seharusnya dapat bertindak demikian. Sebab dengan tindakan yang demikian itu, maka diperolehlah keselamatan hidup dan dapat selanjutnya mengatur keadaannya yang benar, yang dapat diartikan bahwa manusia dalam menjalankan segala pekerjaannya itu, dengan sendirinya tak akan mengurangi kebaktian kepada Tuhan Yang Maha Esa.

34 Yèn suwé iku tan émut,
tyasira tan wurung kéntir,
temah salin warnanira,
pan gumanti sifat dhuwit,
gumlindhing saparan-paran,
wus tan wruh sifating hurip.

35 Huripnya kang karan manus,
benernya tan kadya iki,
ora salah wong memanah,
jer ati kanthinya janmi,
amung baé tan mangkana,
benernya kudu mréntahi.

3 KINANTHI

34 Furthermore, his mind gets so far carried away that it gives no more thought whatever to his inner self, but keeps darting here and there like money that is always changing hands, so that his life resembles a piece of flotsam tossing up and down in mid-ocean.

35 So, clearly, human beings who want to possess their individuality may not just follow every impulse of their minds, but must also empty their minds by quietening the self. This is in order that they may experience a state that is completely beyond their expectation; and it is precisely this state that will truly guide them to a life of well-being.

36 Yèn janma wruh mring tyasipun,
ora bakal kadya iki,
nadyan nindaknya dodolan,
tyasnya mung ginawé kanthi,
mula nadyan atetingkah,
tingkahnya wus dèn kwasani.

36 The inner feeling of a person who is aware of the soul, even if they do the usual work of a trader, will not easily be influenced by the force of the wares they deal in. Rather, all the mental activity connected with their goods will be watched over by their inner self.

37 Ngono iku kang satuhu,
kang dadya tindaking janmi,
mrih slamet ing adegira,
bisa mengku ngrika ngriki,
ing donya bisa mranata,
akirnya pan ora lali.

37 That is the ideal; and, being human, a person ought to be able to act in that manner, for by doing so they will attain well-being and be able to organise their life in the right way – meaning that in all their work they will spontaneously maintain their worship of God Almighty.

38 Demikianlah kebenaran bagi seseorang yang telah menginsafi kepribadiannya. Jadi meskipun lahirnya mengerjakan segala macam pekerjaan dengan menggunakan pula akal pikiran sepenuh-penuhnya, tetapi ia telah dapat menginsafi batas-batas antara akal pikir dengan rasa diri pribadinya. Lain halnya dengan seseorang yang hanya mementingkan tentang kebendaan saja.

39 Lebih-lebih bila yang dipentingkan itu sungguh-sungguh menguntungkan. Tentu ini akan menambah kegiatan mereka untuk mengejar keuntungan yang lebih besar pula.

40 Disebabkan oleh kegembiraannya karena segala yang diusahakan itu selalu menguntungkan, maka kasih sayangnya kepada harta benda itu makin lama makin mendalam, sehingga harta bendanya itu lebih disayangi daripada sanak saudaranya.

41 Setengahnya ada yang telanjur, rasa cinta dan kasih sayang kepada harta bendanya melebihi daripada kepada anaknya. Sehingga sering terjadi permusuhan antara bapak dengan anak karena soal benda saja.

42 Lebih-lebih yang selalu beruntung, segala sesuatu yang dikerjakan selalu mendatangkan keuntungan, inipun apabila ia sampai lalai kepada rasa-diri pribadinya, akan terjerumus juga kejurang alam kebendaan.

43 Pada umumnya sifat pedagang, tegasnya sifat pedagang yang hanya melulu mementingkan kebendaan itu, meskipun telah menjadi kaya raya, hatinya tak akan merasa puas dan memang hakekatnya ia tak mengenal batas.

38 Paran iku jatinipun,
    mesthinya kadya puniki,
    nanging kang akèh pra samya,
    ngedhep dhasar kerèh pikir,
    saya yèn barangnya kathah,
    pikirnya saya andadi.

39 Wuwuh-wuwuh bisa kabul,
    kang dèn adhep salirnèki,
    kajurung begjanya ana,
    larisnya kepati-pati,
    temah rowa pikirira,
    saya ngaya golèk dhuwit.

40 Saya suka tyasnya klangkung,
    yèn klakon kang dèn upadi,
    saya gengnya atinira,
    tuwuh sihnya mring si dhuwit,
    angluwihi mring sasama,
    silih sanak kadangnèki.

3 KINANTHI

38 Such is the right way for someone who is already aware of their individuality. So, although outwardly doing all sorts of work and using their mind to the full, they are also aware of the boundary between the mind and the inner self. It is another matter for people interested only in material things.

41 Malah ana kang kebanjur,
nglùwihi mring anaknèki,
apa manèh mring tetangga,
noraa saya nebihi,
mula klakon ora langka,
mungsuh anak marga dhuwit.

39 And even more so if their interests are really profitable. They will then work even harder in pursuit of still bigger profits.

42 Saya-saya ingkang untung,
salir jangka bisa dadi,
wus saya nderbalanira,
donyanya saya ngebeki,
pan iki luwih bebaya,
yèn tyasnya kelantur lali.

40 Because of their delight that all their undertakings make a profit, their love of material possessions goes ever more deeply into them, until they love these possessions more than they love their families and close friends.

41 Some go so far that love of possessions exceeds even their love and affection for their children, so that hostility often arises between father and child over material things.

43 Lumrahira jeneng bakul,
nadyan sugihnya kepati,
tyasnya meksa durung nrima,
apa kang wus dèn darbèni,
pengarahnya malah rowa,
tanpa wates purugnèki.

42 This applies especially to those who are always successful, who profit from everything they undertake. If they neglect their inner self they will fall into the abyss of the material world.

43 In general, the nature of traders – specifically of those who think only material things important – is never to feel satisfied even though they have become rich. In fact they know no limit.

44 Demikianlah sifat pengaruh daya benda-benda itu. Maka ketahuilah, bahwa pengaruh daya benda-benda itu dapat mempengaruhi orang, sehingga hati si orang menjadi buta, yang menyebabkan ia tak akan percaya lagi kepada soal hidup sesudah mati.

45 Karena itu teranglah sudah, bahwa pengaruh daya benda kepada manusia itu sangat merugikan bagi manusia yang memerlukan kesadaran jiwanya. Hal itu sudah tak ada bedanya dengan apa yang telah dituturkan di muka, yaitu : perubahan tabiatnya lalu menyerupai sifat daya benda-benda yang tak tahu tentang kepribadian hidup.

46 Itulah sebabnya maka tak mengherankan bila ada pedagang yang tak teringat sama sekali akan kebutuhan jiwanya. Saban hari malahan yang dipikirkan hanya harta bendanya dan cara mendapatkan keuntungan yang sebesar-besarnya meskipun hal itu harus dikerjakan dengan susah payah.

47 Lebih celaka lagi bila si orang telanjur sangat memuja harta bendanya, sehingga harta bendanya itu dianggap sebagai yang kuasa atas hidupnya.

48 Karena itu dengan sendirinya kepribadian manusia sebagai makhluk Tuhan yang mulia telah jatuh ke bawah, lebih rendah daripada kedudukan benda-benda itu dalam susunan hidup yang abadi. Akibat dari kesalahan yang demikian itu, tidak ada lagi persatuan antara hidup si kaya dengan si miskin, malahan si kaya memandang si miskin sebagai barang yang tak berharga.

49 Malahan ada juga yang kaya raya itu suka mempermainkan hidup orang yang serba kurang sebagai suatu sifat yang tak bernyawa. Si serba kurang itu dibujuk-bujuk supaya dapat mempertahankan kekayaannya, sehingga si serba kurang itu tak merasa dalam hati, bahwa mereka itu sesungguhnya diperalat untuk mengejar keuntungan yang sebesar-besarnya.

44 Paran iku nyatanipun,
 ngerténana sira kaki,
 daya barang sifatira,
 tuhunya tan wruh mring garis,
 sangkan paran ora krasa,
 ana ora, ora ngerti.

45 Iki wadinira kulup,
 yèn janma tyasnya kakeni,
 wus kadayan daya barang,
 sifatnya tan béda iki,
 watesing tyas datan ana,
 sangkan paran sonya sunyi (sepa-sepi).

46 Mula yekti ora gumun,
 tyasnya kang kepati-pati,
 adrengira nggènnya samya,
 anenumpuk bandhanéki,
 tan kétang tekèng rekasa,
 silih ungkih dèn lakoni.

3 KINANTHI

44 Such is the effect of the power within material objects. Be aware, then, that the power within these objects can so influence people that they become blinded and no longer believe in the life after death.

45 So it is clear that the effect of the material forces is very damaging to human beings who would like to become conscious of their soul. The point is the same as was made earlier – that their characters will change and become like the nature of the force within material objects, which knows nothing of the inner life.

46 No wonder, then, that there are traders who completely forget the needs of their soul. Every day they think only of their possessions and of ways to make the most profit, despite the stress and strain of the work.

47 Saya kojur yèn kebanjur,
tekèng marga datan éling,
si arta malah pinuja,
dèn pepuji kadya Aji,
kuwasaa anèng donya,
ngerèhken saliring hurip.

48 Iku temah luwih ndlarung,
ajining janma tan kèksi,
luwih aji ingkang arta,
mula kèh janma nyeranthil,
tan liya saka pokalnya,
anggènnya ora ngajèni.

49 Malah iku durung tutug,
pamendèlnya daya dhuwit,
pan sawenèh malah ana,
saka murkanya mrih luwih,
si janma ingapus krama,
nyawanya karya pepanggil.

47 It is still more disastrous for a person who comes to worship their possessions so much that they regard them as having power over their life.

48 Because of that, the individuality of the human being – a sublime creature of God – falls lower in the order of eternal life than the level of those material objects. As a result of such mistakes there is no longer a bond between the rich and the poor. The rich even look on the poor as if they are objects of no value.

49 Some wealthy people even take pleasure in toying with the lives of the poor as though they were inanimate things. They lure the poor into maintaining their wealth, and these needy ones do not realise that, in fact, they are being used as a means for the pursuit of the biggest possible profit.

50 Karena si serba kurang itu tidak mengerti dan juga karena keadaannya yang serba mudah dipengaruhi itu, maka dalam melaksanakan kewajiban yang telah disertai janji-janji kepadanya, ia membela dengan sungguh-sungguh sebagai membela kepentingan dirinya sendiri. Karena itu bila ia menang bertanding dalam pembelaannya tadi, hatinya merasa bangga juga, seakan-akan ia memperoleh kemenangan yang gilang-gemilang.

51 Padahal sebagaimana telah dituturkan dimuka, sesungguhnya ia hanya dipengaruhi oleh daya benda yang telah memperdayai rasa badannya karena kelengahan hatinya. Karena itulah maka hidupnya selalu dalam keadaan yang tak bahagia sekalipun dalam hidup sesudah mati.

52 Tindakan yang demikian sungguh sangat merugikan bagi hidupnya. Mestinya manusia itu tak hendak mengabdi kepada daya benda-benda itu. Sebagai manusia malah seharusnya dapat memerintahnya, bukan diperintah sehingga sampai terbalik seperti itu. Itulah yang diperoleh orang yang tak suka mempelajari ilmu kejiwaan secara yang tegas.

53 Maka dari sebab itu yang utama bagi kamu, meskipun kamu mengerjakan cara orang berdagang, janganlah hendaknya meninggalkan pemeriksaanmu atas diri pribadimu. Sekalian tingkah lakunya awasilah sungguh-sungguh dan ketahuilah keadaannya yang sebenarnya.

50 Memungsuhan rebut unggul,
    singa yekti kang katitih,
    kang menang pikantuk barang,
    kang asor ingkang nguwèhi,
    katonnya adu kasektyan,
    nyatanya mung dadi pranti.

51 Yèku prantinya kang luput,
    daya barang kang ngwasani,
    saka léna tyasing janma,
    awornya tan dèn hupèksi,
    temah layu kasulayah,
    patinya nora médahi.

3 KINANTHI

50 Not understanding this, and also being easily led, the poor, in carrying out the duties they have undertaken in return for promises made to them, uphold the interests of the rich as zealously as they would uphold their own. Hence, when they win a battle in the course of defending these interests they feel as proud as if they had achieved a splendid triumph.

52 Tuna janma dadya hidhup,
huripnya mung kenèng pranti,
jer pranti saking si janma,
teka kwalik mbalik nggitik,
bonggannya kang kurang tingkah,
sepi ngudi wosing janmi.

51 In fact, though, as has already been explained, they are influenced only by the material forces, which have deceived their feelings because of their heedlessness. So they are forever unhappy, even in the life after death.

53 Mula utamanya kulup,
nadyan sira anglakoni,
adedagang golèk arta,
aywa sepi mulat dhiri,
ing tingkah ywa kurang yitna,
dulunen ingkang lumaris.

52 Indeed, behaviour of this kind greatly damages a person's life. People ought not to be willing to become servants of the material force. On the contrary, as human beings they should be able to master it, and not be mastered by it and have the relationship reversed, as happens to people who do not have a strong enough desire to discover the wisdom of the soul.

53 It is best for you, therefore, that even if you work as a trader you do not neglect to keep watch over your inner self. Do be really attentive in all your behaviour, and see your condition as it really is.

54 Hanya saja janganlah salah raba, karena hal itu bukan keadaan yang biasa, yaitu yang biasa dapat mudah dilihat oleh mata sebagaimana orang melihat, tetapi suatu kejadian yang timbul, yang selalu bersamaan dengan jalannya pikiran, sehingga dalam hal ini dibutuhkan kewaspadaanmu yang dapat mengetahui dalam pengetahuanmu.

55 Hal itu memang sukar bagi seseorang yang belum pernah melatih diri, tetapi bagi kamu yang sudah dapat melatih dirimu, rasanya dapat juga menginsafi akan keadaannya itu. Maka untuk dapat mengetahui halnya, baiklah dilatih secara yang tersebut di bawah ini.

56 Dalam waktu kamu melihat, rasakan dan lihatlah bagaimana sifat perbedaan dalam penglihatanmu. Dalam waktu kamu mendengarkan, rasakan dan dengarkanlah bagaimana sifat perbedaan dalam pendengaranmu. Pun dalam waktu mencium, rasakan dan ciumlah bagaimana sifat perbedaan dalam penciumanmu. Dan dalam waktu kamu mengucap, rasakanlah bagaimana sifat perbedaan dalam ucapanmu.

57 Begitu juga rasakanlah seluruh badanmu sewaktu-waktu, apa yang terasa olehmu dan bagaimana sifat perbedaannya itu pada setiap waktu kamu menghadapi segala sesuatu yang kamu jumpai. Inilah jalan yang pertama, permulaan kamu mendapatkan suatu kenyataan, bagaimana sifat perbedaan antara daya satu dengan yang lain, sehingga kamu kemudian dapat merasakan dari mana asal gerakan daya-daya yang selalu bersamaan jalan yang hakekatnya bantu-membantu atas segala yang dikerjakan.

54 Amung aywa kliru surup,
pan iku tan sifat rupi,
nora katon ngantha warna,
yèn mlebu nunggal ing ati,
mula samarnya pan kliwat,
sasat ati ngilo ati.

55 Nyata iku luwih èwuh,
lamun durung naté nampi,
rèhné samya wus anampa,
sithik-sithik meksa keni,
mangkéné wijanganira,
ubengnya ingkang winadi.

3 KINANTHI

54 However, do not misunderstand, because this state is not something ordinary that can easily be seen as one sees with the eyes in the usual way. It is something that arises in, and always accompanies, the course of thinking. So you need to be alert to enable you to know within your knowing.

55 This is indeed difficult for anyone who has never done the latihan; but you who have been able to do the latihan should be able to be aware of this state. To be able to understand this, it is best to train yourself in the following way:

56 Tingalana kang satuhu,
nyatanya weruhirèki,
pyarsakna ingkang prayitna,
yektinya rungunirèki,
arasen ingkang angaras,
hucapna ingkang amuni.

56 When you are looking, feel and see the different kinds of seeing. When you are listening, feel and listen to the different kinds of hearing. When you are smelling, feel and smell the different kinds of smelling; and while speaking feel the different kinds of speaking.

57 Tunggalnya : rasakna iku,
kang ngraosken salirnèki,
apan iku marganira,
wiwitnya sira hudani,
wruh ing silah-silahira,
endi sira endi mami.

57 Likewise, do always be aware of your entire body: of what you feel and the nature of the changes it undergoes each time you encounter anything. This is the first step, a beginning for you in getting evidence of how one force differs from another. Later you will be able to feel which impulse comes from which one of these forces that are always active together and, in reality, contribute to everything you do.

58 Demikianlah cara menerimanya itu, walaupun kamu dalam melaksanakannya berada di tengah-tengah suasana pancaroba. Karena itu maka tak mengherankan bila ada yang memilih jalan lain, yaitu dengan cara menjauhkan diri dari keadaan yang ramai. Tetapi ini pada kenyataannya tidak tepat, karena kemana saja ia pergi, namun ia tak akan dapat meninggalkan akal pikirannya, sedangkan justeru ini yang selalu menjadi rintangan bagi tindakannya.

59 Bagi kamu kiranya sudah tak akan sukar lagi untuk menerima semua yang tersebut di muka itu. Hanya saja kekurangan yang masih ada pada dirimu, yaitu kewaspadaanmu tentang hal ini, masih belum dapat kamu kerjakan dengan sungguh-sungguh.

60 Tetapi janganlah itu hendaknya dikhawatirkan. Baiklah dikerjakan terus meskipun yang diperoleh hanya sedikit demi sedikit. Akhirnya tentu akan tiba saatnya, segala apa yang diperlukannya akan menampak dengan sendirinya. Asalkan dalam rasa dirimu tidak selalu memberatkan kepentingan akal pikiranmu, sebab inilah yang sesungguhnya yang menjadi pokok penggodaan atas perjalananmu menuju kepribadian yang abadi.

58 Nanging tumrap sira kulup,
nyatanya wus bisa nampi,
apa kang kacritèng ngarsa,
apan yekti wus dèn gladhi,
amung sithik durungira,
titisnya pan durung keni.

59 Paran iku nyatanipun,
gotèknya ingkang winadi,
mula ana benerira,

3 KINANTHI

pra ingkang samya nebihi,
jer éwuhnya datan murwat,
tur ati kudu ngisruhi.

60 Aywa sumlang tingkahipun,
becik mrambata king kedhik,
waton ajeg panggladhinya,
mokal akir tan methuki,
janjinya ora akemba,
kepambeng tingkahing pikir.

58 This is what you have to do in order to perceive it, even though you are doing it amid the turmoil of life. So, not surprisingly, some people choose another way; that is, removing themselves far from the turmoil. This is not the right solution, however, because wherever they go they cannot leave their thinking behind, and it is precisely this that always interferes with their actions.

59 Probably you no longer find it difficult to accept everything that has been mentioned. But there is still a lack within you; you are not yet able to be fully attentive in relation to this.

60 But do not let that worry you. Just keep on doing it, even though the results come only little by little. Certainly the time will eventually come when whatever you need will become clear spontaneously – provided that in your inner feeling you do not continue always to give weight to your thinking, for that truly is the main source of temptation on your journey towards your eternal self.

4
PANGKUR

'… with their knowledge human beings may fill the world with all the arts and skills helpful to human society. And their light, shining radiantly, will enable society to live in peace and prosperity.'

1. Maka baiklah disampingkan akal pikiranmu itu dalam waktu menerima segala sesuatu, agar rasa badanmu selalu dalam keadaan yang bersih jernih. Karena sesungguhnya akal pikiran itu selalu merintangi atas kemajuan tentang itu dan tabiatnya memang suka memikirkan hal-hal yang tidak-tidak, dan gemar pula mengangan-angankan sesuatu hal yang meliwati batas kenyataan.

2. Sekarang dituturkan yang lain lagi, ialah mengenai barang-barang yang berwujud alat tulis-menulis dan barang-barang lain yang menjadi alat keperluan untuk itu, dan juga sifat kepandaian hati yang diperoleh dari sekolahan atau tempat belajar.

3. Semua itu terisi pula daya penarik atau pengaruh dari daya kebendaan. Dari sebab itu maka ternyatalah bahwa orang yang ahli pikir dari juru tulis sampai tingkatan yang tinggi, kepandaiannya yang digunakan untuk mengerjakan suatu pekerjaan adalah buah dari isi daya kebendaan.

4. Dengan keadaan yang demikian itu, maka baik pikiran si orang sendiri maupun sifat pekerjaan yang dipikirkan dan dikerjakan itu, semuanya telah diliputi oleh daya benda.

5. Tentu ia tak mengira dan mungkin pula tak percaya, bahwa sifat benda dapat mempengaruhi akal pikiran seluas-luasnya seperti itu, sedangkan benda-benda itu terwujud karena ciptaan manusia. Justru karena inilah manusia tak merasa bahwa hatinya digerakkan oleh daya kebendaan itu.

---

1. Ungkurna pakartinira,
   nora perlu tinuman ngrerusuhi,
   tan wurung mung gawé gadhuh,
   warna-warna rinasa,
   suka ngrasa ngrasakken kang
   dudu-dudu,
   beciknya mula singkirna,
   weningna ing wektu nampi.

2. Samangkya kang winursita,
   dayanira barang ingkang piranti,
   tulis lan nenulis iku,
   sarta sagung renggannya,
   salir prabot kang dadya
   perluning nambut,
   miwah ati kepinteran,
   pakolèhnya pamarsudi.

3. Apan iki gegandhéngan,
   tumrap janma kang samya
   nambut kardi,
   ahli pikir kang kasebut,

4 PANGKUR

lumrah pan ingaranan,
juru tulis klawan ingkang
    pangkat dhuwur,
paran salir iku samya,
datan béda dèn dayani.

4 Daya barang kang cinipta,
klawan salir kang samya dèn pepikir,
wuwuh sagung kang dèn urus,
nadyan sifat kabisan,
kapinteran kang antuk saking sinau,
nyatanya pan nora béda,
krana barang kang ndayani.

5 Mesthinya datan kinira,
lamun barang bisa ndayani janmi,
jer ananya saking manus,
nanging ywa salah tampa,
witing bisa krana salah tindakipun,
tindak salah tan rinasa,
wit saka purbaning ati.

1 So at times when you are receiving something, it is best to put your thinking aside in order to allow the feeling in your body to be pure and clear. For truly the mind always hampers your progress in this; indeed, its nature is to enjoy thinking about matters that make no sense, and imagining things that overstep the bounds of reality.

2 Now to speak of something else; that is, of things like writing implements and other related things, and also about the nature of the mental skills learnt in schools or other places of study.

3 All these are also filled with the power or influence of the material forces. That is why it happens that brainworkers, from clerks to thinkers of high standing, use skills in their work that are derived from the forces of matter.

4 That being so, both a person's thoughts and the work being thought about and done are encompassed by those material forces.

5 People certainly do not guess, and possibly would not believe, that material objects could influence their thinking to such an extent, seeing that these things are created by human beings; yet this is precisely why people do not realise that their heart and mind are activated by the power of matter.

6   Kebanyakan diantara umat manusia tak sampai mengira sedemikian itu, karena alat yang diperlukan untuk mengerti analisanya (perbedaan dan perpisahan sifat daya) ini tetap sedemikian rupa, sehingga perbedaan intisari hatinya antara yang dari kepribadian manusia dan yang dari kebendaan tak dapat dirasai benar-benar. Inilah sebab-sebabnya maka hati itu tak seharusnya selalu dipercaya dan diturut kehendaknya. Jadi terangnya, orang itu bukan harus meninggalkan hatinya, tetapi seharusnya perlu dapat mengetahui dari mana asal gerakan itu yang akhirnya mewujudkan kehendak.

7   Demikian halnya itu, maka janganlah hendaknya salah menerima, yang lalu dengan sengaja meniadakan semangat hatinya, sehingga melemahkan langkahnya untuk hidup yang utama dalam dunia ini. Jadi pokoknya dari persoalan ini ialah : bahwa perlu dimengerti tentang perbedaan sifat daya peserta denga daya kepribadian manusia. Maka dengan selesainya susunan daya-daya yang ada dalam hidup manusia, manusia akan pandai mengatur hidupnya sebagai manusia yang dikatakan makhluk yang mulia.

8   Tentang adanya kepandaian pikir, tak akan ada salahnya. Malahan seberapa dapat perlu mencapai tingkat kepandaian yang tinggi dan luas, asalkan kepandaian yang didapat itu sungguh-sungguh dapat menjadi sifat syarat untuk dapat melayani hidupnya sebagai manusia yang patuh atas perintah Tuhan dan dapat mewujudkan jasa baiknya kepada sesama hidup. Dengan demikian, maka ia akan dapat mencapai tingkatan yang dinamakan makhluk, yang dapat mengatur garis-garis hidupnya dengan luas sampai ke masyarakat.

6   Lumrahnya mula tan cara,
    endi ana janma ninggal mring ati,
    jer iku butuhing hidhup,
    yèn janma sepi manah,
    sasat hurip huripnya kadya tetuwuh,
    bener hurip nging tan ngakal,
    temah nir arahing dhiri.

7   Nanging yektinya tan ngana,
    malah luput yèn wong ngemohi ati,
    wit iku kanthining hidhup,
    mung baé weruhana,

4 PANGKUR

asal pikir nyatanya karya tetulung,
ngladèni jenenging janma,
nyartani mranata hurip.

8 Mula perlu dwé kabisan,
wuwuh becik yèn sugih ing pangerti,
iku malah luwih luhung,
nging samya dèn wruhana,
gunanira mungguh ing sujanma iku,
dadya sira wruh ing empan,
papannya ingkang médahi.

6   Most of humankind does not yet suspect this, because the instrument needed to understand about the separation of the different forces is still in a state that does not enable people to truly feel which of the contents of their heart and mind come from their human individuality, and which from the material world. This is why one must not always trust the heart and mind and follow their will. To be clear about this, people do not need to abandon their heart and mind, but they do need to be able to recognise the source of the impulses that end up shaping their will.

7   This being the case, please do not misunderstand what has just been said and deliberately destroy the enthusiasm of the heart and mind, thus weakening your efforts to live a life of the best kind here on earth. The root of the problem is this: that you need to understand the difference between the forces that accompany your life and the force of your human individuality. Once these forces have been put in order, a person will be able to conduct his or her life as befits a human being, a creature of high degree.

8   There is nothing wrong in having a well-developed mind. On the contrary, as far as possible people need to acquire advanced and wide-ranging intelligence and knowledge, provided that such knowledge really becomes a means for them to live their lives as people who obey God's commands and serve their fellow beings. In doing this they will be able to reach the level of creatures able to organise the direction of their life in such a way that it benefits society.

9   Itulah gunanya orang mempunyai kepandaian. Agar dengan kepandaiannya itu pula ia dapat mengisi dunia dengan segala macam kesenian yang bermanfaat bagi masyarakat, yang lalu dapat bersinar dengan cahaya yang gilang-gemilang, sehingga masyarakat hidup dalam keadaan yang tenteram dan sejahtera.

10 Demikianlah anakku, bila dimengerti akan gunanya kepandaian itu. Jadi sungguh tak ada salahnya orang mencari kepandaian. Malahan itu sesungguhnya harus dan diperlukan, agar dengan itu kamu dapat bertindak secara sempurna. Hal itu dapat diumpamakan sebagai tuan dengan pelayannya. Si tuan boleh mempunyai pelayan yang bodoh, tetapi lebih utama lagi bila ia mempunyai pelayan yang cerdik. Hanya yang perlu diingat, janganlah hendaknya nanti si tuan dapat dipermainkan pelayannya.

11 Oleh karena itu si tuan harus dapat menginsafi sampai dimana luas dan jauh kepandaian si pelayan (hati pikir) itu. Dan perlu pula diketahui dengan jelas bagaimana sifat kebiasaan si pelayan (hati pikir) itu. Sebab dengan tak mengertinya si tuan tentang kecerdikan pelayannya, ia akan mudah dipermainkan olehnya, sehingga ia tak akan urung jatuh kejurang kemiskinan (kesengsaraan).

12 Dari sebab itu, maka banyaklah terjadi diantara umat manusia, yang pada akhir perjalanannya merasa menyesal atas buah perbuatannya. Yang menjadi sebabnya ialah tidak lain daripada tindakannya sendiri yang salah karena hanya mengikuti gerak hatinya, yang belum diketahui dari mana asal gerakan itu. Dan juga tidak terasa olehnya, bahwa yang demikian itu dorongan daya yang bukan dari kepribadian manusianya.

9   Iku perlunya wong bisa,
    amrih janma bisa mranata yekti,
    kuwajibannya tumuwuh,
    ngisi guna nèng donya,
    mrih kretarta rahayuning
        gesangipun,
    dadya tentrem rukun samya,
    lukita ambudi hurip.

10 Kulup iku yektinira,
    ananira kawruh samya dèn udi,
    nyatanira luwih perlu,
    ujarnya ingkang nyata,
    sabecik-beciknya darbé
        batur cubluk,
    luwih yogya kang utama,
    saya luhung wuwuh wasis.

9   That is the use of knowledge and intelligence, so that with their knowledge human beings may fill the world with all the arts and skills helpful to human society. And their light, shining radiantly, will enable society to live in peace and prosperity.

10 That is how it is, my children, if you understand the use of knowledge and intelligence. So there is truly nothing wrong with seeking knowledge. On the contrary, you need it, because with it you can lead a fuller life. It can be likened to a master and servant: it is all right to have a stupid servant, but better to have a clever one. Yet it is necessary to remember that the master must not then let himself be made a fool of by his servant.

11 Paran iki utamanya,
    jeneng janma bisa ngrèh tyasirèki,
    dhasar wikan lagyanipun,
    nanging yèn tan mangkana,
    kawruhnya malah wèh
         sesakiting hidhup,
    anenuntun laku papa,
    papa cintrakèng ngaurip.

11 Therefore the master must be aware of the extent and scope of the servant's – the heart and mind's – cleverness. And the master must also understand the servant's habits clearly, for without this understanding the master can easily be fooled by the servant, and will then inevitably sink into poverty and misery.

12 Paran mula nora langka,
    ing tingkah wusananya kèh kang sisip,
    sru kuciwa kang pinangguh,
    pan iki tan na liya,
    kajaba tyasnya kang nuntun
         tindak luput,
    nanging tyasnya tan rumangsa,
    temah malah nutuh dhiri.

12 That is why many people at the end of their life's journey regret what they have done. The cause of this is simply that in their actions they followed the impulses of their heart and mind without knowing their source, and were unaware that these came from forces other than their human individuality.

13 Sehingga ia sangat menyalahkan dirinya, malahan kesalahan itu ditimpakan pula kepada keluarganya, karena dirasanya bahwa keluarganya itupun turut menyebabkan kesalahannya. Inilah pendapat orang yang tak tahu tentang arti kemuliaan manusia, maka petunjuk-petunjuk bagi hidupnya yang ada dalam jiwanya sampai tak terasa olehnya.

14 Lain halnya dengan siapa yang telah mendapatkan arti yang nyata tentang kemuliaan manusia. Ia akan mendapatkan suatu penjelasan, bagaimana sifat rasa badannya, dan bagaimana pekerjaan si hati dengan peserta-pesertanya. Sehingga dengan demikian, ia akan beruntung atau bahagia atas segala sesuatu yang dikerjakan.

15 Demikianlah sifat jalan yang utama, agar dalam hidupnya selalu ia berada dalam keadaan yang diharapkan. Akan tetapi meskipun demikian, masih banyak juga orang yang tak memperdulikan hal itu. Malahan bagi siapa yang hidupnya kebetulan dalam keadaan yang mewah dan tingkat kepandaiannya telah memuncak, soal kepribadian sebagai ini sangat tipis dirasakannya. Perhatian yang selalu ada padanya dengan tidak dan belum diketahui kebenarannya ditujukan kepada keluasan dan kebesaran daya kebendaan.

16 Maka makin lama makin telanjurlah ia, pandangan hidup dan perhatian akal pikirannya selalu ditujukan kepada jalan kebendaan, sehingga hidupnya sampai kedalam suasana yang menyerupai sepotong sabut yang terapung-apung kian kemari kena gelombang di tengah-tengah samudera. Dengan sendirinya maka hidup manusia yang demikian itu dapat dikatakan : hidup matinya adalah dalam cengkeraman daya kebendaan.

13 Kagagas salahing awak,
 tyasnya nutuh tan na begjaning dhiri,
 nak sémah katut tinutuh,
 paran iki lugunya,
 tan na liya kejaba durung
  wruh hidhup,
 yèku huriping badannya,
 kang satuhu wèh kajatin.

14 Yèn iki bisa kawruhan,
 apan kono ana pisahnya yekti,
 endi badan lan tyasipun,
 temah tindak satindak,
 atinira amung karya rowangipun,
 dadya ing sasolahira,
 amung tansah mikantuki.

13 These people then blame themselves or even their families, feeling that their families have also been partly the cause of their errors. Such is the attitude of those who do not understand the meaning of human nobility and so do not feel the guidance for their life that is present in their soul.

14 It is different for those who have discovered the true meaning of humanity's noble standing. The nature of feelings that arise in the body, and how the heart and mind work with their associated forces, will be made clear to them, and so they will prosper and be happy in everything they do.

15 Pan iku kang dadya marga,
wusananya tansah anglestarèni,
ing tindak manggih rahayu,
cacadnya kang mangkana,
tumrap janma tyasnya kang wus ngrasa langkung,
tan paé anginguk badan,
dèn plaur angugung ati.

15 This is the best way to enable them to live in the state they hope for. Nevertheless, many people do not give any attention to this. On the contrary, those who happen to live in luxury and have highly developed minds give this matter of their individuality hardly any consideration. Because the right path is still unknown to them, their attention is always on the extent and the importance of the material forces.

16 Mula pan kedarang-darang,
huripnya tan bisa manggih basuki,
saya ndlarung tiba kojur,
kebanjur nora tata,
tan wruh tata pakartining hidhupipun,
temah bubrah ngambrah-ambrah,
nganiaya anak rabi.

16 As time goes on, their outlook on life and their mental interests focus more and more on the material world, until they reach a state of mind in which their life is like a coconut shell in mid-ocean, tossed to and fro by the waves. Inevitably, the life and death of these people can be said to be at the mercy of the power of matter.

17 Semacam itulah sifat pengaruh daya kebendaan. Maka tak mustahil bila ada yang telanjur bertindak atau mempunyai tindakan yang menyimpang dari kebenaran. Karena si orang bukannya pandai menggunakan kepandaiannya, tetapi sebaliknya, si orang malahan digunakan oleh sifat kepandaiannya, sehingga pada hakekatnya si orang diputar balikkan oleh kepandaiannya.

18 Hal itu kalau ditinjau dari sudut rasa kepribadian manusia, bagi si orang yang menjalankan atau bertindak demikian, menurut anggapannya tidak ada salahnya sedikitpun. Malahan kadang-kadang dirasakan perbuatannya yang nyata salah itu, sebagai suatu kebesaran dan keunggulan dan malahan berani menyalahkan barang siapa yang menyalahkannya, meskipun kadang-kadang dikuatkan juga dengan sumpah.

19 Demikianlah kejayaan daya kebendaan itu terhadap manusia yang masih lemah dalam kepribadiannya, karena daya kebendaan itu, sebagaimana yang telah diterangkan di muka, dapat masuk kedalam akal pikir dan angan-angan manusia. Karena itu maka ketahuilah anakku, dalam segala tingkah lakumu, kamu harus dapat membedakan isinya, agar kamu dapat menemui kecocokan jalan dalam hidupmu.

20 Sehingga dalam keadaanmu dapat terwujud suatu keseimbangan dimana gerak rasa diri pribadi dapat selalu diikuti oleh hati akal pikiran, dan akal pikiran hanya menjalankan kewajiban yang telah diterimanya, sehingga dalam hal ini menyerupai, si tuan yang memerintah dan si pelayan yang mengerjakan pekerjaan yang ditugaskan kepadanya. Dengan keadaan yang demikian itu maka hati cerdik akan lebih bermanfaat daripada yang tidak.

17 Mangkono dayaning barang,
nadyan pikir tan béda mbilaèni,
apan iki tunggal susuh,
mula kèh kang kalakyan,
janma pinter dhasar wus ginunggung-gunggung,
wusananya tindak lepat,
anglakoni laku nisthip.

18 Ujarnya ingkang wus wikan,
dyan mangkono tyasnya ingkang nglakoni,
pan meksa rinasa patut,
patut urut agenah,
pangrasanya kang nyalahken ingkang luput,
ngrasa gagah ambregagah,
wani sumpah tyasnya becik.

4 PANGKUR

17 Such is the influence of the material forces. So it is not surprising that there are people whose behaviour deviates from what is right, for instead of being adept at using their intelligence, it is they who are used by it. In reality they are tricked by their own intelligence.

19 Iku kulup wadinira,
   daya barang ingkang wus andayani,
   kumpul anggit ing tyasipun,
   paran kudu prayitna,
   sira pinter weruhana gunanipun,
   wenang milih endi ana,
   ingkang cocog mring sirèki.

18 That is how it is, seen from the viewpoint of the human inner feeling. But the people who behave in this way do not believe they are in the least at fault. Rather, they sometimes regard their obviously wrong behaviour as a mark of importance and superiority. When accused of something, they may go so far as to put the blame on their accusers, even at times affirming it under oath.

20 Lir bandara lan kawula,
   nyatanira badan kelawan ati,
   badan préntah ati nurut,
   salir tindaknya badan,
   jeneng ati amung tansah
      ngetut pungkur,
   ati pinter luwih yogya,
   si badan kudu ngawasi.

19 Such is the power of the forces of matter over people who are still weak in their individuality. For, as explained earlier, the material forces can get into people's thoughts and imagination. Therefore, my children, do realise that you must be able to distinguish what the content is within everything you do, so that you may find a fitting path for your life.

20 In that way you will be able to come to a balanced state, where the activity of the inner feeling is always followed by the heart and mind, and they only do the duties given them. So it is like a master who gives orders and a servant who carries out the tasks he is told to do. In such circumstances a sharp mind will be more useful than a dull one.

SUSILA BUDHI DHARMA

21 Maka dari itu bila hal yang demikian telah dapat kamu tindakkan, akhirnya kamu akan menemui hidup yang tenteram dan dalam mengerjakan pekerjaan sehari-hari, kamu akan selalu mengingat kebesaran Tuhan.

22 Dalam hal ini maka dapat diartikan, bahwa setiap waktu kamu mengerjakan pekerjaan, kamu selalu diikuti puji kebesaran Tuhan dengan sendirinya, sehingga dalam tindakanmu itu, kamu selalu dapat petunjuk yang kamu perlukan. Demikianlah sifat kebahagiaan manusia yang telah memperoleh kemurahan Tuhan itu dan dengan demikian pula ia akan lebih patuh dalam segala hal kepada kekuasaan Tuhan.

23 Sekarang mengenai seseorang yang tidak terpelajar tinggi, yaitu umumnya orang yang baru memangku jabatan juru tulis dan lain-lainnya yang setingkat dengan itu, yang hanya karena kebutuhan hidupnya terpaksa sudah bekerja untuk mendapatkan nafkah.

24 Inipun bila mereka belum mendapatkan petunjuk dari kepribadiannya, rasa dirinya akan lebih gelap, hatinya merasa bahwa hanya tempat, dimana mereka telah bekerja itulah tempat kehidupannya. Tempat lain yang mestinya dapat juga melayani kehidupannya sudah tidak lagi dipikirkan.

25 Jadi berusaha untuk mendapatkan lapangan hidup lain sudah tak dirasakannya. Lebih tak dirasakan lagi, bila ia di tempat itu selalu mendapat hati dari majikannya dan kerap kali mendapat tambahan gaji. Ini menambah kesetiaannya kepada majikannya, sehingga dirasakan benar-benar, disitulah tempat hidup dan matinya nanti.

21 Paran iki lamun sira,
    ing tindak wus klakon bisa kadyèki,
    temah tentrem hurip rukun,
    nadyan jroning tumindak,
    tindak kardi lahirnya ngupaya hidhup,
    pan kono tan ana sela,
    salirnya wus hisi puji.

22 Puji sukur mring kang Nyipta,
    kang nganakken salir ingkang dumadi,
    kang kuwasa mring sadarum,
    iki kulup yèn sira,
    arsa wikan ingkang dados wadosipun,
    hubayanira sujanma,
    ananya samya dumadi.

23 Mangkya ganti kang kinandha,
    mangsuli kang wus kacaritèng ngarsi,
    tumrap pra kang nora luhung,
    nenggih pra kang sih tuna,

4 PANGKUR

kang wus nambut saka kesuk
    déning butuh,
lumrahira ingaranan,
juru tulis lan lyanèki.

24 Paran iku lamun kena,
daya barang dhasar sih samya sepi,
saya nggènnya lingak-linguk,
mung kono wruhnya pénak,
endon liya wus tan dados manahipun,
kajaba kang wus nèng ngarsa,
papan dunungnya nenulis.

25 Nenga mrana-mréné ora,
pan kajaba tumungkul
    nggènnya nulis,
nyatèng tyas wus dèn gul-agul,
nenolih wus tan niyat,
saya lamun wus karoban
    genging butuh,
dhasar blanja saya tambah,
kepatholnya saya ndadi.

21 When you have been able to achieve that, the outcome will be that you eventually find peace in your life and that you will always remember the greatness of God while working at your daily tasks.

22 This means that whenever you are working you will be accompanied spontaneously by praise of the greatness of God, and therefore, in whatever you do, you will get the guidance you need. Such is the bliss of those who have been granted the grace of God, and through it they will be obedient in all things to God's power.

23 Now to come to people who are less educated, who generally have jobs just as clerks and the like, and who work for their living merely because the needs of life compel them to.

24 If they have not yet had guidance from their inner self their inner feeling will be in greater darkness, for they will feel that the place where they work is the only place to live, and they will no longer give a thought to other places where they could also make a living.

25 So they do not consider making an effort to find other fields of work, particularly if their employer constantly pays attention to them and if their pay is often raised. These things strengthen their loyalty to their employer and make them feel sure that the place where they work is the place for them to live out their lives.

26 Demikianlah sifat hati orang yang telah sungguh dipengaruhi oleh daya benda itu. Kebangkitan jiwanya yang mestinya dapat menjadi petunjuk untuk kesesuaian jalan bagi hidupnya sudah tak dirasakannya, sehingga hatinya tak terbuka lagi untuk menerima petunjuk orang lain yang maksudnya memberi penjelasan tentang jalan hidupnya yang benar dan luas yang dapat menjamin hidupnya selalu.

27 Adapun sebabnya bagaimana ia sampai berperasaan sedemikian, ialah karena ia telah terkena pengaruh daya kebendaan juga. Maka akhirnya apabila ia menemui kesulitan hidup, karena dipecat dari pekerjaannya, barulah hatinya merasa bahwa pekerjaan itu bukan suatu sifat yang kekal yang dapat dipegangnya teguh-teguh.

28 Karena itulah maka akhirnya ia menemui kegelapan rasa dalam hatinya, sehingga bayangan jalan hidupnya yang masih luas diluar lingkungan keahlian akal pikirannya, tidak nampak olehnya. Dengan keadaan yang demikian itu, maka terpaksalah ia merendahkan rasa dirinya dan tak segan-segan pula mengabdi kepada siapapun yang sekiranya dapat memberikan sekedar jaminan hidupnya.

29 Demikianlah sifat syarat yang dianggap mutlak bagi seseorang yang seluruh hidupnya terkena daya pengaruh kebendaan itu. Oleh karena itu sedikitpun ia tak menduga, bahwa pada dirinya selalu ada petunjuk bagi jalan hidupnya yang sungguh-sungguh menjadi pesertanya.

26 Mangkono tyas kang wus nunggal,
raosing wong kadhung wus sifat pranti,
pan iku kang luwih éwuh,
angèl lamun dèn tata,
yèn tan bener malah kliru tampinipun,
kang bener sinengguh salah,
kang salah sru dèn kukuhi.

27 Nyatanira wus mangkana,
arang ana wong salah ngaku sisip,
kang akèh malah tinutup,
iku upamèng tyasnya,
tangèh lamun ati salah ngaku luput,
mula temah tan kayaa,
yèn akir manggih tetuni.

4 PANGKUR

26 Such is the state of mind of people who are really under the influence of the material forces. They are not aware of an awakening in their soul that should be the guide for them in finding an appropriate path for their life. So their minds are no longer open to accept advice and explanations from other people about a better and broader way of life, which could ensure more permanent security.

27 The reason why they feel this way is that they have been affected by the influence of the material forces. If at length they meet with hardship through dismissal from their work, only then do they realise that their job was not something permanent that they could rely on.

28 Tunèng hurip wit tan nduga,
niring pangkat kang lami dèn gondhèli,
kono tyasnya lagi bingung,
nginguk tengen lan kiwa,
sedyanira lamun ana ingkang butuh,
tyasira nyerahken awak,
bisaa anyambung hurip.

28 As a result, they eventually meet darkness in their feelings, so that they are unable to see the broad prospects for their life that lie beyond the immediate ability of their thinking mind. In such a state they have no choice but to abase their inner feeling and be ready to work for anybody who may be able to give them some measure of security.

29 Iku wus dadya bendana,
nyatanira pan iku wasyatnèki,
jimating tyas kang pinangguh,
mula saya wutanya,
wus tan krasa yèn ing badan ana tuduh,
tuduh bener mring sujanma,
benernya kang dèn lakoni.

29 Security appears to be an indispensable condition to people whose entire life has been affected by the influence of matter. They therefore have no inkling that, in truth, their self is always accompanied by guidance for the course of their life.

71

30 Mengenai hal petunjuk yang tentu ada padanya itu, sesungguhnya adalah suatu kejadian yang mudah, lebih mudah daripada memikirkan barang sesuatu; malahan itu timbul karena sunyinya gerak akal pikiran. Akan tetapi walaupun semudah itu, si orang tak mudah mendiamkan gerak hatinya, karena hatinya telah dipengaruhi dengan sangat kuat sekali oleh daya kebendaan. Sebelum terjadi atau mengalami kesulitan, sesungguhnya hal itu sudah dapat dikerjakan, tetapi kebanyakan orang bila masih mewah hidupnya merasa tak sempat menengok kepribadiannya. Karena hatinya telah lama terkena pengaruh daya kebendaan itu, ia lebih mementingkan jalannya kebendaan.

30 Iku lamun gelem ngrasa,
mbokmanawa delalah ana usik,
nglilir saka nggènnya turu,
nanging ingkang adhakan,

4 PANGKUR

gelem ngrasa lamun wus
tumekèng kéwuh,
mula temah tan ntuk padhang,
wit tyasnya kadhung ngrusuhi.

30 This guidance, which certainly is present within everyone, is truly a thing that comes easily – more easily than thinking about something – because it appears when the activity of the mind is stilled. Yet, easy as it is, people cannot readily stop their mind's activity because it has been so very strongly influenced by the power of matter. This problem could be tackled before hardship is experienced, but most people, while still living in comfort, feel they have no time to examine their inner self. Having long been under the power of matter, they are more interested in the path of materialism.

5
MEGATRUH

'… nothing stays as it is.
Even something as large as a mountain
is sure to change; it is just that human
beings cannot predict the moment
when it will change and collapse.'

SUSILA BUDHI DHARMA

1 Karena itu maka rasa dirinya semakin terpisah dari kepribadiannya, sehingga jatuhlah ia ke alam kegelapan dan hatinya hanya pandai menggambarkan hal-hal yang tak dapat dikerjakan.

2 Kadang-kadang nampaknya ada kemauan juga untuk bekerja mencari nafkah, tetapi inipun karena hanya tertarik-tarik saja oleh orang lain atau kawan-kawannya. Dan kadang-kadang dipaksanya pula dirinya untuk mengerjakan suatu pekerjaan yang tak benar.

3 Hal yang demikian itu malahan sudah menjadi kebiasaan bagi orang-orang yang serba kurang pengertian itu. Karena hal itu sesuai benar dengan isi hatinya yang hanya bersifat daya kebendaan yang tak mengenal garis hidup yang sempurna.

4 Mestinya anakku, sebagai makhluk yang utama seharusnya kamu dapat mempererat rasa dirimu dengan Pengawasmu, sehingga mendapatkan segala sesuatu yang sungguh-sungguh menjadi kebutuhanmu dengan mudahnya. Dan dengan keadaanmu yang demikian itu, maka benar-benar akan berarti, bahwa kamu adalah makhluk Tuhan yang utama.

5 Jadi kamu tidak lagi sebagai suatu benda yang hanya terisi hawa, tetapi adalah tubuh manusia yang terisi kepribadian yang abadi. Karena itu janganlah hendaknya menyampingkan pelatihamu tentang kejiwaan.

6 Lagipula janganlah kamu selalu menuruti hatimu yang terisi hawa nafsu yang hanya suka memiliki hal-hal yang menurut pikiran akan menyenangkan dan memandang jemu bila merasakan tentang kejiwaan.

1 Kadya pegat pinegat mring lajeripun,
saya misah kang ndasihi,
gya tyasnya sapurug-purug,
tanapi tolah-tumolih,
wusananya mung kajlomprong.

2 Kotat-katut kèlu ombyaking
pra manus,
wus datan dèn rumangsani,
iku tindak ingkang luput,
ingkang amung awèh sisip,
tan bisa manggih krahayon.

3 Mula lumrah kaprahanya wong
pados hidhup,
tyasnya mung ketorak-tarik,
mring kang wus dinulu mujur,
paran iki nyatanèki,
béda wong béda kang momong.

5 MEGATRUH

4 Mesthinira jer janma kudu awanuh,
   tepung rasa mangka wiwit,
   ginulang tumekèng weruh,
   paran iki ingkang yekti,
   perlunira dadya uwong.

5 Uwong awang-awang-wung yekti
                    tan suwung,
   tuhunira tetep hisi,
   pan hisi lajering tuwuh,
   iku mula dèn ulati,
   ywa kongsi mung sifat gowok.

6 Gowok mluwok kang kisèn mung
                    hawa nafsu,
   senengnya mung nurut ati,
   semangetnya nguja nafsu,
   marang hisi boya éling,
   jer iku juru pitudoh.

1 Consequently, their inner feeling is further and further removed from their individuality, so they fall into darkness and their mind is adept only at picturing things that they are actually unable to carry out.

2 At times they show a desire for work, but this too is just because they are attracted by what their friends or other people are doing. And sometimes they feel compelled to work at something that is wrong.

3 Such a state of affairs has become quite commonplace among people whose understanding is limited, for it exactly matches their minds, which like the material forces know nothing about the pattern of a perfect life.

4 Certainly, my children, as high creatures you must bring your inner feeling closer to the One who watches over you, so that you may readily obtain all that you truly need. And doing that will signify that you really are high creatures of God.

5 Then you will no longer be just things filled with air but human bodies containing an eternal individuality. Therefore do not neglect your training of your soul.

6 And do not go on being led by your heart and mind – filled as they are by desires – which want only to own what they think will please them, and regard the life of the soul as boring.

SUSILA BUDHI DHARMA

7 Padahal inilah sesungguhnya yang harus diperlukan juga, malahan sebenarnya inilah yang perlu diutamakan, agar hidupmu dapat bahagia.

8 Karena itu janganlah kamu, andaikata kamu menjadi juru tulis, merasa lekas puas dengan sekedar apa yang kau terima dan memastikan tentang ketetapan kedudukanmu, tetapi usahakanlah dirimu supaya mendapatkan suatu kenyataan yang tak akan menyempitkan pandanganmu, bila menghadapi kesulitan dalam hidupmu nanti.

9 Keadaanmu yang tersebut di atas itu, sungguh tak dapat dipegang teguh-teguh, karena itu mudah sekali berubah dan sesungguhnya memang sifat yang selalu berubah. Bahayanya, dengan berubahnya itu nanti tak urung kamu turut terkena, sehingga mengakibatkan bencana hidup yang tak ringan yang akan diderita.

10 Perlu diingat, bahwa tak ada barang sesuatupun yang tak berubah. Meskipun barang itu sebesar gunung, namun barang itu tentu akan menemui perubahan. Hanya tentang saat roboh atau berubahnya yang tak dapat dipastikan oleh orang.

11 Lebih mengkhawatirkan lagi bila andaikata orang hanya menyandarkan nasibnya kepada suatu pendirian yang kecil dan lemah. Sewaktu-waktu ini dapat roboh dan berubah. Kadang-kadang hanya soal kurang keuntungan saja sudah memerlukan mengurangi orang atau pegawainya.

12 Oleh sebab-sebab yang demikian itu, maka sangat perlu bagimu segera mencari jalan untuk mendapatkan suatu penerangan hidup, agar dengan demikian dapat terjaga hidupmu dari apa-apa yang akan menimpamu nanti.

7 Mula aywa nglantur tingkahira mbanjur,
amung nurut lakwèng ati,
kang tan bisa wèh rahayu,
beciknya nulya tumolih,
upadinen kang amomong.

8 Aywa ngrasa kang tinampa wus kepénuk,
kadar nulis antuk dhuwit,
saben sasi tetep antuk,
watonnya sregep kepati,
kiranya mokal dèn elong.

9 Paran iku tan yogya karya pikukuh,
jer iku kenanya nggoling,
samangsanya tekèng wektu,
tan bisa sira sélaki,
sira nora wurung ndomblong.

5 MEGATRUH

10 Dèn aéling tan na kahnan
    kang tan santun,
nadyan geng kang dèn sèndhèni,
tan bakal kalis mring rubuh,
amung nunggu sangatnèki,
sangat wektunira ruboh.

11 Apa manèh yèn sesèndhèn
    ingkang kuru,
noraa luwih matiri,
rubuhnya sawektu-wektu,
malah waton krasa nipis,
suda bathi ngelong uwong.

12 Iku mula kang perlu dipun sesuluh,
golèk padhang wruha yekti,
jati-jatining kang laku,
kang tuhu amikantuki,
huripnya ywa kongsi kothong.

7 Whereas in fact this is a necessity – indeed even the main necessity – in order for your life to be happy.

8 So, if you become a clerk, do not immediately feel content with what you happen to earn, or count on your job being permanent; make an effort to find something real within you that will enable you to maintain a broad view if later you meet with difficulties in your life.

9 Your position, as was mentioned earlier, really cannot be relied upon, for such things very easily change and indeed always will change. The danger is that these changes will affect you, causing you misfortunes that are not easy to bear.

10 You should remember that nothing stays as it is. Even something as large as a mountain is sure to change; it is just that human beings cannot predict the moment when it will change and collapse.

11 It is even more worrying if people entrust their fate only to a small, weak undertaking. It may collapse and change at any time. Sometimes, just a drop in profits makes it necessary to reduce the number of staff.

12 Therefore it is essential for you, without delay, to look for a way to attain clarity about life, so that you will be prepared for whatever befalls you.

13 Jika hal ini dapat terlaksana, maka hidupmu sungguh akan bahagia dan setiap waktu menghadapi hal-hal yang menyukarkan rasa dirimu tak akan mudah tergoncang.

14 Karena dengan sendirinya kamu segera mendapatkan petunjuk : berbagai sifat pekerjaan segera dapat kamu jalani, karena sebelumnya telah terlatih dan dapat petunjuk cara bekerja yang sempurna dan cocok dengan jiwamu.

15 Malahan dari kecocokan bekerja sebagai ini, menambah pula keluasan pandangan hidup dan pengertian akan gunanya hidup sebagai manusia dan makin erat pula pertalian antara si orang dengan Pengawasnya.

16 Apabila hal yang demikian itu telah kamu capai, maka meskipun kamu dalam masyarakat tak terhitung orang yang terpelajar tinggi, namun kamu tak akan sangat terbelakang dalam soal kedudukan.

17 Karena hal itu telah terlatih sebagaimana yang dituturkan di muka, segala apa yang menjadi keperluanmu disitu selalu menerima petunjuk.

18 Malahan kalau dirasakan benar-benar, kepahaman tentang jalan hidupmu yang terdapat dari pelatihan itu, lebih sempurna daripada kalau kamu mempelajari soal itu di tempat pengajaran biasa. Yang terpenting, setelah demikian kamu tidak lagi suka beromong kosong dan berlagak yang tak sepantasnya.

19 Sungguh hatimu merasa takjub sendiri, bagaimana kamu dapat mengerti segala apa yang menjadi keperluan hidupmu dengan cara semudah itu.

20 Memang, sesungguhnya memang suatu kejadian yang luar biasa (diluar dugaan), karena pada umumnya sifat pengertian itu didapat dari kesungguhan belajar dengan akal pikiran, sedangkan ini malahan terdapat tidak dengan menggunakan akal pikiran.

13 Bisa jumbuh ing tumindak
    tansah tangguh,
lahir batin nunggal puji,
saya ngwatken adegipun,
dadya samangsanya keni,
keneng aral nora geyoh.

14 Nadyan silih sih aneng
    jroning nenambut,
kono apan wus ngenani,
pakartinya ingkang mathuk,
ingkang tuhu ambrekahi,
ing ngabekti nora towong.

15 Dadya genah saya weruh tatanipun,
tata pranataning hurip,
kang tuhu mangka pikukuh,
ugernya dadya sujanmi,
saya wanuh mring kang momong.

16 Sawusira bisa klakon kadya iku,
nadyan kawruhnya ing lahir,
nyatanira pan sih nglangut,
wus tan sumlang ing panampi,
satemah tan dhawah asor.

5 MEGATRUH

13 If you can do this your life will truly be happy, and whenever you meet difficulties your inner feeling will not easily be shaken.

14 For right away you will get spontaneous guidance about various jobs you could do, because you will have been trained in the latihan and will have received indications about the way of working that is best for you, and which matches your soul.

15 Moreover, doing suitable work like this broadens your view of life and your understanding of the purpose of human life; and it strengthens the bond with the One who watches over you.

16 If you have achieved this, then, even though others do not consider you highly educated, you will not be left far behind in terms of your position at work.

17 Awit kono yektinira malah dunung,
sifatnya jeneng pakarti,
mathuknya ingkang sinambut,
malah tata luwih tlesih,
tur tyasnya tan kober goroh.

17 Because you have been trained in the latihan, as spoken of earlier, you will receive whatever guidance you need.

18 Apan yekti nadyan sithik antukipun,
luwih agung yektinèki,
katimbang kawruh tyasipun,
kang antuk king pamarsudi,
lumrahira saking uwong.

18 In fact, if you truly experience this, the understanding about the course of your life that comes from the latihan is far fuller than what you learn at an ordinary place of study. And even more importantly, once you realise this you will no longer enjoy talking about things you do not understand, and you will avoid unseemly behaviour.

19 Temah gumun setaun
sangsaya ngungun,
tyasira wus tan ngengimpi,
bisa nemu kawruh luhung,
prapta tan ginawèng ati,
tur tan amawa pitukon.

19 Truly, your heart and mind will be amazed at how you are able to understand whatever is necessary for your life in such a simple way.

20 Tyasnya bungah renanira
nora umum,
saka tan lumrah kepati,
krana béda jinisipun,
wit renanya tan nglumrahi,
lahir kang samya tinonton.

20 Certainly this is something extraordinary and unexpected, because understanding usually comes from hard mental study; in this case however, it is obtained without using thought.

21 Maka alangkah perlunya itu, bagi seseorang yang lahirnya masih sangat kurang pengertian, maka hal yang demikian itu perlu sekali didapat. Jangan lalu membiarkan dirinya didalam keadaan kegelapan, sehingga sedikitpun tak dapat mengerti akan harga diri sebagai makhluk yang utama.

22 Demikianlah pentingnya orang melatih kejiwaan itu. Maka seandainya tidak suka mengerjakan yang demikian itu, terutama bagi yang kurang pengertian akal pikiran, tak urung ia akan mengalami kepahitan hidup yang tak terhingga. Lebih-lebih bila diingat bahwa orang itu merupakan suatu sifat yang lemah juga, yang dapat setiap waktu terkena mara bahaya.

23 Maka tak luputlah ia akhirnya akan mengalami penderitaan dalam hidupnya juga, dan apabila hal yang demikian ini sampai terjadi terus-menerus, maka tak urung pula akan menemui ajalnya dengan secepatnya.

24 Ini sesungguhnya suatu hal yang banyak terjadi. Akan tetapi kebanyakan tak sampai memikirkan sejauh itu. Malahan dalam waktu masih dibutuhkan tenaganya oleh majikannya, dengan arti kata : masih dibutuhkan sebagai alat untuk mengejar keuntungan, ia menganggap dirinya sebagai orang yang terpuji.

25 Malahan ada juga diantaranya, karena sangat dikasih sayangi oleh majikannya, merasa sebagai penguasa dalam lingkungan pekerjaannya, lalu bertingkah laku sangat sombongnya terhadap kawan sekerjanya.

26 Dari keadaannya yang demikian itu, maka ia mudah sekali menjadi kalap, sehingga hatinya sudah tak lagi sempat menengok diri pribadinya.

21 Paran iki sajatinya luwih perlu,
    mesthinya kudu dèn wruhi,
    aywa kongsi praptèng suwung,
    melas yèn kongsia sepi,
    ajining janma tan katon.

22 Mula lamun kang mangkono
        kongsi suwung,
    paran apa kang dèn piji,
    kang mangka andeling kèwuh,
    rèh janma sifat kawadis,
    owahnya tan bisa lolos.

23 Temah nyata akirnya mung
        thingak-thinguk,
    tyasnya cupet kang pinikir,
    ngrasa kadhung kang sinengguh,
    tyasnya nggerus nutuh dhiri,
    nggegelis praptaning layon.

5 MEGATRUH

21 This is really necessary for people who still know very little outwardly – they really need to find a way like this. So do not let your self remain in darkness, unable in the smallest degree to understand your value as a high creature.

22 This is how important it is for a person to do the training of the soul. Those who do not want to do it – especially if their mind lacks understanding – are bound to have endless bitter experiences in their life. This is all the more true when one remembers that a human being is a weak creature who may meet with dangers at any time.

23 It is inescapable that sooner or later they will experience suffering in their life; and if this suffering goes on and on, they are sure to come to an untimely end.

24 Datan ngira kalanya sih dèn
　　　　　nggo butuh,
　dèn butuhken karya pranti,
　amemupuk agungipun,
　untungnya kang dèn ngèngèri,
　anggepira mèlu nggotong.

24 Indeed this often happens. But most people do not think so far ahead. On the contrary, while their labour is still needed by their employers – meaning while they are still needed as tools for the pursuit of profit – they believe they are held in high regard.

25 Pan sawenèh tyasnya kebanjur
　　　　　wus angkuh,
　ngrasa lamun andhewèki,
　dhasarnya ginunggung-gunggung,
　salir sampun dèn kwasani,
　ambeknya wus kadya katong.

25 And among them are some who, being highly regarded by their employers, feel they have authority in their place of work and then behave arrogantly towards their fellow workers.

26 Malah kono ing wektu kadya puniku,
　atinya saya tan tolih,
　boya kober nginguk-inguk,
　mring jejering huripnèki,
　anèng badan kang kinaot.

26 In these circumstances they very easily become possessed by their work, leaving their heart and mind with no time to consider their real self.

5 MEGATRUH

27 Siang malam yang dipikirkan tidak lain daripada hanya sifat pekerjaannya belaka. Sampai kebatinpun tak ketinggalan demikian pula : yang dirasakan tidak lain juga sifat pekerjaannya itu.

28 Sehingga lahir batin segolongan menuju kesitu, yang hakekatnya nanti bila telah sampai pada saat hidupnya yang terakhir, yaitu : mati, imannya akan pecat menuju kesitu.

29 Adapun hal kebendaan ini, bila dalam keadaannya sungguh-sungguh diselami, disitu akan dapat diketahui yang nampaknya menyerupai alam dunia, dan sifat makhluk yang ada disitu tak berbeda pula dengan orang tentang kesungguhan kebaktiannya kepada Tuhan Yang Maha Esa.

30 Adapun sifatnya di dunia yang terlihat sebagai benda mati itu, karena halnya dalam susunan hidup manusia hanya merupakan suatu alat, yang dapat dijadikan syarat bekerja bagi manusia. Dari sebab itu, maka benda-benda itu hakekatnya dalam alam manusia hanya merupakan suatu sifat yang dapat diperbuat sekehendak hati manusia.

31 Tetapi tentang cara hidupnya benda-benda itu dalam alamnya, dapat dikatakan menyerupai cara hidup orang dalam dunia. Karena itu benda-benda dapat juga berbakti kepada Tuhan seukur dengan derajatnya.

32 Tetapi tentang cara hidupnya kepada Tuhan tak ada bedanya dengan manusia, kecuali tingkatannya atau kedudukan benda-benda itu sebagai makhluk Tuhan jauh ke bawah daripada kedudukan manusia.

27 Rina wengi malah wus tan naté suwung,
gagasan akal lan pikir,
playunya mung anèng ngriku,
krasannya pan datan kari,
salir kadya wus binoyong.

28 Karan iku yèn tan begja jiwanipun,
dyan léna kebanjur keni,
daya barang kang amupuh,
kang nedya trusa sih-asih,
gegandhèngan ing sapakon.

29 Apan nyata yektinya barang puniku,
dayanira yèn tiniti,
kang ana ing prajanipun,
nora béda lir sujanmi,
weruh wadi kang kinaot.

5 MEGATRUH

27 Day and night they think of nothing else but their work; eventually their inner life is also affected and all they are aware of is their work.

28 So, outwardly and inwardly they are focused on their work with the result that when they come to the end of their life and they die, that is the direction they will be drawn to.

29 For, as regards the nature of matter, when you can perceive it as it really is you will be able to know that it too resembles a world, peopled by beings that resemble humankind in their sincere devotion to Almighty God.

30 Ana déné anèng donya panggihipun,
   tebanya jagading janmi,
   katonnya datan wruh kéwuh,
   myang salir dinuga sepi,
   tekèng bekti nora énjoh.

30 In our world they appear to be just lifeless things, because in the scheme of human life their role is just to be tools or aids for human activities; therefore, human eyes see them merely as things to be made into whatever people desire.

31 Nyatanira tan kaot ing prajanipun,
   tan béda mungguhing Gusti,
   tumrap pangabektinipun,
   yekti ana kang pinanggih,
   datan béda kadya uwong.

31 Nevertheless, the life of material things in their own world can be likened to that of people in theirs; so material things can also worship God at their own level.

32 Ingkang ora bédanya kalawan manus,
   jinisnya ingkang sayekti,
   prabédaning lungguhipun,
   gung kinacèk klawan janmi,
   jeneng barang langkung adoh.

32 Their attitude to God is no different from that of human beings, except that their level or standing as creatures of God is far below the human level.

SUSILA BUDHI DHARMA

33 Karena itu benda-benda sangat menginginkan agar bercampurnya dengan akal pikiran manusia kedudukannya dapat meningkat, mendekati tingkatan yang sempurna sebagai manusia.

34 Maka kepatuhannya kepada kehendak manusia tak berkurang, sehingga menurut saja bagaimana cara manusia menghendakinya, asal kedudukannya dapat tetap dekat dan erat dengan hati manusia sampai saat meninggalnya manusia itu.

35 Karena dengan itu benda-benda dapat juga mengikuti orang ke alamnya, yang lebih tinggi daripada alam kebendaan, yang dimata orang merupakan alam yang penuh kekosongan.

36 Demikianlah sifat susunan hidup kebendaan, yang perlu dimengerti oleh orang, agar ia dapat mengetahui bagaimana sifat daya pengaruh kebendaan itu yang selalu menjadi peserta hidupnya. Dengan demikian si orang akan dapat mengatur secara adil peserta-pesertanya.

37 Kenyataannya benda-benda itu memang menghendaki supaya dapat selalu mengikuti laku manusia, sebab telah menjadi perjanjiannya, bahwa benda-benda itu menjadi abdi daripada manusia.

38 Adapun yang terjadi adalah sebaliknya, yaitu manusia yang mengabdi kepada benda-benda, sehingga manusia itu malahan bukan mengangkat, tetapi terjun ke bawah ke alam kebendaan.

39 Disitu, apabila si orang masih dapat mengingat-ingat, hatinya akan tertegun karena ia hanya menemui hal-hal yang sesungguhnya palsu.

40 Begitupun juga terasa pula, bahwa segala apa yang dialami dalam alam itu (alam kebendaan), sama sekali tak ada yang cocok dengan yang didapatnya tatkala ia masih di dunia.

33 Mula barang ing sedya banget kayungyun,
yèn bisa nunggala janmi,
arahnya kumpula lungguh,
pamrihnya bisa nyedhaki,
ing bekti luwih kinaot.

34 Saka iku si barang tingkahnya sengkut,
sarwa nurut tyasing janmi,
èsthinya tan ngétung lampus,
janjinya sih dèn asihi,
tekèng mangsa praptèng endon.

35 Endon mulya kang pininta mring pra manus,
kang sanyata hébat yekti,
tangèh sami prajanipun,
kang nyata asor kepati,
tur mung hisi kahnan goroh.

36 Pan mangkono ubengnya tataning hidhup,
tumrap janma kudu ngerti,
weruha saliring kéwuh,
dadya bisa wruh ing adil,
netepi titah kinaot.

5 MEGATRUH

33 For this reason material things yearn to be linked to human thought, to enable them to raise their own status to the high level of humankind.

37 Mula yekti nyatanya barang puniku,
    dayanira kang ndayani,
    mring janma nurut tyasipun,
    lugunya dadya punagi,
    bisa tut burining uwong.

34 So they unreservedly obey the human will, simply going along with whatever people want them to be, as long as they may remain close to the human mind until the moment the person dies.

35 For in this way material things can follow human beings into their world, a world higher than the world of matter that human eyes would see as being completely empty.

38 Déné salah teka luput kosokwangsul,
    niyat ngèngèr malah kwalik,
    si janma malah kang ambruk,
    ngebruki kang dèn ngèngèri,
    temah samya ning-anunong.

36 That is how life is ordered for matter; and people need to understand this so that they may know the nature of the influence of the material forces, which always take part in their lives. Then they will be able to organise these companions rightly.

39 Aning-anong si janma temah
                        tan mungguh,
    salir apa kang dèn wruhi,
    sepi nyata nemu palsu,
    yèn bisaa ngéling-éling,
    kaduwung raosnya amblong.

37 The truth is that these material things always wish to join in human activities, because there is an agreement that material things will be the servants of humankind.

40 Datan nyana salirira kang pinangguh,
    tan kadya duk nèng donyèki,
    paran tan ana kang jumbuh,
    sagung tan bisa ngénaki,
    krasa énak kaya uwong.

38 What happens, however, is the opposite; it is human beings who serve material things. So instead of raising the level of these things, people sink into the material world.

39 There – could they but retain their memory – they would be shocked, because they would be unable to find anything real.

40 They would also feel that nothing they experience in the material realm corresponds to what they used to experience while they were still in this world.

41 Akan tetapi anakku, perasaan orang yang telah tenggelam ke alam kebendaan sebagai itu, adalah tidak benar. Karena satu kali ia telah masuk ke dalam alam yang demikian rupa, ia tetap tenggelam seluruhnya, sehingga perasaannya sebagai orang waktu masih di dunia sudah tak ada lagi.

42 Oleh karena itu, meskipun ia telah mengalami yang sedemikian rupa, namun ia tak dapat lagi memperbedakan mana yang salah dan mana yang benar. Jadi disitu ia sudah menjadi demikian rupa, sehingga segala apa yang terdapat dan diketahuinya sudah dirasakan sebagai keadaan yang biasa.

43 Disitupun terdapat pula segala macam kesenangan dan segala apa yang dikatakan tempat hiburan, pendek kata disitupun tak kurang terdapat cara mencari kesenangan dan cara menampakkan kemewahan keadaannya, sebaliknya pun tak kurang pula terdapat penderitaan-penderitaan disitu.

44 Bagi kebendaan, yang demikian itu memang menunjukkan suatu pembalasan yang baik, karena si orang telah berhutang budi padanya. Jadi hal itu bukannya suatu penipuan atau kehendak yang sengaja untuk menyesatkan (menyasarkan) si orang, tetapi sesungguhnya suatu kebaktian yang sebenarnya.

45 Akan tetapi bagi si orang, bila diingat bahwa kedudukan orang dalam susunan hidup itu sesungguhnya mulia, maka keadaan yang demikian itu lebih daripada salah. Ini tetap merupakan kesalahan besar bagi si orang, karena ia sungguh-sungguh tak menepati janji-janji sebagai makhluk yang pandai mengatur.

46 Karena kemungkinan yang demikian itulah, maka bagi kamu anakku, jangan hendaknya sekali-kali meniadakan sujudmu kepada Tuhan : adakanlah waktu untuk latihanmu dan jangan selalu menuruti hatimu yang seakan-akan kamu tak mempunyi kesempatan lagi untuk mengerjakan latihan itu.

41 Nanging kulup aywa salah
    kang tinemu,
nyatanya sawusnya sisip,
si janma kadhung wus nlusup,
jroning pati wus asepi,
wus sirna rasaning uwong.

42 Alam wikan kang wèh wruh
    bener lan luput,
kono boya ana maning,
kang ana mung kang pinangguh,
nadyan salah nora huning,
krasanira tan béda wong.

43 Salirira apa kang pinanggih ngriku,
matemira nora sisip,
ujarnya yèn gelem cluluk,
kono nora béda mukti,
salir langen wus tan kaot.

5 MEGATRUH

44 Dadya bener wus tan salah
   bektinipun,
   utang becik mring sujanmi,
   sedyanira mbales tuhu,
   ingkang nami jasa baik,
   kinarya wohing dumados.

45 Nanging kulup yektinya
   kang kadya iku,
   sèwu salah dadya siji,
   yèn janma nggugua iku,
   paran iki dudu yekti,
   kang mangka janjining uwong.

46 Lestarèkna mula nggènnya
   samya sujud,
   dèn gegladhi aywa sisip,
   selanana kèhing butuh,
   tan perlu sira nuruti,
   tyasnya kang nedya njejlomprong.

41 But, my children, the feelings of people who sink into the material realm are no longer true. Because once they have entered this realm they are completely immersed in it, and so they no longer have the human feelings they had in this world.

42 Therefore, though they knew it once, they can no longer feel the difference between right and wrong. Once there they are changed, so that whatever they perceive and experience feels normal to them.

43 There, too, all kinds of pleasure and places of entertainment are to be found – in short, there are many ways to find enjoyment and to display the luxury of one's circumstances. On the other hand, suffering is not lacking either.

44 For matter, this would seem a fair price to pay, as these people are in their debt. So there is no deception in this, nor any intention to lead people astray; it is actually a result of the true devotion of matter.

45 For the person, however, when it is remembered that humankind's place in the scheme of life is really a sublime one, such a state is worse than wrong. It is a great mistake for human beings, as they completely fail to live up to their commitment as creatures capable of bringing order to existence.

46 Because such errors are possible, my children, may you never neglect your reverence to God. Make time for your latihan, and never give way to your heart and mind when they suggest that you have no opportunity to do the latihan any more.

47 Jikalau kamu menuruti hati, selama hidupmu memang tak akan ada waktu yang terluang untuk keperluan berbakti kepada Tuhan, karena hati itu selalu memikirkan hal-hal yang bukan-bukan saja.

48 Justru dalam keadaan yang demikian itu, kamu seharusnya dapat mengatasinya, sehingga akal pikiranmu nanti tidak akan menjadi perintang lagi bagi dirimu.

49 Selanjutnya bila akal pikiranmu nanti sudah tidak lagi menjadi perintang bagi dirimu, dengan arti kata : hati akal pikiranmu sudah tidak lagi menjadi penghalang bagi latihanmu, kamu akan lebih tegas dan sempurna dalam tindakanmu, sehingga si hati nanti sungguh-sungguh merupakan pelayan atau abdi bagi dirimu.

50 Dan selanjutnya setelah demikian, kamu akan segera dapat mengenal dan akan erat pula hubunganmu dengan Pengawasmu.

47 Tatanen ing panggladhi ywa kongsi suwung,
aywa pijer nurut ati,
kang semaya sepèng kèwuh,
paran iku nora yekti,
kapan donya sepèng kèwoh.

48 Yèn anganti ing donya sepining kèwuh,
tangèh iki bisa manggih,
jer donya papannya kèwuh,
kang malah perlu dèn wruhi,
mrih wikan kang dadya wados.

5 MEGATRUH

47 If you obey your heart and mind, you will never find time to spare in your life for your need to worship God, because the heart and mind are always concerning themselves with matters that lack reality.

48 This is precisely the condition that you must overcome, so that your thoughts will no longer obstruct your self.

49 Mula lamun janma ing tingkah
   jrih kéwuh,
  sasat ajrih mring tyasnèki,
  jer ati kanthinya manus,
  kang tuhu malah ngladèni,
  salah yèn pinindha wedhon.

49 Then, when they have ceased to be obstacles – that is to say, when your heart and mind no longer obstruct your latihan – your actions will be more resolute and mature, and your heart and mind will truly be the servants of the self.

50 Aywa ringkih teka kendhor
   krana kéwuh,
  becik samya dèn temeni,
  sisihna saliring kéwuh,
  supayènggal bisa yekti,
  saya wanuh mring kang momong.

50 And after that you will soon become aware of and be closely connected to the One who watches over you.

6
ASMARANDANA

'... indications and guidance
that will greatly benefit your self
will pour into you.'

SUSILA BUDHI DHARMA

1 Dan dalam keadaanmu yang demikian itu, kamu segera akan dibanjiri petunjuk-petunjuk dan nasihat-nasihat yang berguna sekali bagi dirimu.

2 Itulah anakku, kebahagiaan umat manusia yang telah dapat menerimanya, meskipun lahirnya kepandaian secara akal pikiran tidak seberapa jauh, tetapi dengan itu akan mencapai kepahaman segala keperluanmu dengan cara tidak perlu menggunakan kemurkaan, yaitu dengan sabar dan tenteram.

3 Lagipula akan terasa olehmu segala kesalahanmu yang telah kamu alami, sehingga kamu dengan sendirinya merasa tobat atas perbuatanmu yang salah. Juga akan terasa pula kegembiraan hatimu, bahwa kamu telah dekat betul-betul dengan Pengawasmu dan akan merasa kebahagiaan karenanya.

4 Sesudah selesai dituturkan arti daya kebendaan itu, maka sekarang ganti yang dituturkan, yaitu sifat daya tumbuh-tumbuhan yang juga menjadi peserta bagi hidup manusia dalam dunia.

5 Daya tumbuh-tumbuhan itu makin lebih dapat mempengaruhi hidup manusia, karena dengan tiada itu manusia tidak akan mempunyai kekuatan seluruhnya dan tubuh sebagai manusia dalam dunia.

6 Sesungguhnya daya dari tumbuh-tumbuhan itu merupakan kebutuhan hidup yang mutlak; semenjak mulai masih di dalam kandungan ibu manusia telah mendapatkan sari-sari dari tumbuh-tumbuhan itu dengan perantaraan ibunya, sehingga sampai pada saat lahirnya selalu tak dapat dipisahkan dari makanan.

---

1 Saya kasmaranirèki,
sawusira ruket samya,
ginulang tan na pedhoté,
katon sih parimarmanya,
rina wengi tan kétang,
amung tansah dèn wewuruk,
ing karsa énggala padhang.

2 Iku kulup kang pinanggih,
sanadyan ta lahirira,
ing kawruh lagi sapélé,
parandéné teka bisa,
wruh arahing tumindak,
marang sagung perlunipun,
temah ngangsa boya ana.

3 Kono krasa tyasirèki,
kaduwungnya kang kalakyan,
laku kang wus dèn ungkurké,
paran mangkya datan nyana,
cedhaknya tan upama,
mring kang tuhu wèh rahayu,
temah ngrasa ntuk nugraha.

6 ASMARANDANA

1 And when you are in that state, indications and guidance that will greatly benefit your self will pour into you.

2 That, my children, is the good fortune of those human beings who are able to receive it. Although your ordinary mental ability may be limited, you can come to understand all that you need without having to use any acquisitiveness, but just by being patient and quiet.

3 You will also become aware of all your past errors and spontaneously repent of what you have done wrong. And it will gladden your heart and make you feel happy that you have really drawn close to the One who watches over you.

4 Having finished speaking about the significance of the power of matter, the subject now changes to the power of plant-life, another force that also accompanies human life on earth.

5 The power in plants can influence human life even more, for without it human beings would have no strength, nor a body like their present earthly one.

6 In fact, the force from plants is an absolute necessity for life. From the start, while still in the mother's womb, a human being obtains the essences of plants through her; so, up to the moment of birth, he or she is never separated from food.

---

4 Sigeg mangkya kang gumanti,
sawusnya tatas winedhar,
daya barang saperluné,
nenggih daya kang winedhar,
sifating tetuwuhan,
pan iku wus dadya butuh,
huriping janma nèng donya.

5 Paran iku yektinèki,
tan béda adarbé daya,
saya luwih mring janmané,
apan iku terang nyata,
yèn wong butuh mring pangan,
kang yekti tan kenèng suwung,
jer iku butuh kang mutlak.

6 Malah nora mung samangkin,
nadyan isih kalanira,
jabang nèng guwagarbané,
wus nampa sarining pangan,
biyung karya lantaran,
praptèng lahir tembusipun,
dadya wong tan ninggal pangan.

SUSILA BUDHI DHARMA

7   Sebab, itu sudah menjadi kodrat Tuhan, bahwa sifat kekuatan manusia terdapat dari makanan yang berasal dari tumbuh-tumbuhan; zat-zat tumbuh-tumbuhan itu memupuk dan mewujudkan jasmaninya.

8   Pendek kata, orang pasti tak dapat meninggalkan makanan yang berasal dari tumbuh-tumbuhan itu, malahan lengkapnya masih ada lagi lainnya, yaitu lauk pauk yang berasal dari khewan, tetapi yang belakangan ini baiklah nanti dituturkan sehabis menguraikan sifat daya tumbuh-tumbuhan ini.

9   Adapun sebab-sebabnya adalah demikian, yaitu untuk menjaga supaya jangan sampai susunannya nanti menjadi bersimpang siur, sehingga menyukarkan untuk dimengerti tentang maksud yang sesungguhnya.

10 Ketahuilah, bahwa sari daya tumbuh-tumbuhan itu sesungguhnya telah ada pada manusia, hanya saja masih merupakan suatu keadaan yang tak dapat dilihat dengan mata kepala, tetapi hanya dengan rasa diri manusia yang benar-benar suci (bersih-jernih), yaitu sifat rasa yang sama sekali tidak dipengaruhi oleh akal pikiran, sehingga nanti masuknya zat-zat makanan yang berasal dari tumbuh-tumbuhan ke dalam tubuh manusia yang merupakan, memupuk dan menguatkan keadaan badan manusia itu, menggambarkan suatu sifat pertemuan antara yang dari luar dengan yang ada di dalam.

11 Jadi hal ini benar-benar merupakan suatu pertemuan antara luar dan dalam sebagai halnya lahir dan batin. Karena itu apabila sampai terjadi ke tidak cocokan antara yang dari luar dan dalam, akan timbullah suatu kejadian yang tak enak dirasakan, sehingga mudah mendatangkan penyakit dalam tubuh manusia.

7   Apan iku wus kahuni,
    sifat kekwataning janma,
    pangan kang mangka saraté,
    asal saking tetuwuhan,
    kang kena dèn pepangan,
    pan iku hèstuning butuh,
    kang tumrap wadhaging janma.

8   Ånggalnya janma wus pasthi,
    datan bisa ninggal pangan,
    tetuwuhan ing sangkané,
    pepaknya malah sih ana,
    bumbu kalawan ulam,
    beciknya iki kang kasbut,
    ginunem ana ing wuntat.

9   Perlunya kadya puniki,
    nampanya ywa tumpang silah,
    dadya wruh siji-sijiné,
    temah urut bisa nglèla,

6 ASMARANDANA

nglegena kang tinampa,
tambah genah saya dunung,
yèn winengan wruh ing padhang.

10 Rumuhun wruha kang wadi,
dayanya jeneng tetedhan,
manjing nèng rasa saliré,
dadya rasa manjing rasa,
kadya lir pepethukan,
yèn kinandha nyatanipun,
ing jero dhihin wus ana.

11 Ana mula andhingini,
bebasan : anggawa tirta,
ing tembé pethuk banyuné,
paran iki nyatanira,
njero njaba tan béda,
mula yèn kongsi tan jumbuh,
ing rasa krasèng lelara.

7 For it is God's decree that human strength should come from food derived from plants, so the human body is nourished and formed by plant essences.

8 In short, people certainly cannot do without this food, even though their full diet also includes food that comes from animals – but that subject is better left until later, after the nature of the force in vegetation has been discussed.

9 The reason for this is to avoid a tangle of subjects that would make it difficult to understand what is really intended.

10 You need to know that the essence of the vegetable forces are actually already present in human beings, though in a form that cannot be seen with the physical eyes. They can be perceived only by an inner feeling that is truly pure – clean and clear and quite free from the influence of thinking. So when the essences of food from plants enter a human body to form, nourish and strengthen it, what takes place is a meeting between the essences that come from outside and those that are within.

11 Truly, then, this is a meeting between external and internal, between the outer life and the inner. So if what comes from outside is not suited to what is inside, an unpleasant feeling will arise that can easily cause illness in the human body.

12 Meskipun keadaan rasa yang sesungguhnya tidak dapat dilihat dengan mata kepala, yang berupa sari rasa yang ada pada manusia ialah sifat rasa yang dalam keadaannya terasa : manis, gurih, pahit, asam, pedas, asin, getir dan payau. Inilah sari rasa yang berupa bekal bagi manusia yang cocok dengan rasa makanan yang dimakan.

13 Tentang lahirnya, kenyataan adanya sifat wujud makanan yang beraneka warna, itu hanya merupakan sebagai tempat atau dasar dimana di dalamnya terisi zat-zat yang rasanya berlainan antara jenis yang satu dengan jenis yang lain; hakekatnya semuanya itu untuk memudahkan cara pertemuan antara luar dan dalam.

14 Dan pertemuan kedua sifat yang sejenis itu, adalah di manusia pada waktu ia makan. Jadi terangnya, orang makan itu kalau ditinjau dari keadaan yang sesungguhnya, hanya merupakan suatu sifat perantara untuk melaksanakan pertemuan antara daya zat tumbuh-tumbuhan yang ada di luar dengan yang telah ada di dalam.

15 Dengan terlaksananya hal yang demikian, maka si orang (manusia) dalam hal itu telah menjalankan tugas kewajibannya yang tepat, sehingga ia sungguh dapat dibenarkan, bahwa ia adalah makhluk Tuhan yang mulia dan bijaksana.

16 Kebijaksanaan manusia yang demikian itu sudah sepatutnyalah menjadi puji-pujian bagi para pesertanya, yaitu : sifat sari daya tumbuh-tumbuh baik yang ada di dalam maupun yang ada di luar, karena ia (manusia) telah dapat membuka jalan bahagia bagi pesertanya yang telah lama menanti-nantikan pertolongannya.

12 Mungguh rasa kang murwani,
kang sifat sanguning janma,
legi gurih lan paité,
kecut pedhes getir klawan,
pan ingkang rasa anta,
pan iku sanguning manus,
ingkang jumbuh klawan pangan.

13 Déné lahir warnanéki,
sifatnya salir tetedhan,
kang manéka ing warnané,
amung karya amujudna,
dhasarnya ingkang rasa,
paran lamun tan kadyèku,
yekti tan bisa dèn pangan.

14 Nanging nyatanira kaki,
sifat njaba kang mangkana,
yektinya mung karya waléh,
pisahing rasa kang nunggal,

6 ASMARANDANA

pisah wit blegerira,
kumpulnya bénjang yèn sampun,
kang tetedhan wus kakenan.

15 Teges kakenan binukti,
si pangan sampun katedha,
kono mulih mring asalé,
dadya janma sifat marga,
kumpulnya kang pepisah,
iku paran nyatanipun,
jeneng wong bisa mranata.

16 Mranata bisa wèh margi,
kumpulnya rasa kang pisah,
temah gedhé ganjarané,
prasasat janma kuwasa,
bisa wèh swarganira,
tetep njodhokken kang mèlu,
kang kinanthi mula buka.

12   Although the eyes cannot see flavour, the essences of it that are present in a human being can recognise it by such tastes as sweet, nutty, bitter, sour, spicy-hot, salty, tart and brackish. Human beings are endowed with these essences of flavour, which correspond to the tastes of the food they eat.

13   Foods vary widely in outward form, but these forms are merely vessels for their essences, each of which have various tastes. The real purpose of all of this is to facilitate the meeting between what is outside and what is inside.

14   And the meeting of these two entities that resemble one another takes place in human beings when they eat. So, in reality, when people eat they are simply intermediaries for the force of the plant essences outside them to meet those within them.

15   In allowing this to take place, the human being has carried out his or her obligation correctly, and may truly be called a high and wise creature of God.

16   The wisdom of such a person is rightly praised by the participants – that is, the essence of the vegetable forces, both those inside and those outside – because he or she has been able to open a joyful path for them, and they have long awaited this help.

17 Pertemuan daya tumbuh-tumbuhan antara luar dan dalam sebagai yang tersebut di atas itu, merupakan sebagai pertemuan orang laki-laki dengan isterinya yang telah lama dinanti-nantikan. Berapa besar rasa kegembiraannya dalam hal itu, kiranya sudah tak perlu lagi digambarkan keadaannya, mungkin telah dapat diduga sendiri. Hanya yang perlu dituturkan tentang itu ialah bahwa dengan keadaan yang demikian itu manusia telah lepas dari pengaruh daya-daya tumbuh-tumbuhan

18 Karena selesainya tindakanmu yang demikian itu, maka kamu akan segera dapat mengetahui bagaimana hal susunan hidup tumbuh-tumbuhan itu dan juga bagaimana sifat daya pengaruhnya terhadap manusia yang dapat membahayakan, sedangkan semua itu adalah pesertamu untuk menyertai hidupmu sebagai makhluk yang utama.

19 Tentang sifat lahir, yaitu wujudnya bahan makanan, sesudah dimakan tentu akan dapat memupuk kekuatan badan manusia yang terisi daging, darah dan lain-lain sebagainya.

20 Hal itu meskipun demikian, kepastian yang ada padamu untuk menggantungkan dirimu kepada daya kekuatan dari tumbuh-tumbuhan itu, sesungguhnya tidak dibolehkan. Karena itu hanya merupakan suatu syarat hidupmu di dunia sebagai yang telah diterapkan dalam kodratNya.

21 Jadi seandainya ketetapan kodrat itu memperbekali manusia sari daya angin dan air saja, tentu manusia akan dapat hidup dengan menghirup angin dan minum air. Hanya saja tentu manusia tak akan berupa sebagai kamu.

17 Saka kang mangkono kaki,
tetep janma dadya marga,
mulihnya marga kandhangé,
nadyan dayaning rasanya,
pan wus tan nabet tiyang,
paran iki kang satuhu,
ubengnya ingkang sinamar.

18 Paran sawusnya sira wrin,
baut ngiket iketannya,
ingkang dadya wewadiné,
temah sira tan rekasa,
yèn ta arsa uninga,
garis-garising tumuwuh,
ingkang sifat tetuwuhan.

19 Déné kang katon ing lahir,
nyatanya sifat tetedhan,
kang wus katedha saliré,
pan nyata dadi wak-awak,

6 ASMARANDANA

17 This meeting between the inner and the outer vegetable forces is like a long-awaited meeting between husband and wife. How great their joy is needs no description, for you can imagine it. What does need to be said, however, is that in this case the human being has already freed him or herself from the influence of vegetable forces.

    hisi daging lan dharah,
    kang uga hisi lyanipun,
    kang dadi blegering awak.

18 Accomplishing this will enable you to know how life is arranged in the plant world; also, how the influence of its force on humankind can be dangerous, even though all these forces are intended to take part in your life as a creature of high standing.

20 Nanging iku ywa dèn pesthi,
    yèn saking purbaning pangan,
    tetuwuhan ing asalé,
    awit yektinya tan klakyan,
    si iku dadya awak,
    lamun ing awak tan cundhuk,
    klawan kang asifat tunggal.

19 In their outer nature, as food, plants build up the strength of the human body, its flesh, blood, and so on.

21 Mula upama sakawit,
    kang mangka jenenging pangan,
    kang tumrap ing manungsané,
    upama angin lan toya,
    yektinya pan tan béda,
    si janma tan béda hidhup,
    mung huripnya nora sama.

20 Even so, you are in fact not allowed to depend solely on the strength derived from plant-life, as that is only one of the means willed by God to enable you to live on earth.

21 If God had decreed that human beings be provided only with the essences of air and water, people would of course be able to live just by breathing air and drinking water. But then they would certainly not have been formed as you have been.

22 Jadi teranglah sebagaimana yang tersebut di muka, bahwa adanya manusia ini perlu makan-makanan dari tumbuh-tumbuhan itu, karena memang telah diperbekali oleh kodrat. Tuhan sari rasa dari daya makanan jenis itu, sehingga pada akhir kenyataan semuanya menjadi suatu pergaulan hidup yang cocok.

23 Adapun sifat makanan yang dimakan orang itu, meskipun asal kejadiannya dari sifat yang hidup, yaitu: tumbuh-tumbuhan, kalau dimakan orang atau setelah menjadi makanan tentu merupakan suatu sifat yang mati.

24 Tetapi meskipun demikian, zat hidupnya masih hidup dan menantikan pelaksanaan kehendaknya sebagai yang telah dituturkan di muka.

25 Jadi kehendaknya itu tak berbeda dengan kehendak manusia, yang nanti bila sampai pada ajalnya, supaya mendapatkan jalan yang utama bagi hidupnya, untuk kembali ke alam yang mulia dan abadi.

26 Karena itu bagi kamu, apabila dalam hal itu kamu tak sampai pada tingkatanmu yang nyata, yaitu sampai ketingkatan yang pandai mengatur tentang rangkaian hidup peserta-pesertamu dalam kepribadiannya, maka kamu dengan sendirinya tak akan dapat meningkat ke atas, yaitu: suatu tingkatan hidup besar dan mulia bagi manusia.

27 Sedangkan hal yang demikian itu bagi tumbuh-tumbuhan, hakekatnya sungguh-sungguh telah diharap-harapkan, bahwa dengan perantaraan manusialah dapat terlaksana pertemuannya dan kembalinya ke alam yang utama dan mulia.

28 Karena itu dianggapnya akan lebih utama bila zat-zatnya lalu dimakan orang daripada hanya jatuh ke tanah lalu menjadi rusak dan hanya menjadi makanan hewan saja.

---

22 Mula kang cinatur ngarsi,
    kang pinindha : pados toya,
    tan sepi sangu warihé,
    paran iku wis kinodrat,
    jejantranya kang Kwasa,
    thuk-thukannya sarwa mathuk,
    mrih sampurnaning lalakyan.

23 Lan malihé salirnèki,
    yèku ingkang jeneng pangan,
    katonnya tan na huripé,
    dhasarira mula nyata,
    ndi ana pangan gesang,
    nadyan purwanira hidhup,
    yèn dèn pangan dadi pejah.

24 Iku mula wadinèki,
    perlu samya dèn wruhana,
    ingkang dadya hakékaté,
    nyatanira punang tedha,
    kang asal tetuwuhan,
    yèn meloka kang jinaluk,
    aywa kongsi manggih pejah.

25 Pan iku tan béda janmi,
    ing panuwun lamun mbénjang,
    teka ing sangating mulèh,
    bisaa amanggih gesang,

6 ASMARANDANA

kang karan hurip lana,
mangkono sanyatanipun,
nadyan tuwuhan tan béda.

26 Mula lamun sira kaki,
mring pangan tan bisa nata,
angulihken mring asalé,
tegesira ingkang nyata,
king gesang bali gesang,
sira karan titah luput,
durung karan titah mulya.

27 Mangka nyatanya puniki,
wus dadi punaginira,
bisaa dadi pangané,
mring pra janma amrih mulya,
manggiha kang utama,
kang mungguh ing hidhupipun,
tanpa wates lir sujanma.

28 Ujarnya lamun dèn tampi,
pan swarga yèn tinedha,
déning sagung sujanmané,
katimbang klawan kang ora,
ingkang samya mung dhawah,
kumrutug bosok tan dunung,
kang tan ana manfangatnya.

22 Clearly then, as has been said earlier, human beings need to eat foods made from plants, because God's decree has endowed them with the essential qualities of such food, in order that all these entities can live together in harmony.

23 Although human food is derived from living plants, when these are eaten or made into food they appear to be dead.

24 Nevertheless their essences remain alive and, as was said earlier, await the fulfilment of their desire.

25 And their desire is no different from a human being's; that is, when their end comes, to find the right way in order that they may return to the glory of the eternal world.

26 So if you do not reach your true level – meaning, the level where you are good at managing the life structure of your companion forces according to their natures – you will not be able to rise higher; that is, to the great, noble life meant for humanity.

27 As for the plants, they really and truly long to be united by human agency with their counterparts, and thereby return to a high and glorious realm.

28 Hence plants believe it far better for their essences to be eaten by people than just to fall on the ground and rot or only become food just for animals.

29 Dalam keadaan yang sesungguhnya, maka dalam hal itu tumbuh-tumbuhan menampakkan kegembiraannya dan sangat memuji syukur dan berterima kasih yang tak berkurang banyaknya kepada manusia atas kematiannya yang menjadi mulia itu.

30 Demikianlah halnya anakku, keadaannya tak berbeda pula dengan daya sifat benda-benda yang telah dituturkan di muka. Perbedaan antara kedua daya itu ialah : bahwa daya benda-benda itu dalam tingkah lakunya hanya menjadi peserta akal-pikiran, sedangkan daya zat-zat tumbuh-tumbuhan ini selaku tingkah dengan rasa badan manusia seluruhnya.

31 Tetapi meskipun demikian erat hubungan dan bercampurnya kedua daya itu dengan manusia, namun keduanya bagi manusia hanya merupakan peserta saja.

32 Maka sekarang, sesudah selesai penuturan tentang perbuatan daya tumbuh-tumbuhan itu terhadap manusia, baiklah segera disusul dengan sekedar menguraikan halnya satu demi satu. Perlunya ialah supaya tentang keadaannya dapat dimengerti lebih jauh.

33 Pertama, sifat makanan yang dinamakan nasi umpamanya, yang berasal dari padi di sawah, dan umumnya ini adalah makanan orang yang tetap, yang dibutuhkan untuk dimakan sehari-hari.

34 Padi itu adalah tumbuh-tumbuhan yang hidup di sawah dan suburnya menghendaki banyak air. Batang pohonnya kecil tetapi agak panjang sedikit dan kecuali berlobang juga berbatas-batas, dan hidupnya tak dapat lama karena masaknya yang begitu lekas.

---

29 Mula luhung yèn binukti,
sagung janma samya nedha,
katedha kalap dagingé,
pan iku lamun kinandha,
tyasnya yèn kadya janma,
sukur déné praptèng lampus,
jroning pati manggih mulya.

30 Mangkono ubengnya kaki,
tan béda ing kaanannya,
kang kasbut barang dayané,
amung barang pakartinya,
jumbuhnya klawan nala,
yèn tuwuhan swaminipun,
kalawan rasaning awak.

31 Nanging kalihnya puniki,
tan luwih mung dadya rowang,
rowangnya janma saliré,
karya rowang amranata,
adegira ngagesang,
sifatnya lir lung-tinulung,
kang béda mung empanira.

29 Indeed, when eaten by human beings, plants rejoice and greatly praise God, and liberally thank humankind for so glorious a death.

32 Samangkya sawusnya kaki,
    rampung wedharnya kang daya,
    tetuwuhan golongané,
    kang tumanduk mring sujanma,
    empannya kang tinampa,
    becik mula dèn sesusul,
    pilah-pilahing dayanya.

30 So their situation, my children, is like that of the force in material objects, as was discussed earlier. The difference between the two forces is that the material forces act as a participant in human thinking, whereas the forces of plant essences act in parallel with the feeling throughout the human body.

33 Kang dhihin karya upami,
    sifat tedha ingkang karan,
    sekul kang dadi butuhé,
    apan iki asalira,
    saking pantun nèng sawah,
    lumrahnya pangan kang luhung,
    kang karan bakuning pangan.

31 But, although both of these forces have such a close link with human beings and blend with them, for human beings they are simply companions.

32 Now, having completed the explanation of how the vegetable forces act on humankind, it is best immediately to follow this by analysing some plants one by one. This is necessary in order that their nature may be understood more fully.

34 Wateknya pantun nèng sabin,
    tan betah tininggal toya,
    seger yèn agung warihé,
    witira alit apanjang,
    bolong mawi ros-rosan,
    sepuhira datan dangu,
    tur huripnya datan panjang.

33 Take first, as an example, the characteristics of the food called rice. Coming from plants grown in paddy fields, it is the staple food and everyday necessity for many people.

34 Paddy is a plant that grows in fields filled with water, and it needs a great amount of water to thrive. Its stalk is slender but fairly long and, besides being hollow, is jointed. It is short-lived, for it ripens fast.

35 Daya makanan yang berupa padi ini, karena hidupnya pertama-tama sangat menghendaki banyak air, akan mempengaruhi manusia, sehingga manusia lalu berperasaan kurang teguh untuk menghadapi suatu penderitaan dan hanya suka lekas menerima kesenangan dan kecukupan hidupnya saja dan kurang semangat pula untuk membanting tulang guna memperbaiki dan mempertinggi hidupnya.

36 Juga pendiriannya pun nampak tidak tetap pula dan keinginan berusaha ;untuk meluaskan pandangan hidupnya pun tak ada juga.

37 Malahan dia berperasaan, apabila dalam hidupnya selalu tidak ada pertolongan yang datang kepadanya, maka dienakkan saja tinggal terlantar dan menerima saja nasibnya meskipun dalam keadaan yang rendah dan jelek.

38 Adapun batang pohonnya yang kecil panjang itu, adalah sebagai tanda bahwa si orang kecuali akan berperasaan tak teguh dalam kedudukannya, pun selalu akan mengalami kekosongan dari segala jangkanya, sehingga dari keadaannya yang demikian itu maka hatinya akan mudah menjadi lemah dan sempit.

39 Tentang batang pohonnya yang di dalamnya kosong dan berbatasan, itu akan menyebabkan si orang berperasaan sangat bersahaja, suka melahirkan segala apa yang terkandung dalam hatinya kepada orang lain, dan menyebabkan dia mempunyai kehendak yang selalu terputus-putus, yang diartikan : segala apa yang dikehendakinya selalu dalam kebimbangan.

40 Adapun tentang tak lama hidup dan lekas masaknya itu, menyebabkan pula si orang berperasaan tak tahan lama menguatkan kehendaknya dan lekas merasa puas dari apa yang didapatnya.

35 Apan iku nyatanèki,
　yèn dayanya anèng janma,
　wus amanjing jro rasané,
　wateknya tan betah lapa,
　seneng yèn tansah ana,
　dadya kurang wantunipun,
　yèn niyata mbanting raga.

36 Nyatanipun kang puniki,
　kurang darbé prihatinnya,
　klawan kurang pameksané,
　meksa awak nyegah dhahar,
　lan guling sawatara,
　malah yèn kedaut suwung,
　mung ngalumpruk ngaruara.

37 Dèn tarima dhawah nisthip,
　terutusan turut marga,
　njagakken sihnya liyané,
　wus tan nenga mring dhirinya,
　yèn kono ndoning wéka,
　papan pangertining manus,
　kang tuhu bisa wèh mulya.

6 ASMARANDANA

35 Since, first and foremost, paddy needs a lot of water, the influence of the force of food derived from it makes people who eat it unable to withstand suffering easily. They just expect to be given quick satisfaction and a sufficiency for their life, and lack the spirit to exert themselves to raise their standard of living.

36 Also, their opinions waver, and they have no wish to try to broaden their outlook on life.

37 Rather, if help does not come their way in life, their feeling is just to put up with things and be left to their lot, simply accepting it, lowly and wretched though their circumstances may be.

38 Ingkang wit panjang lan alit,
pasemonnya ing kanyatan,
tuhu kurang santosané,
salir jangka nora tekan,
kang sinedya tan dadya,
saka sanget ringkihipun,
tan kongang nrabas kahana.

38 The long, slim stalk of the rice plant is like a sign that these people, besides feeling insecure, will always have a sense of futility in whatever steps they take, so their hearts will easily become weak-willed and narrow.

39 Sifat bolong klawan malih,
ingkang anama ros-rosan,
apan iku pasemoné,
kaduk blaka kurang wéka,
mangu-mangu ing tyasnya,
sedyanira maju mundur,
kurang éklas klawan tékad.

39 The hollow and jointed nature of the stalk means that those under this influence are emotionally very simple, and are apt to let other people know whatever is on their mind; it causes their will to be disjointed, which means they are always undecided about what they want.

40 Déné tan danguning wanci,
lan huripnya kang tan dawa,
iku mungguh wigatiné,
énggalira ngrasa bungah,
lawan gelisé susah,
sarta glis narimahipun,
tuwin agé ngrasa lega.

40 The short life and quick maturing of paddy indicate that such people cannot sustain their will for long and are readily satisfied with whatever they get.

SUSILA BUDHI DHARMA

41 Ada lagi sifat makanan, yang umumnya di desa banyak terdapat orang memakannya, yaitu sayur-sayuran yang tertanam dan tumbuh juga di sawah, yang hakekatnya tak berjauhan pula dengan yang dikatakan padi tadi.

42 Daya dari makanan yang tersebut di atas itu, akan menyebabkan si orang berperasaan lemah lembut, tenteram tinggal dengan senang di tempat kelahirannya, suka mengalami hidup bersahaja, dan suka menerima nasib bagaimanapun juga yang jatuh kepada dirinya.

43 Jadi dari makanan itu, si orang telah berperasaan demikian rupa sehingga kemampuan untuk menjauhkan perasaannya lebih daripada perasaan kedesa-desaan tak ada.

44 Tetapi untunglah, bahwa di desa si orang dapat pula memakan makanan lain, yaitu yang bersifat santan dan rebung (bambu yang masih sangat muda) sebagai bumbunya (rempah-rempahnya), yang berasal dari pohon kelapa dan pohon bambu.

45 Adapun tumbuh-tumbuhan yang bersifat pohon kelapa, hidupnya dapat lepas dari pemeliharaan, misalnya : dapat tumbuh disegala tempat meskipun di kanan kirinya telah ada tumbuh-tumbuhan lain, batang pohonnya besar tinggi, kuat lurus dan tak berdahan, buahnya di atas dan dapat berbuah hampir dalam segala waktu.

46 Karena inilah si orang tidak hanya berperasaan sebagai yang telah dituturkan di muka saja, tetapi dapat pula berperasaan luas dan dapat juga hidup dengan kekuatan dirinya sendiri meskipun berada dalam keadaan yang tidak teratur; juga dapat berpendirian teguh kuat yang tak mudah dipengaruhi orang lain dan tak mudah pula terkena godaan hidup.

41 Tunggalnya ingkang puniki,
kang uga kaprah tinedha,
anèng padésan umumé,
sayuran sajinisira,
uga wetuning sawah,
kang tan tebih nyatanipun,
hakékatnya klawan beras.

42 Paran iku dayanèki,
mring janma njalari nrima,
tentrem jenak nèng papané,
narima hurip kang rendhah,
ngengaya boya ana,
ing rasa pangrasanipun,
waton hurip sederhana.

43 Sepi raséng tyas mangungkih,
tan nenga mring gelarira,
genging jagad saisiné,
wus narima huripira,
saubenging padésan,
kendho nggayuh ingkang nglangut,
kang pindha wyarnya hèrnawa.

6 ASMARANDANA

41 Other kinds of foods are also commonly eaten in villages; for instance, vegetables. These too are planted and cultivated in paddy fields, and in fact do not differ much from what has been said of paddy.

42 The effect of eating this sort of food is to make people feel amiable, peaceful, content to stay where they were born, pleased to live simply and to accept whatever lot befalls them.

44 Tujokna mawa sineling,
umumnya anèng padésan,
kang mangka bumbu kelané,
tan ninggal santening klapa,
wuwuh bung pring yèn ana,
wus agiyak nedhanipun,
malah kongsi tèk-entèkan.

43 Thus, eating such food has so affected people's feelings that they lack the capacity to project those feelings beyond rural life.

45 Paran krambil kang winarni,
wateknya kukuh santosa,
mring kéwuh teguh tan mènglèng,
witira luhur tur kuwat,
salir woh anèng pucak,
tanpa pang tambah akukuh,
tan wegah genging maruta.

44 Fortunately, villagers can also feed on other fare, such as coconut milk and bamboo shoots – bamboo at a very early stage of its growth – which are used for seasoning and flavouring, and come from the coconut palm and the bamboo cane.

45 Coconut palms can grow anywhere and without attention, even when surrounded by other vegetation. Their trunks are thick and tall, straight and strong, and branchless. The coconuts grow at the top of the tree, which bears them almost without pause.

46 Pan iku lamun nèng janmi,
dayanira kang nèng rasa,
si janma teguh wateké,
wani kéwuh tan wegahan,
dhasarnya wit santosa,
sarta ageng andelipun,
mring teguhaning pribadya.

46 So those influenced by them may have not only the characteristics mentioned earlier, but also a broad outlook and great self-reliance, even when conditions of life are disorganised. They may also have firmly rooted opinions that are not readily swayed by other people, and they are not easily caught by life's temptations.

47 Selanjutnya tentang keadaan buah dan hampir setiap waktu berbuahnya itu, menyebabkan si orang berperasaan suka menyimpan buah keahliannya (kepandaiannya) sehingga orang lain tak mudah mendapatkannya, namun ada kalanya suka amat memberi pengertian kepada orang lain yang hampir tak ada putus-putusnya apabila lainnya itu dapat memikat hatinya yang sungguh-sungguh.

48 Tentang makanan lain yang berasal dari pohon bambu, yang batang pohonnya agak kecil, panjang, lurus dan liat, dalamnyapun kosong dan berbatasan juga, dan seluruh batang pohonnya sebagai dibalut dengan miang dan merupakan suatu penghalang bagi siapa yang hendak merabanya.

49 Ini menyebabkan si orang berperasaan luas juga, tetapi dalam keluasannya seringkali mengalami kebimbangan karena tak sesuai dengan kekuatan dirinya yang tak dapat menahan desakan keadaan yang selalu menimpanya.

50 Untungnya, walaupun demikian, tak akan mengakibatkan keruntuhannya, karena ia selalu mempunyai keuletan (siasat) yang dapat digunakan sebagai penolak.

51 Kekosongan dan batas-batas dalam batang pohon itu, menyebabkan si orang berperasaan suka berlaku terus terang, hanya saja sebentar-bentar masih terputus-putus karena masih juga mengandung kekhawatiran.

52 Adapun sifat miang yang membalut kulit batang pohon bambu itu, menyebabkan si orang lalu berperasaan suka sekali mengadu (adulan), sehingga menggatalkan rasa perasaan orang lain, yang berakibat menimbulkan benih pertengkaran antara satu dengan lainnya.

47 Yèn woh sasat tanpa wanci,
wèh makna mungguhing janma,
ing sedya akèh kenané,
kerep bisa wèh bebungah,
mring lyan kang minta sraya,
amung ana rungsitipun,
yèn lyan tan baut angréka.

48 Déné warnanya kang deling,
witnya lit nglenjer adawa,
nanging wuled kahanané,
witnya bolong myang ros-rosan,
kulitnya mawa srana,
ingkang karan lugutipun,
karya panulak bebaya.

49 Pan iki lamun nèng janmi,
sawusnya nunggal nèng rasa,
wateknya janma wiyosé,
ing tékad panjang jangkanya,
ning asring kandheg marga,
saka tan kuwawa mikul,
tinerak uwabing donya.

6 ASMARANDANA

47 Furthermore, the position of the fruit and the almost continuous bearing of fruit signify that those who eat it like to store away the fruits of their skill and knowledge, to stop other people having access to them. At times, however, if somebody really wins their confidence, they will share with them quite unreservedly.

50 Nanging saka wulednèki,
   yèn janma pan wasisira,
   temah tan tekèng apesé,
   paran iki upamanya,
   yèn tiba : tiba lenggah,
   dadi nora tiba ambruk,
   kang akir tekèng sangsara.

48 Other food comes from the bamboo cane, which has a rather slim, long, straight and pliable stem; it is hollow, divided into sections, and covered with prickly hairs that deter anyone who wants to touch it.

51 Bolong lan ros-rosanèki,
   pan iku mungguh ing janma,
   suka blaka seneng walèh,
   mula yèn bisa kang ngrénah,
   mbolong mancing rasanya,
   yèn walèh wus tanpa urus,
   kalakon lali dhirinya.

49 This food broadens people's outlook; but in that breadth of view they often feel indecisive, because they lack the strength to stand up to the constant pressure of circumstances.

50 Fortunately, however, this will not cause a complete breakdown, because they always have the ingenuity and resourcefulness to ward that off.

52 Déné luguting si kulit,
   wadinya lamun ing janma,
   kang mempan anèng rasané,
   adulan nggegatel rasa,
   mring lyan kang nedya nyanak,
   satemah nukulken rembug,
   bibitira pasulayan.

51 The hollow, sectional stem of bamboo means that, although they are pleased to be frank and open, again and again this is thwarted because they remain filled with anxiety.

52 The prickly hairs covering the bamboo stem cause these people to relish provoking quarrels, which irritates other people and sows the seeds of conflict.

53 Demikianlah sifat pengaruh daya tumbuh-tumbuhan terhadap diri orang. Itulah sebabnya maka orang mudah sekali terpengaruh oleh daya tumbuh-tumbuhan yang dapat mengakibatkan jatuhnya dari kedudukan sebagai makhluk utama yang dalam hakekatnya menjadi tulang punggung dari segala makhluk di dunia.

54 Oleh karena itu, maka akan mudahlah ia diombang ambingkan oleh peserta-pesertanya, sehingga ia sudah tak dapat lagi menemukan jalan untuk menepati janji-janjinya sebagai makhluk yang menjadi guru atas segala makhluk.

55 Yang seharusnya dapat memberi jalan kepada peserta-pesertanya, supaya pertemuan peserta-peserta itu dengan jenisnya dapat terlaksana dan selanjutnya sesudah demikian dapat menemui kemuliaan dalam hidupnya nanti sesudah mati.

56 Hal ini lahirnya mungkin tak dapat dibenarkan, karena dianggap sangat mustahil bagaimana hanya sesifat tumbuh-tumbuhan dapat beranggapan sedemikian rupa, sedangkan sifatnya itu hanya suatu sifat yang tak berakal-budi dan tak ada barang suatu apapun yang menunjukkan, bahwa tumbuh-tumbuhan itu dapat memikirkan soal hidupnya.

57 Memang, sesungguhnya dapat juga dibenarkan anggapan yang sedemikian itu, karena anggapan itu hanya disandarkan kepada pengetahuan akal-pikir, tetapi bagi kamu yang sedikit banyak telah menyelami tentang kepribadian, anggapan akal-pikir yang demikian itu tidak dapat dibenarkan oleh rasa kepribadian manusia.

58 Jadi sesungguhnya, apabila kamu sampai tak dapat mengaturnya secara jalan hidupnya yang benar, maka kamu tak akan luput mengalami akibat-akibatnya, sehingga hal ini dapat merugikan hidupmu yang sungguh-sungguh terasa.

53 Mangkono wedharing wadi,
yèn kongsi sira tan yitna,
temah gampang dadya mènglèng,
mènglèng lali adegira,
tan wikan mring pranata,
kang kasbut tataning hidhup,
kang mangka ugering janma.

54 Yèn kalakon trus tan huning,
tan wikan jantraning gesang,
tan wandé sira sinèrèt,
kacènèng mréné lan mrana,
mung nut dayaning rowang,
ing rèh tan ngrasa hakipun,
yèn janma guruning titah.

55 Wèh marga mring kang kinanthi,
katekanna kang jinangka,
kang banget dèn butuhaké,
pan iku wadining karsa,
karepnya kang pinangan,
amrih klakon bisa antuk,
kamulyan lamun palastra.

53 Such are the effects on the human self of the power in plant life. That is why people are very easily swayed by that force, which can lead to their downfall from their status as noble creatures who, in reality, should be the mainstay of all the creatures on earth.

54 Being so easily swayed this way and that by these companions, they can no longer find the way to fulfil their commitment to become the teachers of all other creatures.

55 They should be able to open the way for these forces within themselves to meet their counterparts and enable them to live a sublime life after death.

56 Lahir lumrahnya ngarani,
mokal pangan minta swarga,
teka kadya sujanmané,
kang mesthi pangan mung pangan,
datan darbé pangrasa,
klawan uga tan wruh butuh,
saya luwih njangka mulya.

56 On the face of it, this idea cannot possibly be justified, for it is beyond belief that mere plants could have such opinions, since they lack minds and there is nothing to show that they are capable of considering the problems of their life.

57 Iku mula nora sisip,
tumrap kang tan suka wruha,
mring lajering pribadiné,
nanging tumrap jeneng sira,
kang butuh wrin mring padhang,
kang uga ngungkih mring dunung,
pan iku butuh kang nyata.

57 That way of thinking is indeed tenable, when based simply on what the mind knows; but for you, who have had some experience of your individuality, an opinion like this is not confirmed by your inner feeling.

58 Paran iku wadinèki,
jarwanira ponang daya,
kang kasbut daya pangané,
apan iku lamun sira,
ing tingkah nora wikan,
tan luput kadya puniku,
saya anggènira tuna.

58 So, in fact, if you fail to order your life in the right way, you will not escape and will really feel the ill effects this has on your life.

59 Karena itu umumnya orang yang bertempat tinggal di desa-desa, rasa perasaannya hanya sedikit menyimpang daripada itu. Umumnya mereka berperasaan suka mengalah dan menerima saja apa yang diterimanya. Perasaan serupa itu sesungguhnya sangat terpuji, apabila perasaan yang demikian itu ditimbulkan oleh daya rasa kepribadian manusia, tetapi kalau tidak, dalam arti kata : hanya ditimbulkan karena desakan daya tumbuh-tumbuhan dan kebendaan, maka perasaan yang suka mengalah dan lekas menerima sebagai yang tersebut di muka itu sungguh akan mengakibatkan penyasaran semata-mata.

60 Dari sebab itu, maka tak sedikitlah hidup orang-orang di desa selalu dalam keadaan yang rendah. Dengan mudah mereka dapat dikelabui oleh orang lain yang cerdik akal-pikirannya, sehingga hidup mereka tidak lagi sebagai orang yang hidup bebas dan merdeka, tetapi seumur hidupnya tergantung pada kehendak orang lain yang pandai mengakal. Jadi kesusah-payahan segala sesuatu yang mereka kerjakan, hampir-hampir tak ada manfaatnya bagi dirinya, tetapi hampir seluruhnya jatuh ketangan orang lain yang pandai mengakal itu.

59 Mula kèh-kèhira janmi,
kang samya nèng padhusunan,
watekira kèh mangkéné,
bener becik wong narima,
lan utama wong ngalah,
nanging yèn kliru ing laku,
nrima ngalahnya kesasar.

6 ASMARANDANA

59 In general, then, villagers' feelings vary little from those mentioned. Usually these people are content to give way and accept whatever befalls them. This sort of attitude is in fact very praiseworthy if it comes from the human inner feeling, but if not – that is to say, if it arises merely from the pressure of the forces of plant-life and matter – then this willingness to give in and to put up with whatever happens will only lead them astray.

60 Paran mula tan sathithik,
yèn kèh janma kang nèng désa,
huripnya dèn akal lyané,
rekasanya ing tumindak,
pakolèhnya tan misra,
kang akèh tiba lyanipun,
ingkang samya baut ngakal.

60 That is why many villagers always live in poor conditions. Easily deceived by shrewder people, they are unable to live free and independent lives, but are subject throughout their whole life to the will of others who are astute enough to manipulate them. So however painstakingly they work, they reap little benefit for themselves, the profit falling almost entirely to those who know how to exploit them.

7

DHANDHANGGULA

'You will then become aware how these forces work in your inner feeling and how your own force works, so that your human force and your companion forces will begin working together.'

SUSILA BUDHI DHARMA

1 Demikianlah nasib orang-orang yang bertempat tinggal didesa itu. Karena pengaruh daya tumbuh-tumbuhan yang telah menjadi isi tubuh mereka hingga mewujudkan rasa perasaan sebagai yang dituturkan dimuka, maka dengan mudahnya mereka dapat dibujuk-bujuk oleh orang lain yang pandai mengakal dengan janji-janji yang agak menyenangkan hatinya. Padahal semuanya itu, hanyalah suatu siasat untuk dapat memikat hati orang-orang yang berada di desa-desa agar tipu muslihat si pengakal itu sungguh-sungguh tak dirasai oleh mereka.

2 Nampaknya tingkah laku si pengakal itu, apalagi di mata orang-orang yang berada di desa-desa, sebagai penolong yang sesungguhnya, sehingga dirasakan benar-benar mereka ditolong olehnya dari segala macam kebutuhan, tetapi sesungguhnya itu adalah suatu rantai yang lambat laun akan membelenggu tangan orang-orang di desa-desa itu dengan sendirinya.

3 Dengan demikian, maka akan telanjurlah mereka, hidupnya nanti hanya menggantungkan nasib kepada si pengakal itu dan pada akhir kenyataannya nanti mereka hanya merupakan suatu alat belaka bagi si pengakal. Arti kebebasan bekerja dan kemerdekaan perasaan yang diperlukan bagi hidupnya, sudah tak ada lagi padanya, sehingga hidupnya dalam dunia menyerupai barang yang tak ada harganya. Itulah buahnya orang yang tak suka merasakan dirinya yang berwujud makhluk yang utama yang diliputi oleh kekuasaan Tuhan Yang Maha Esa, dimana ia mudah mendapatkan petunjuk untuk dapat menentukan jalan hidupnya yang selayak dengan dirinya.

4 Sekarang mengenai orang-orang yang bertempat tinggal dalam kota. Umumnya mereka pun makan nasi dan sayur-sayuran juga. Tetapi karena dalam kota itu tersedia segala macam makan-makanan, kecuali mereka makan nasi dan sayur-sayuran itu, juga makan-makanan lain-lain.

1 Dèn bebujuk mawi tembung manis,
sinartanan janji kadya gula,
nggambarken bakal leginé,
dèn turut kang jinaluk,
janji bali sanggup nikeli,
kandhanya pan wus lumrah,
wong tulung-tinulung,
wus beneré ujarira,
yèn tinulung utamané mbales becik,
awèta sesanakan.

2 Lumrah ingkang kasbut ndhuwur iki,
tumrap janma kang anèng padésan,
dèn rerasa sabeneré,
tan weruh yèn kadyèku,
tarékahé wong numpuk bathi,
sengadi amresanak,
trus dadya sedulur,
nanging iku nyatanira,
mung rékanya anggènnya memulut ati,
klakonna kang sinedya.

7 DHANDHANGGULA

1 Such is the fate of people who live in villages. Owing to the effect of the vegetable force, which has become the content of their body and has therefore formed in them the sort of feelings mentioned earlier, villagers are easily persuaded by people adept at misleading them with pleasing promises. But their promises are only a ruse to entice the villagers, to prevent them realising what tricks these deceivers are really playing on them.

3 Satemah pra kang samya kepuntir,
wuwuh klantur saya nora bangga,
huripnya tan béda ngèngèr,
mring sabarang rèhipun,
sasat sampun tinali-tali,
saya nggènnya tan obah,
salir mung gumantung,
apan iku nyatanira,
tingkahira saka durung
      wruh ing budi,
ajining pakartinya.

2 The behaviour of these deceivers looks – especially to the villagers' eyes – like that of true benefactors, and the villagers really feel that they are getting help for their various needs. But in fact this help is a chain that, sooner or later, will end up shackling them.

3 In this way they will be caught, and their lives will come to depend entirely on the deceivers, for whom in reality they are merely tools. They no longer feel free in their work nor have the sense of independence they need, so their life in this world becomes like a material thing – of no value. That is the outcome for people who do not care to feel that they are creatures of high status, enveloped by the power of Almighty God, and who could easily receive guidance in choosing a way of life suited to their nature.

4 Samangkyanya ganti kang winarti,
tumrap janma kang anèng nagara,
mungguh kang dadya butuhé,
kang baku tedhanipun,
tan béda sekul lan sakalir,
lan kang jeneng sayuran,
wimbuh bumbunipun,
nanging rèhné nèng nagara,
paran akèh kang mangka selinganèki,
panganan warna-warna.

4 Now about people who live in towns. Generally, they also eat rice and vegetables, but because all kinds of food are available in towns, they eat other foods as well.

5 Meskipun yang dimakan itu tidak dihitung makanan yang berasal dari hewan, namun makan-makanan lain yang berasal dari tumbuh-tumbuhan juga sudah tak kurang banyaknya. Pendek kata, orang mudah dapat makan-makanan yang beraneka warna di kota itu.

6 Karena itu pengaruh daya tumbuh-tumbuhan yang telah menjadi isi tubuh orang dikota, tak perlu satu demi satu dituturkan, tetapi diambil kesimpulannya saja bagaimana sifat pengaruh daya tumbuh-tumbuhan itu terhadap si orang.

7 Umumnya orang di kota, karena pengaruh daya makan-makanan yang berasal dari segala macam tumbuh-tumbuhan itu, mempunyai segala macam perasaan, sehingga dari banyaknya yang dirasakan kadang-kadang meluap dan membalik membentur dirinya, dengan arti kata : perasaan yang meluap itu mengacaukan akal pikiran.

8 Karena kekacauan akal pikiran yang demikian itu, maka si orang sudah merasa tak sempat lagi untuk memikirkan soal kepribadiannya. Padahal sifat kepribadian inilah sesungguhnya yang memungkinkan ia nanti, bila telah dapat mengenalnya, dapat petunjuk yang cukup bagi jalan hidupnya, sehingga akhirnya ia akan menemui jalan yang sungguh-sungguh tepat bagi dirinya.

5 Gampilipun janma nèng nagari,
apan bisa mangan rupa-rupa,
kajaba kèhing ulamé,
kang lagi tedha lugu,
apan sampun akèh kang warni,
prasasat wus tan étang,
kapara kalangkung,
malah akèh ingkang rupa,
pan tetedhèn ingkang sampun dèn wadhahi,
binungkus rapet genah.

6 Ing kéné tan perlu siji-siji,
dèn cecrita kang dadya dayanya,
awit saka ing akèhé,
beciké dèn gegrubyug,
dèn ambil salir sarinèki,
wutuhnya pan tan béda,
wosing dayanipun,
ingkang perlu dèn wruhana,
dayanira ingkang tansah angemori,
kang wus wor nèng sujanma.

7 DHANDHANGGULA

7 Nenggih sawusnya salir dumadi,
   wus manjing nèng rasaning sujanma,
   wateknya janma wiyosé,
   akathah tingkahipun,
   warna-warna jangkanirèki,
   prasasat kèhing jangka,
   wus nèng raosipun,
   lamun bisaa kang nyawang,
   ing kono mung hisi rasa nékawarni,
   tan ana selanira.

8 Awit saka kang mangkono kaki,
   mulanira datan langka samya,
   kèh kang tuna mring huripé,
   tan kober nedya weruh,
   ameruhi nyataning dhiri,
   kang tuhu dadya betah,
   ningnya hidhupipun,
   paran iku kang sanyata,
   temenira pan ingkang
       nuduhken margi,
   dedalaning kamulyan.

5   Even leaving aside foods that originate from animals, that still leaves a great variety of vegetable foods. In short, it is easy for townspeople to eat all kinds of food.

6   It is therefore not necessary to describe one by one the influence of these various vegetable forces on the bodies of town dwellers, but only to give an idea of the nature of the influence of the vegetable forces in general.

7   Owing to the influence of the forces originating from this large variety of plants, most townspeople have so many different feelings that occasionally these feelings spill over and turn around to impact on their self – in the sense that they create confusion in the mind.

8   This mental confusion makes the people feel that they have no opportunity to pay attention to their inner self, although in fact it is this inner self – when they are able to become familiar with it – that can give them sufficient guidance for their life, so that eventually they will find the way that is right and really fitting for them.

9 Itu sesungguhnya memang tak mengherankan, karena ia telah tak berdaya lagi untuk mencegah desakan bermacam-macam daya itu. Jadi terangnya, bagi diri seseorang yang telah seperti itu nasibnya, rasa dari daya manusia sudah tak dapat lagi dirasakannya. Sebab perasaan yang diperuntukkan supaya dapat merasakannya telah terisi daya aneka warna yang telah lama masuk, sehingga kemungkinan untuk mendapatkan kembali berperasaan sebagai sediakala sudah tak mudah tercapai, kecuali bila ia nanti dapat menemukan orang yang sungguh-sungguh dapat memberi pertolongan untuk dapat menyingkirkan segala perintang yang ada pada dirinya.

10 Akan tetapi seandainya yang tersebut belakangan ini tidak sampai terdapat, maka ia akan makin telanjur, tidak suka lagi mengenal isi dirinya yang sungguh, malahan perasaannya makin bertambah keruh yang mengakibatkan amat banyak yang dipikir dan diangan-angan, sehingga tubuhnya merupakan suatu sarang akal pikiran dan angan-angan.

11 Diantara orang-orang itu ada juga yang berhasil usahanya untuk mencukupi hidupnya dan ada pula diantaranya yang memperoleh keuntungan yang menyenangkan. Karena keadaan-keadaan yang demikian itu, biasanya orang lain diambil sebagai contoh; dengan sekaligus lalu ditirunya dengan pengharapan agar dalam usahanya hendaknya memperoleh keuntungan yang menyenangkan pula sebagai yang ditiru itu.

12 Tentu saja sifat usaha tiruan seperti itu sebagian besar tak mungkin memperoleh hasil yang diharap-harapkan, karena tindakannya itu tidak selaras dengan rasa dirinya (kejodohan dirinya). Malahan kalau kesalahan tindakannya itu tidak diinsafi sungguh-sungguh, yang diartikan : tidak mau memberhentikan usaha tiruannya itu, maka tidak urung ia akan mengalami kesusahan karena kerugian-kerugian yang selalu dideritanya.

9 Nadyan ngono nyatanya tan keni,
yèn sinuprih énggala tumenga,
mring nyata ing pribadiné,
awit wus kadhung kesuk,
wus klindhih daya kang nglimputi,
rasèng wong wus kalingan,
tan mantra jumedhul,
dadya iguhnya rekasa,
kalamun tan ana sih ingkang
      nggegampil,
mbuka mring wranira.

10 Dadya klantur saya nggènnya sepi,
sepi rasa trusing rahsa jiwa,
saya sru wus kapepeté,
wus bek raos kang ngungkung,
kèwran ing sedya langka dadi,
gagasan ngayawara,
èwuh kang jinujug,
sedya ngéné tan tumanja,
lamun ngono pungkasané nora dadi,
temah atinya growah.

7 DHANDHANGGULA

9   Their condition is not surprising, for they have become powerless to resist the pressure of all these various forces. Clearly, those who share this fate can no longer feel the human force within them. This is because the feeling that is meant to enable them to be aware of the human force has long been filled by the various forces that have entered them. So they will not easily regain that feeling, unless they meet someone really able to help rid them of all the obstructions within them.

11 Mula ana antaranya iki,
    ing tumindak bisa tiba pénak,
    kebener kasil sedyané,
    adhakan kang kadyèku,
    gung nulya dèn teladh pra sami,
    pan kinira yèn uga,
    nyatèng marginipun,
    nyadhang-nyadhang mbokmanawa,
    kadya iku bisa kabul kang dèn arsi,
    kaharjan huripira.

10 Unless they meet such a person, they will go further and further astray, no longer caring to know the true content of their self. Instead, their feelings will become more and more confused, which will cause them to think and fantasise a lot, until their body becomes a breeding place of thoughts and illusions.

12 Pethèknya wong mung
            manut lyanèki,
    kang satuhu dudu empanira,
    kang akèh kliru tangguhé,
    tiwas gring ngétung-étung,
    pétungané tan na kang dadi,
    ngarah untung kang kathah,
    malah dadi buntung,
    paran iku pakolèhnya,
    tindakira kang mung tiru liyanèki,
    dudu saka priyangga.

11 Some of these people succeed in their efforts to earn enough to live on and some even make satisfying profits. As a result, other people commonly take them as models and immediately imitate them, hoping that their efforts will bring them similarly pleasing profits.

12 Of course, most imitative efforts of this sort cannot produce the results that are hoped for, as they are not in harmony with the inner feelings of these people and do not fit their being. Rather, if these people do not truly realise their error – that is to say, if they do not stop trying to imitate other people – then undoubtedly they will come to grief, for they will keep on suffering losses.

123

13 Juga tidak kurang banyaknya cara orang bekerja untuk mendapatkan nafkah, hanya karena dorongan dari kawan saja, begitu juga karena melihat orang-orang lain, yang nampaknya sibuk benar dengan bermacam-macam usaha. Teranglah, bahwa cara bekerja sebagai ini sifatnya tidak lain daripada sifat mesin (benda mati), yang bergerak bila digerakkan orang. Jadi keinsafan tentang arti orang bekerja, sesungguhnya masih belum ada pada dirinya.

14 Sehingga mereka dalam mengerjakan pekerjaan itu tidak dapat mengerti batas-batas bagaimana orang mesti bekerja, misalnya : sifat pekerjaan yang dikerjakan itu tidak seukur dengan kekuatan rasa diri dan kekuatan otak. Itulah sebabnya tak sedikit diantara mereka itu yang jatuh sakit karena memaksa kekuatan rasa diri dan otaknya.

15 Ada pula diantara mereka itu yang beriri hati kepada kawan sekerjanya, karena kalah majunya tentang pekerjaan atau disebabkan karena kurang diperhatikan kemajuan pekerjaannya oleh majikannya sebagai kawan lainnya, sehingga timbul pertengkaran diantara mereka itu. Pun tidak sedikit pula diantara para pengusaha itu yang selalu menderita kerugian dari perusahaannya lalu mengambil jalan lain yang tidak benar untuk mendapatkan kembali kerugian-kerugian yang telah dideritanya.

16 Semuanya itu adalah akibat daripada pengaruh bermacam-macam daya yang telah mengisi rasa diri sampai keakal pikiran, sehingga sifat rasa diri dan akal pikiran orang telah menjadi serupa alat, yang hakekatnya hanya melayani kehendak daya-daya yang telah merajalela dalam diri orang.

13 Sawenèhnya akèh kang nglakoni,
awit saka tan béda bingungnya,
temah katut mring ombyaké,
grubyuging wong leluru,
ingkang samya pados rejeki,
kang katon nunjang palang,
rerebutan ngayun,
arahira pupung ana,
dalan gampang kang dèn
      anggep makolèhi,
cukuping butuhira.

14 Adhakannya kang kadya puniki,
kono tuwuh wiji cecongkrahan,
antara siji-sijiné,
pan iku wus tinemtu,
dayanira wong pados pokil,
yèn tan mawa rebutan,
yektinya tan antuk,
mula iku wus alumrah,
yèn tan ngono yektinya
      tan bisa keni,
ngenani kang dèn sedya.

7 DHANDHANGGULA

15 Basakena kang menang nèng ngarsi,
    ngaya apa wus datan dèn rasa,
    pakolèhé seneng baé,
    sebaliké kang suwung,
    ingkang tansah mung tiba buri,
    tyasnya temah karasa,
    jèngkèl raosipun,
    wusana amurang marga,
    dalan sisip dèn toni minangka margi,
    nggènnya ngupadi gesang.

16 Kadya iku rasaning sujanmi,
    saka wus kisèn mawarna-warna,
    dayaning pangan saliré,
    satrusnya malah wuwuh,
    wor-winowor ganti-gumanti,
    saya nggènira nganjrah,
    tan na pedhotipun,
    mula rongèh wusananya,
    kongsi sampun tan kober
        meneng lan tintrim,
    pa manèh nenga srira.

13 There are also many people doing various jobs to make a living merely because of the urging of their friends, or because they see other people looking very busy at different kinds of work. Clearly, to work in this way is to be like a machine, a lifeless thing that only moves if someone sets it in motion. The fact is that such people are still unaware of the significance of human work.

14 So they work without understanding the limits within which they should work; for instance, they do a job unsuited to the strength of their inner feeling and the capacity of their brain. This is why quite a number of them fall ill, because they put their inner feeling and their brain under stress.

15 Also, some of them are envious of their co-workers, because they themselves do not do so well in their work, or because their progress does not get as much attention from their employers, so quarrels arise between them. There are also many entrepreneurs who keep suffering losses and then adopt wrong ways of making up those losses.

16 All this is caused by the influence of various forces that have filled the inner feeling and the mind, and that have made these faculties into tools that serve only the will of the forces that have overwhelmed the human self.

SUSILA BUDHI DHARMA

17 Demikianlah kenyataan sifat pengaruh dari daya-daya, mulai dari daya kebendaan sampai daya tumbuh-tumbuhan itu terhadap manusia. Karena yang demikian itu, maka si orang terpaksa jadi penerima saja, yang mengakibatkan kelalaiannya yang sangat besar akan kewajibannya sebagai manusia, sehingga ia suka menjalankan hal-hal yang tak benar. Jadi kehendaknya bukanlah lagi kehendaknya sebagai manusia, tetapi kehendak yang sungguh-sungguh telah teperdaya oleh daya-daya pesertanya.

18 Oleh karena itu anakku, baiklah kamu jangan hendaknya melalaikan kewajibanmu sebagai manusia. Latihlah dirimu sungguh-sungguh, meskipun kamu telah lama dipengaruhi oleh daya-daya yang tersebut dimuka itu. Dengan kesungguhan pelatihanmu, pengaruh daya-daya yang tersebut itu akan menyendiri dengan sendirinya, sehingga keadaanmu yang sesungguhnya dengan daya-daya lain itu nanti mirip dengan campur dan pisahnya air dengan minyak.

19 Demikianlah apabila kamu sungguh-sungguh telah mencapai tingkatan itu, maka kamu dengan sendirinya akan dapat mengerti bagaimana jalan hidupmu yang tertentu dan akan dapat pula bertindak sejalan dengan kehendak hidupmu. Dengan demikian kamu akan dapat menginsafi bagaimana bekerjanya daya-daya tersebut dalam rasa dirimu dan bagaimana pula bekerjanya dayamu, sehingga terwujudlah disitu suatu kerja sama diantara daya dari orang dengan daya dari peserta-pesertanya.

20 Hal yang demikian itu sesungguhnya harus sudah dapat dikerjakan atau ditindakkan ketika masih ada didunia ini. Terang, bahwa hal itu sudah tidak perlu lagi hanya menjadi persoalan saja, yang hakekatnya nanti hanya sampai ke batas pembicaraan belaka. Oleh karena itu sebagaimana yang telah dituturkan dimuka tadi, sebaiknya harus sudah dimulai sejak masih ada didunia, agar pada akhirnya nanti tak akan terasa kekuatiran lagi tentang apa yang akan terjadi.

17 Pan mengkéné jejernya sujanmi,
kisruhnya wus tan kinaya ngapa,
sarwa éwuh ing huripé,
tan barang baé mukul,
nadyan pangan tan béda nggitik,
sasat obah tan bisa,
wit wus tinalikung,
sedya becik tan wruh sangkan,
tindak ala tan ngrasa kang dèn lakoni,
paran apa gunanya.

18 Mula kulup dèn samya netepi,
rèhné janma titah kang binéda,
séjé kalawan liyané,
ya nadyan wus kapukul,
wuwuh pisan wus dèn tindhihi,
nanging ana kalanya,
n'ya wasitèng luhung,
beciknya samya dèn gulang,
supaya wruh ubengnya ingkang winadi,
kang wus awor ing sira.

7 DHANDHANGGULA

17 This is the reality of how these forces – the power of matter and the power of vegetation – influence human beings. The result is that people have no choice but to accept the situation, which leads to gross neglect of their obligations as human beings and to wrong behaviour. So their will is no longer that of a human being, but one really and truly usurped by their companion forces.

19 Yèn kasmbadan sira bisa panggih,
underannya kang mangka ugernya,
salir mungguh ing huripé,
temah lelakon hidhup,
huripira kang dèn lakoni,
sira wanuh sangkannya,
klawan purugipun,
dadya sira bisa mapan,
anèng papan kang tuhu papanirèki,
kono endon kang nyata.

18 For this reason, my children, do not neglect your obligations as human beings. Do your latihan sincerely, even though you have long been under the influence of these forces. Through your sincere latihan the influence of these forces will spontaneously be separated, so that your relationship with them will be like the mixing and separating of water and oil.

20 Tan ngacèki nadyan sih nèng ngriki,
isih ana ing donya punika,
nyatanya kudu wus walèh,
pan iku nora cukup,
mung rinembug klawan tinulis,
absahnya kudu nyata,
sineksèn sadarum,
perlunya bisa kanyatan,
saka bukti-bukti kang wus dèn atampi,
iku ingkang utama.

19 When you have reached that level you will automatically understand your own special path for your life, and you will be able to act in accordance with the will of your own life. You will then become aware how these forces work in your inner feeling and how your own force works, so that your human force and your companion forces will begin working together.

20 This really has to be done during your earthly life. Clearly, it should no longer be just a subject for discussion – limited to talk. So, as has just been said, you ought to make a start while you are still in this world, to avoid anxiety later on about what will happen to you.

21 Karena kalau tidak sampai sedemikian, maka akhirnya hal itu tentu akan sampai hanya ke alam akal pikiran saja, ditambah nanti dengan kata-kata yang muluk-muluk atau yang baik-baik, yang pada akhirnya nanti tidak kurang atau lebih daripada hanya menjadi soal pembicaraan belaka.

22 Dengan keadaan yang demikian itu sudah tentu kebenarannya tak mungkin dapat dimengerti. Itulah sebabnya, maka pelatihan diri sebagaimana yang tersebut dimuka akan besar sekali faedahnya bagi dirimu, karena dengan jalan demikian kamu akan mudah dapat menangkap dan menerima soal apa yang perlu dimengerti tentang benar dan salahnya, sekalipun mengenai soal-soal yang telah banyak disebut-sebut dalam buku-buku.

23 Itulah buah dari pelatihanmu bila kamu sungguh-sungguh mengerjakannya. Karena itu janganlah hendaknya latihanmu sangat dilalaikan dan jangan juga hendaknya suka membelokkan kehendakmu kearah soal pembicaraan yang tak ada isi dan artinya sama sekali. Sebab, kelalaianmu yang seperti ini, akan berakibat sangat merugikan bagi dirimu, sehingga perasaanmu akhirnya mudah diombang-ambingkan oleh kata-kata yang bagus-bagus yang nampaknya benar dan dapat dipercaya.

21 Paran lamun tan kadya puniki,
wusananya mung mandheg bicara,
yekti lir wong ngimpi baé,
marmanya akèh kang wus,
warna-warna kandhaning janmi,
sarwi tembung kang éndah,
kang ndakik kalangkung,
paran déné nora nyata,
awit saka kang nampi nora dumugi,
krana tan linakonan.

22 Dadya luput sarta yektinèki,
datan samya sigra dèn hupiksa,
temah mung mandheg caturé,
sakèhnya kang pituduh,
ujarira amathing-mathing,

7 DHANDHANGGULA

21 Otherwise this subject will only get as far as the mind, embellished with fine or high-sounding words, and in the end it will be just something to talk about.

nanging mung mandheg swara,
sarta maksudipun,
mula temah nora samya,
tekèng nyata-nyatanya ingkang tinulis,
bener lan salahira.

22 In those circumstances the truth cannot possibly be understood. This is why the training of the self in the way described above will greatly benefit you, for by this you will easily be able to receive and understand what needs to be grasped about what is right and what is wrong, even regarding questions that have been discussed a lot in books.

23 Terang nyata kang sanyata kaki,
tan namung tekèng maksud kèwala,
tatasnya saking lakuné,
pan iki nyatanipun,
kudunya samya dèn lakoni,
salir ingkang pinanggya,
jroning tulis kasbut,
titinen kang mungging sira,
paran hiya lan orané kang nocogi,
kono manggih seksinya.

23 That will be the outcome of your training if you do it sincerely. So do not neglect your latihan nor get in the habit of engaging in meaningless and empty discussions about it. For that kind of negligence will greatly harm your self, eventually causing your feelings to be swayed easily by fine words that seem true and trustworthy.

24 Ketahuilah anakku, bahwa ilmu itu sebagaimana yang telah dituturkan dimuka, bukan suatu hal yang sangat halus dan yang tidak mudah dicapai, tetapi sesungguhnya adalah suatu hal yang lebih mudah dapat dicapai daripada orang mempelajari soal yang dicapai oleh akal pikiran. Adapun sebabnya maka tidak sedemikian itu mudahnya, ialah karena orang melatihkan soal itu selalu didahului oleh akal pikirannya. Sedangkan dalam hal ini, akal pikiran hanya merupakan pengikut atau peserta, yang seharusnya bukan selalu ada didepan, tetapi hanya ada dibelakang rasa diri. Jadi untuk jelasnya, kenyataan tentang itu hanya dapat dicapai bila hati (akal pikiran) si orang sungguh-sungguh ada dibelakang rasa diri dan berupa pengikut atau peserta belaka.

25 Itulah yang perlu dimengerti, agar dalam pelatihan kamu selalu dapat petunjuk-petunjuk yang selaras dengan jiwamu. Akhirnya kamu dapat menginsafi kebenaran dan ketidakbenaran dari segala cerita-cerita yang tersebut dalam buku. Lagi pula, karena perolehmu yang demikian itu, akan terasa bertambah kegiatanmu untuk melatih dirimu di samping kamu menjalankan pekerjaanmu sehari-hari.

26 Yang penting lagi, sesudah kamu meningkat sedemikian itu, tentu kamu sudah tidak lagi menjadi orang yang hanya suka menurut dan percaya saja kepada cerita-cerita dengan bahasanya yang muluk-muluk dan elok-elok. Sebab ketahuilah, anakku, bahwa banyak diantara cerita-cerita itu, kenyataannya amat jauh daripada apa yang dikatakan dalam cerita-cerita itu dan ada pula suatu karangan yang sengaja dibuat sebagai lambang tentang jalan hidup manusia.

24 Paran mula tan namung bebisik,
jeneng ilmu yektinya pan agal,
lembutnya kalingan tyasé,
mula yèn mung kacatur,
lan pinikir temah tan huning,
uga yèn dèn surasa,
tiwas amung ngantuk,
paran nyatanya punika,
melokira sawusnya atinya sepi,
wus tan anyakra bawa.

25 Iki kang perlu dèn uningani,
dadya samya tansah manggih lega,
gambira ing panampané,
temah cuwa tan pangguh,
malah wimbuh sregep manggladhi,

7 DHANDHANGGULA

pakolèhnya wang-iwang,
mintir wus tan suwung,
wusananya bisa panggya,
wewaton kang dadya srana
       ananya wrin,
bener luputing critan.

24 Do realise, my children, that spiritual insight is not something that is very nebulous, or difficult to attain. In fact, it is easier to attain this than to solve problems by means of study and thinking. The reason why people find it difficult is that they always use their mind for this purpose, whereas here, thinking has only a supporting part to play. It must never be to the fore, but only behind the inner feeling. To make it clear, truth of this nature can be reached only when a person's mind is truly in the wake of the inner feeling, acting only as a follower or subordinate.

26 Dadya sira tan katutup yekti,
mring salir kang kacrita ing kana,
nadyan ndakik surasané,
pan iku nyatanipun,
mula akèh kang kliru tampi,
dèn sengguh tutur nyata,
jebul wosnya suwung,
mula yèn kongsi ta sira,
ing panampa durung antuk srananèki,
temah tan ana béda.

25 This has to be understood in order that, in your latihan, you may always receive guidance that suits your soul. At length you will be able to know what is true and what is not true in all that is said in books. And as a result of this, you will be more active with regard to your latihan, besides doing your daily work.

26 What is more important is that, when you have reached this level, you will certainly no longer wish to take your lead from and put your trust in stories told in high-sounding and beautiful language. For do realise, my children, that reality is far removed from the way it is expressed in many of these stories, and there are also writings that are intentionally written to represent the course of human life in a symbolic way.

27 Mengulangi tutur kata yang tersebut dimuka tentang jalan pengaruh daya tumbuh-tumbuhan, kiranya hal inipun tidak akan diduga juga, bagaimana halnya dapat terjadi sedemikian rupa, sehingga keadaannya (daya tumbuh-tumbuhan itu) menyerupai orang yang dapat merasa gembira dan kecewa, pun tidak kurang juga yang berperasaan kurang senang dan membenci kepada segala sesuatu yang dihadapi.

28 Demikian juga tentang sifat cerita-cerita. Tentang isinya pun akan dapat diketahui juga benar dan tidaknya dan dapat pula diketahui apakah sebenarnya yang tertulis itu sungguh-sungguh berisi kenyataan ataukah hanya sekadar untuk menggambarkan angan-angannya belaka. Sebab ketahuilah, bahwa hati akal pikiran itu sungguh pandai benar mengatur bahasa sehingga pembaca menjadi bimbang karenanya.

29 Malahan ada juga suatu cerita yang tertulis, karena tata bahasanya yang teratur sangat rapi serta baik, si pembaca mudah terkena hatinya, sehingga berani mengakui dan percaya kebenaran isinya. Padahal kebanyakan masih hanya berada dalam soal kebagusan bahasa, belum sungguh-sungguh dapat memberikan gambaran isi yang sebenarnya. Tetapi meskipun demikian, hal ini kiranya tidak perlu disesalkan, karena ini memang sudah menjadi kebiasaan hati akal pikiran itu.

30 Demikianlah anakku, karena itu janganlah hatimu merasa gelisah, meskipun kamu bertempat tinggal dikota, asalkan kamu tidak sampai meninggalkan latihanmu seperti yang telah tersebut dimuka; sekalian daya-daya (daya kebendaan dan daya tumbuh-tumbuhan) itu tidak akan menjadi perintang lagi bagi hidupmu.

27 Paran tyasira tan ngira yekti,
  yèn kang jeneng pangan kang katedha,
  nyatanya bisa sung walèh,
  lega lan botenipun,
  yèn kongsia sira binukti,
  lan seneng serikira,
  lamun sira pundhut,
  pan iki witing kanyatan,
  lamun bisa saya wimbuh sregepnèki,
  anggonira tumindak.

28 Nadyan upamanya kang nenulis,
  nyritakaken kang samya kacrita,
  pan iki uga tan gèsèh,
  yèn sira bisa ndulu,
  bener salahing crita kèksi,
  lan sira uga wikan,
  upama mung niru,
  mula kang iku wruhana,
  awit ati kulinanya tukang ngrakit,
  ngrakit angiket sastra.

7 DHANDHANGGULA

27 This is connected to what was said about the way the force of vegetation exerts its influence: one would probably never suspect that it could happen that these vegetable forces are just like human beings, able to feel happy or disappointed, and also that many of them feel dislike or even hate for everything they have to face.

29 Pakartinya ati kang winasis,
   yèn kang nampa mung tekèng nyurasa,
   wohira mung nèng gunemé,
   ing gunem mula muluk,
   kaya-kaya wus anglakoni,
   lan tyasnya kang kawedhar,
   èmperé wus ndumuk,
   nanging nyatanya punika,
   amung saka wus dadya lagyaning ati,
   njarag mrih dèn pracaya.

28 This affects the way stories are written. You will be able to know whether their content is true or not, whether the writing contains something real or is merely a product of the imagination. For you should know that the mind is very clever at arranging language in such a way as to confuse the reader.

30 Mangkono kaki wruhana sami,
   sanajan sira anèng nagara,
   kang wus kebek ing rasané,
   yèn sira wikan iku,
   salir kang goroh tan ndayani,
   uga dayanya rasa,
   wus tan gawé kisruh,
   dadya sakèhing tetedhan,
   ingkang lumrah wus dadya
      tedhaning janmi,
   dèn tedha tan ngrubéda

29 Moreover, some stories, because of their excellent literary style, readily move the readers to such a degree that they believe and unhesitatingly declare that the story is true, although in fact most are concerned only with the beauty of language and really do not show any true content. But there is no point in getting upset about it, for this has become customary for the heart and mind.

30 That is how it is, my children, so you should not feel worried even if you live in a town, provided, as has been said, that you do not neglect your latihan. Then, these forces – the material forces and the vegetable forces – will no longer be an obstruction in your life.

31 Malahan kalau kamu dapat bertindak seperti itu, yang sifatnya membuka jalan bagi daya-daya, sehingga daya-daya itu mudah dapat bertemu dengan jodohnya masing-masing, maka kamu akan memperoleh jasa pembalasannya, yang dalam hal ini diartikan : kamu akan selalu di dekati sifat makanan itu, sehingga kamu dalam hidupmu tak akan mengalami kekurangan.

32 Sekarang datang giliran tingkat penjelasan tentang arti daya hewani, yaitu sifat makanan yang berupa daging, yang berasal dari berbagai macam hewan.

33 Pengaruh daya ini dalam tubuh manusia lebih besar dan lebih kuat, karena lebih mendalam, sehingga kekuatan yang ada pada manusia itu hampir seluruhnya dikerjakan dan dibangkitkan oleh daya hewan itu.

34 Dengan keadaan yang demikian itu, maka bagi manusianya sendiri tak mustahillah, bila ia selalu tidak mudah dapat membeda-bedakan rasa perasaannya, mana yang dari ia sendiri dan mana yang dibangkitkan oleh daya kekuatan hewani itu.

35 Oleh karena itulah anakku, janganlah kamu sekali-kali melalaikan pelatihanmu tentang kejiwaan itu, agar susunan dan perbedaan antara daya-daya itu dalam dirimu dapat segera dirasakan dan dipahami dengan sesungguhnya. Ini adalah suatu hal yang sungguh tak mudah dapat dikerjakan dengan begitu saja, apalagi kalau nanti hanya sekedar dipikirkan saja. Karena sebagaimana yang telah diuraikan diatas, tercampurnya daya-daya itu dalam diri manusia telah menjadi sedemikian rupa, sehingga kebangkitannya hanya kamu rasakan dan mungkin kamu akui sebagai kebangkitan dari daya kepribadianmu sendiri yang suci dan murni.

---

31 Malah lamun kabener siréki,
    kang tetedhan mbutuhken mring sira,
    méliknya gelis pethuké,
    supaya thuk agathuk,
    klawan jatinya jodhonéki,
    kang lama wus dèn antya,
    saka sira kumpul,
    temah sira klakon dadya,
    jujugannya tetedhan kang nedya rabi,
    kang ngalap berkahira.

32 Gantya mangkin sawusnya katiti,
    dayaning pangan ingkang winarna,
    kang wus krembug sacukupé,
    dayanya ulam sagung,
    ingkang asal saking kéwani,
    warna-warna sifatnya,
    kathah jinisipun,
    pan iku dadya butuhnya,
    mangka rangkèn lumrahnya
                tedhaning janmi,
    kang wus manjing biyasa.

33 Apan iki yektinya tan sisip,
    dayanira mungguh ing sujanma,
    tan béda gung pangaruhé,
    malah iki saya gung,
    pangaruhnya ingkang dèn tampi,

7 DHANDHANGGULA

kang wusana angreda,
nyikep raosipun,
dadya janma wus tan polah,
wus tan bisa obah lyan saka puniki,
saliring hangganira.

34 Salir hangga wus samya dèn beki,
wus kebek déning daya kéwana,
wus amanjing mring rasané,
pan iku nyatanipun,
saya samar pamawasnèki,
krana panggepokira,
wus nèng batinipun,
pan prasasat kang priyangga,
raosira kaya nora béda yekti,
kalawan jeneng sira.

35 Paran iku lamun sira kaki,
datan antuk pituduh kang nyata,
temah angèl mbédakaké,
krana dayanya iku,
apan sampun nunggil sirèki,
wus nunggal rasa rahsa,
pancaéndranipun,
dadya sira wusananya,
salir tindak wus datan
    nglegéwa yekti,
yèn kongsia kadayan.

31 Rather, if you can do as advised and open the way for these forces so that they can easily meet their counterparts, they will reward you, meaning that food will always come to you and you will never want in your life.

32 Now it is the turn for explanations about the significance of the animal force; that is to say, the characteristics of food derived from the flesh of various animals.

33 The influence of this force in the human body is greater and stronger because it goes deeper; so human energy is almost entirely aroused and activated by the animal force.

34 This being so, it is not surprising that people cannot always readily distinguish between their feelings – between those coming from themselves and those aroused by these animal powers.

35 For this reason, my children, never neglect your training with regard to the life of your soul, so that you may soon be able to feel and truly understand how the forces within you are made up and how they differ. This is in fact not something that can be done easily – just like that – especially if it is only thought about. For, as has already been explained, these forces have become so mixed within the human self that you feel as if their impulses are those of your own clean and pure inner force, and maybe you regard them as such.

36 Karena banyaknya kemungkinan yang sedemikian itu, maka banyak pulalah diantara mereka yang mempelajari dan yang hendak memahami ini, dengan sengaja lalu meninggalkan makanan yang bersifat daging hewan itu. Maksud dari tindakannya yang demikian, tak lain supaya segera dapat tercapai maksudnya, yaitu lalu dapat memisahkan atau membeda-bedakan kebangkitan yang dari kepribadiannya sendiri dan yang disebabkan terpengaruh oleh daya-daya hewani. Dan selanjutnya pun, agar dapat juga mengetahui kedudukannya yang abadi dan mengerti tentang hidup yang sempurna.

37 Usaha sebagai ini sesungguhnya tidak ada salahnya meskipun umpamanya belum mencapai tingkatan yang benar, karena hal itu memang tak dapat dianggap mudah.

38 Malahan banyak juga diantara mereka itu yang sudah telanjur tidak suka lagi makan daging, sehingga telah menjadi kebiasaan hanya suka memakan sayur-sayuran saja.

39 Apalagi bagi mereka yang sama sekali tidak ada usahanya dan soal itu hanya dipikirkan saja, tentu soal itu nanti tidak lain daripada hanya akan menjadi buah bibir saja. Karena itulah maka berulang-ulang kamu selalu diperingatkan jangan hendaknya meninggalkan latihan kejiwaan itu, agar dengan itu kamu sungguh-sungguh dapat memiliki suatu langkah atau tindakan yang tepat.

36 Mula saka kang mangkono yekti,
saweneh ana kang samya ninggal,
tan nedha daging kewané,
pan iku sedyanipun,
datan liya supaya wening,
weninga raseng janma,
amrih wutuhipun,
iku mungguh wosing karsa,
wruha nulya mring sajatining pribadi,
sampurnaning kasukman.

37 Iku mula ana benerneki,
nora ala sujanma ihtiyar,
saking kepati rungsité,
pan iku yektinipun,
saka angèl nggènnya ngupadi,
wruha mring pisahira,
ndi kewan ndi manus,
krana ing kono wus nunggal,
wus awor lir gula klawan legineki,
kadya kang wus kacrita.

7 DHANDHANGGULA

38 Malah saka adrengnya kang karsi,
kahanannya kang kadya punika,
dèn ntosi tan na pedhoté,
temah klantur kebanjur,
jelèh lamun humiyat daging,
dèn plaur amemangan,
mung sakadaripun,
parandené wusananya,
meksa isih gung kang agung durung nampi,
apa ingkang pininta.

39 Apa manèh kang tumrap lyanèki,
kang sih ngejor angkaraning tyasnya,
oraa salah parané,
mula becik kang iku,
dèn wruhana wewatonèki,
waton caranya nampa,
mring kahanan luhung,
yèn iki wus bisa ngégla,
pan ing kono temah cetha pilahnèki,
silahnya kang kahana.

36 Because this is very likely to happen, many people who study and wish to understand this matter give up eating meat. Their purpose in doing this is just to achieve their aim quickly – that is, to be able to separate and distinguish between what arises from their own inner self and what comes from the influence of the animal force – and further, to come to know their eternal role and understand about the perfect life.

37 Such an effort is certainly not wrong, even though if it may possibly not succeed in bringing these people to the true level, because this really cannot be considered easy to attain.

38 Many of these people have gone so far that they no longer like eating meat and have got used to eating only vegetables.

39 Moreover, particularly for those who make no effort whatever in this matter and merely think about it, it will certainly become just a talking point. That is why you are reminded again and again never to neglect your latihan, so that with it you may act in a way that is really right.

SUSILA BUDHI DHARMA

40 Karena dengan cara yang seperti ini, kamu sudah tidak perlu lagi mengurangi makan daging atau tidak. Jadi kamu tetap sebagai biasa, artinya, kamu masih biasa makan ini dan itu sebagaimana kebiasaan orang hidup dalam dunia. Hasil selanjutnya, kamu malahan akan dapat merasai dan menginsafi benar-benar bagaimana cara bekerjanya daya-daya itu dalam dirimu, dan kedudukan hatimu pun hanya akan tetap sebagai saksi belaka; lagi pula cara mengerjakannya sudah tidak lagi dengan adanya paksa memaksa diantara anggota dirimu, yang dapat mengakibatkan kerusakan dan kesakitan.

41 Itulah buah dan hasil dari pelatihan yang sungguh berlainan dengan suatu tindakan yang hanya disandarkan atas kehendak yang keras. Karena itu, janganlah sekali-kali memilih jalan yang tersebut belakangan ini, sebab, bagaimanapun juga yang tersebut belakangan ini sesungguhnya hanyalah kehendak hati dan hati itu hakekatnya tidak lain daripada pelayan dari daya-daya yang belum dapat kamu ketahui darimana asalnya, sehingga memungkinkan kamu terjerumus ke jalan yang arahnya tak kamu inginkan.

42 Itulah bahayanya apabila kamu sampai salah mengerjakannya. Sebelum kamu dapat menginsafi ini, tentu kamu kira segala tindakan dan segala sesuatu yang kamu kerjakan datangnya atas kehendak kepribadian manusiamu, padahal hampir semuanya itu masih dibangkitkan oleh daya-daya hewan dan lain-lain. Sudah tentu yang demikian itu kamu akui sebagai dari kamu sendiri, karena dalam sendirimu itu kamu seluruhnya telah dikuasai oleh daya hewani itu.

43 Karena itulah maka pada waktu itu keadaanmu masih merupakan teka-teki, siapakah sebenarnya yang bersemayam dalam kepribadianmu? Halmu yang demikian itu meskipun kamu pikirkan sedalam-dalamnya, tak akan dapat mencapai tingkatan yang menampakkan sifat perbedaan antara mana yang dari kamu manusia dan mana yang dari daya hewani.

40 Dadya sira tan perlu ngurangi,
mangan daging tan dadi bebaya,
mapan kono misah dhéwé,
tyasnya tan perlu sengkut,
cukup tyasira ngetut wuri,
neksèni kang tinampa,
salir kang kepangguh,
paran iki luwih genah,
nyuda polah tingkahira kang ndrawasi,
ingkang mung wèh sesamar.

41 Paran mula nyatanira kaki,
datan kena sira anggegampang,
mung ngandelken karepané,
temennya iku klangkung,
apan sanget sru mbebayani,
bisa njalari tyasnya,
tekèng kisruhipun,
malah tan namung mangkana,
lamun kurang-kurang ing begjanirèki,
klakon tanpa wusana.

7 DHANDHANGGULA

40 By doing this you no longer need to reduce or cut out eating meat. You continue as normal, meaning that you go on eating all kinds of foods as people usually do in their life on earth. This will result in your being able to feel and be truly aware how these forces work within you, and the role of your heart will be only that of a witness. Moreover, doing it in this way will no longer involve exerting any strain between your different parts, damaging them and making you ill.

42 Sanyatanya ubengnya puniki,
    gawatira tan kinira-kira,
    tumrap kang tan wruh wadiné,
    tan ngira yèn kadyèku,
    ingkang ngaku srira pribadi,
    nyatanya dudu sira,
    nanging kang kekudhung,
    kudhung awak salirira,
    pan sumrambah wus tekèng
        kang jeneng ngerti,
    ngerti pangertinira.

41 That is the fruit and outcome of the latihan, which truly differs from any action based merely on strength of will. So never choose the latter way because, as has been said, behind it is only a desire of the heart; and in reality the heart is the servant of forces whose origins are still unknown to you, and which might therefore mislead you in a direction you would not wish to take.

43 Dadya éwuh pethèknya kang yekti,
    jer ngerti kang dèn nggo ngertènana,
    wus sifat daya kéwané,
    mula mokal sirèku,
    yèn kandhaa dudu kang yekti,
    pangakumu ya sira,
    sifat janma luhung,
    nyatanira sapa nyana,
    yèn lahirnya kang mangkana
        karya sandi,
    sandinya daya kéwan.

42 That is the danger if you do this wrongly. Before you came to realise the truth you naturally assumed that all your actions, all your deeds, came from the will of your own, human individuality, whereas nearly all of them actually sprang from the animal and other forces. You assumed that they came from your own self, of course, because the animal forces had complete control within you.

43 So your state at that time was still a riddle: who was actually occupying your inner self? No matter how profoundly you think about this, you will not be able to reach the level where the difference becomes apparent between what comes from you – the human – and what comes from the animal forces.

44 Justru dari sebab-sebab yang demikian itulah, maka banyak diantara kita (manusia) yang bertabiat tidak selaras dengan dasar-dasar manusia (peri kemanusiaan), dengan arti kata, bahwa banyak diantara kita yang masih suka atau malahan telah menjadi kesukaannya merugikan hidup orang lain, sehingga orang yang dirugikan hidupnya itu jatuh ke dalam alam penderitaan.

45 Kadang-kadang orang yang bertindak demikian ada waktunya memperoleh pukulan pembalasan dari perbuatannya itu, tetapi meskipun demikian tidak hendak dirasakan sebagai suatu peringatan atas perbuatannya yang salah, malahan dirasakan sebagai halnya orang yang kalah berjudi, bukannya lalu berhenti dan suka berhenti, tetapi semakin berkobarlah nafsunya, sehingga dapat dikatakan ia telah menjadi lupa daratan dan lautan.

46 Demikianlah jadinya, bila orang itu seluruh tubuhnya telah terisi dan telah diperdayakan oleh daya hewani. Jadi sifat tubuhnya yang demikian bagus dan sempurna itu, hakekatnya hanya menjadi alat belaka dari daya hewani dan daya lain bawahannya.

47 Kejadian sebagai ini tidak hanya terbatas sampai dengan dirinya sendiri saja, anak keturunannya pun tak akan luput turut terkena sebagai ia juga. Demikianlah kelanjutannya, sungguh merugikan sekali bagi hidup manusia dengan anak keturunannya.

48 Tetapi meskipun demikian kenyataannya, namun masih banyak diantara kita (manusia) yang tak suka mengerti dan menginsafi kebenaran kepribadiannya, sehingga dalam perjodohan diantara laki-laki dan wanita hanya disandarkan atas kesukaan hati saja.

44 Awit saka kadadyan puniki,
datan mokal mula lamun ana,
janma kang tumindak anèh,
samubarang wus langkung,
teka isih durung maregi,
tyasnya sih ngangah-angah,
angulu lyanipun,
ya yèn lagi katurutan,
nanging yèn wus tekèng apes malang nlisip,
tan langka nemu wirang.

45 Yèn wus wirang kongsi tekèng sakit,
sapa baya ingkang mesthi nyandhang,
kajaba mung si janmané,
jer nyatanya wus kadhung,
plungguhannya pan wus kagingsir,
temah wus dadya lésan,
tumindak kang luput,
malah nadyan wus mangkana,
wusananya ora suda wuwuh lali,
mring dharat lan lautan.

46 Iku nyatanya mula sayekti,
sanadyan tindakira mangkana,
rumangsanya bener baé,
wit tangguhnya wus suwung,
nadyan hisi : hisi kang sisip,

7 DHANDHANGGULA

kang tan bisa misaksya,
hutamaning manus,
mula nadyan mangkonoa,
wus benernya yèn ing patrap
      dèn engkoki,
tan ana salahira.

47 Gawatira ingkang langkung malih,
tumrap kahnan kang mesthi dumadya,
jejodhoan antarané,
yèn bénjang sinung sunu,
hisining wadhag tan nebihi,
klawan kang mindha karya,
daya lya kang dunung,
satemah cuwa ing karsa,
tuwuhira tan nurut tataning janmi,
lir janma kang utama.

48 Luputira tumrap kang nglakoni,
ingkang karan bapa klawan biyang,
sajaké tan rinasakké,
watonnya kang rumuhun,
mung saseneng nora tiniti,
dhasar pancèn wus salah,
kapurba kang dunung,
nanging tumrap ingkang anak,
luputnya wong tuwa satemah nembusi,
dadya hisining anak.

44 This is precisely why many of us human beings do not have a character that is in line with the fundamental principles of humanity. In other words, many of us still like – and have even found pleasure in – harming the lives of others, condemning them to a life of suffering.

45 At times the conduct of people who behave in this way rebounds on them. Even so, they do not usually take this as an intimation of their wrongdoing. On the contrary, they react like a gambler who has lost: not stopping nor wanting to stop, but going on with their passion even more inflamed. It can be said of them that they are oblivious of both land and sea.

46 This is how it is when a person's entire body has been filled and manipulated by the animal forces. Their beautiful and perfect body has become nothing more than a tool of the animal forces and of forces lower still.

47 The effect of this is not confined to themselves, for their descendants will not escape it either. The consequences do great harm to the life of human beings and their descendants.

48 Although that is the reality, many of us human beings still have no wish to understand and be conscious of the truth about our inner self. As a result many men and women base their marriages only on what pleases the heart.

49 Karena inilah, maka banyak terjadi kejadian-kejadian yang sungguh tidak diinginkan, yaitu : banyak orang yang bertabiat tidak cocok dengan kedudukannya sebagai orang, dengan arti kata tidak berperi-kemanusiaan, sehingga orang-orang ini dapat dikatakan sama sekali kehilangan jiwa manusia, sedangkan itu adalah pegangan dan pendirian yang sempurna bagi kedudukannya.

50 Akibatnya, apabila diantara mereka itu ada yang berminat mempelajari atau suka memahami kepribadian manusia (kejiwaan), maka kemajuannya lambat sekali.

49 Kadadyan ingkang kadya puniki,
paran mula banjur samya ana,
nadyan wong séjé hisiné,
pan iki nyatanipun,
tuna gedhé tumraping janmi,
anggènnya sru kataman,
wutaning dalan gung,
marga gung dalannya janma,
kang tumuju mring sampurnaning ngahurip,
palungguhan kang mulya.

7 DHANDHANGGULA

50 Akèh mula samya angengucik,
kaya paran mungguh purwanira,
déné teka mbandel baé,
ing trékah nora suwung,
parandéné meksa tan manggih,
marganira kang gampang,
kang bisa glis tembus,
malah saka adrengira,
boting laku meksa samya dèn lakoni,
dhawahnya pijer sasar.

49 Consequently, many really undesirable things happen. That is to say, many people's behaviour is out of keeping with their status as human beings, meaning that they lack true human qualities. So one could say that these people have completely lost their human soul – the perfect foundation and mainstay for their status.

50 As a result, should any of them be interested in learning about or understanding their human individuality – the realm of the soul – their progress will be very slow.

8
KINANTHI

'… the child is truly able to raise his or her parents to a higher level, and they will no longer impede the growth of his or her real self.'

SUSILA BUDHI DHARMA

1. Demikianlah hasil seseorang yang tak suka mengerti atau tak suka memahami tentang diri pribadinya, sehingga pada setiap waktu kumpul dengan istri tidak dapat menginsafi bagaimana sifat isi dari setubuh itu. Jadi terangnya, bersetubuh dengan istri hanya karena keinginan belaka.

2. Sudah tentu karena kesalahan yang demikian itu si anak tak dapat terhindar daripadanya. Jadi orang tua bertindak salah, anaknyapun mengikuti pula dengan sendirinya.

3. Kesalahan itu demikian telanjurnya, sehingga berturut-turut sampai tiada habis-habisnya. Maka dari itu, baiklah tindakan yang semacam itu tidak dipersoalkan lagi, karena tidak ada gunanya mempersalahkan orang tua.

4. Cukup kesalahan yang demikian itu diumpamakan hanya sampai kebatas dirimu saja, sehingga kamu dapat menyiapkan diri untuk mulai memperbaiki segala kesalahan itu, agar selanjutnya kamu dapat terhindar dari tekanan daya yang tidak kamu ingini.

5. Hal itu umpamanya badanmu itu rumah, telah mulai diperbaiki dan dibangun sebaik-baiknya, selaras dengan sifat lahir, agar akhirnya kamu dapat menginsafi sungguh-sungguh bagaimana kedudukan manusia yang sebenarnya.

6. Dengan demikian, apabila kamu seterusnya tiada mendapat gangguan suatu apa, maka akan menjadi sehatlah kamu lahir batin.

---

1. Iki kantuknya wong luput,
kang moh mruhi kang kinanti,
kalanira langen jiwa,
lan garwa tan wruh ing wadi,
si anak temah kang tuna,
sangsara kang dèn lakoni.

2. Yèn rinaos temen luput,
nyatanira mula sisip,
bapa biyung krananira,
tekèng anak mung nemoni,
tunaning laku kang tama,
ananya mung ingkang sisip.

3. Nging beciké dèn peputus,
mandhega mung tekèng iki,
tan perlu dinawa-dawa,
malah saya wuwuh sisip,
mung baé tekaning sira,
ywa kudu dèn sesambungi.

8 KINANTHI

4 Lamun klakon bisa putus,
praptèng sira wus nguwisi,
pan iku wus pétung begja,
teka bisa nambak kardi,
ilining daya kang liya,
temah wus tan andayani.

5 Dadya wiwit ambebangun,
nggegatra ing adegnèki,
kang sanépa wismanira,
mangka papaning ngabekti,
yèn tulus temtu kasmbadan,
waluya temahing jati.

6 Ingkang sasar tanpa susur,
kang wus nèng wong tuwa sami,
krana sira bisa oncat,
saka ndon cintrakèng janmi,
temah sira karan bocah,
kang bisa mulyakken sami.

1 Such is the outcome for a man who does not care to understand or gain insight into his inner self. Therefore, when he unites with his wife he is unable to be aware of the significance of that union. In other words, his sexual relations with his wife are prompted solely by desire.

2 Of course their children cannot avoid the effects of such a mistake. The wrong ways the parents take, their children automatically follow.

3 Such faults have been passed on endlessly from generation to generation. So it is better to say no more about such conduct, for it is useless to blame the parents.

4 It is enough if these faults go no further than you; you can then prepare yourself to begin correcting all these faults, so that in future you can avoid the pressure of forces you do not want.

5 In this respect your body is like a house that has begun to be repaired and rebuilt as well as possible, in accordance with its outer characteristics, to enable you eventually to be truly conscious of the real status of a human being.

6 By this means, if you meet no further obstructions, you will become healthy outwardly and inwardly.

7 Sehingga dalam keadaanmu yang demikian itu, meskipun dalam hatimu tidak sedikitpun terasa kehendak untuk memperbaiki kesalahan yang ada pada orang tua, dengan sendirinya telah mempengaruhi juga isi diri pribadi orang tuamu itu.

8 Maka terangnya, kemajuanmu itu tentu juga membawa kebaikan bagi orang tua, sehingga si orang tua mau tidak mau atau lepas dari dugaan hatinya telah menjadi baik juga.

9 Demikianlah, hingga dapat dikatakan, si anak itu sungguh-sungguh dapat memuliakan orang tua, dan bagi dirinya si anak sendiripun tiada lagi merupakan suatu penghalang bagi kemajuan diri pribadinya.

10 Ganti sekarang yang dituturkan. Baiklah sekedarnya digambarkan bagaimana pengaruh daya hewani itu dalam rasa diri manusia.

11 Untuk mendapatkan kejelasannya dengan arti kata yang sungguh, baiklah dimulai dengan soal yang tertera dibawah ini dan diambil sebagai dasar untuk memudahkan cara menguraikan.

12 Apa sebabnya, maka kebanyakan para penduduk dusun itu hidupnya masih sederhana?

13 Umumnya atau kebiasaannya para penduduk dusun itu tidak seringkali makan daging, dan seandainya makan, kebanyakan yang dimakan itu berupa daging yang berasal dari ikan-ikan yang hidup dalam air di sawah.

14 Selain daging ikan-ikan tersebut kadang-kadang juga memakan daging lain, tetapi meskipun begitu umumnya apabila kebetulan mempunyai pekerjaan.

---

7 Paran iku nyatanipun,
nadyan tékadnya si siwi,
datan njarag gawé mulya,
mring wong tuwa kang wèh sisip,
parandéné wus mangkana,
si tuwa tan njarag kambil.

8 Krana iku marganipun,
ananya sira dumadi,
dadya sira yèn muliha,
marganya bali dèn toni,
bédanya dhihin mberkasak,
kang akir padhang ajrenih.

9 Salir kéwuh wus winengku,
winengan salir wewadi,
lepas tabeting durhaka,
mligi ing pribadinèki,
wruh nyata lan ingkang ora,
kang pisah jroning ngatunggil.

10 Nenggih mangkya kang winuwus,
mrih jangkepnya kang tinulis,
becik nadyan sawatara,
dèn wewedhar dayanèki,
tetedhan kang wujud ulam,
kang asal saking kéwani.

11 Dèn wiwiti saking dhusun,
rèhné dhusun tumrap janmi,
kang mangka papan kawitan,
sadurungnya ana nagri,
kono papan cakal-bakal,
duk nagri durung dumadi.

12 Mula karya paminipun,
jer nèng dhusun lumrahnèki,
huriping wong sih prasaja,
durung akèh bumbunèki,
dadya gampang yèn winijang,
saliring tetedhanèki.

13 Lumrahira janma dhusun,
nedha ulam mawa wanci,
wancinya yèn wus kraharjan,
kèhnya pametuning sabin,
pan terkadhang malah ana,
nadyan harja meksa nyirik.

14 Nyirik ulam énak-énuk,
teka nrima mung sathithik,
béda klawan wong nagara,
yèn nedha iwak tan kari,
lan uga tan mung sarupa,
warna-warna dèn senengi.

7 When you are like that, even though it is not your intention to correct your parents' faults, their inner content too will spontaneously be influenced.

8 So, in other words, your progress certainly benefits your parents as well, whether they wish it or not: without expecting it, they become better too.

9 So it can be said that the child is truly able to raise his or her parents to a higher level, and they will no longer impede the growth of his or her real self.

10 Changing the subject now: it will be as well to show how the animal force affects people's inner feeling.

11 To make this quite clear, it is best to begin with the following question and use it to simplify the explanation.

12 Why do most villagers still live simply and frugally?

13 Usually, villagers do not often eat meat or flesh, and if they do it is mostly that of fish living in the water of the paddy fields.

14 Besides fish, now and then they eat meat of other kinds, though as a rule this is only when they happen to have a celebration.

15 Adapun daging ikan umumnya yang dimakan oleh penduduk dusun itu, berasal dari ikan-ikan yang hidup dalam pengairan disawah dan juga yang berasal dari ikan-ikan yang hidup dalam sungai.

16 Ikan-ikan seperti itu (ikan loh) hidupnya didalam air dan memang hewan itu hidupnya hanya di dalam air saja.

17 Caranya hidup dan caranya mencari kehidupan nampaknya sebagai manusia juga, dan dalam hakekatnya pun sesungguhnya tak berbeda. Begitu pula cara merasakan bagaimana mudahnya untuk mendapatkan segala sesuatu bagi keperluan hidupnya. Pendek kata dalam lingkungan hidupnya (alamnya) serta sifat kekeluargaan didalamnya pun tak berbeda pula dengan bagaimana halnya keadaan manusia.

18 Kalau hatinya merasa puas karena telah mendapatkan sesuatu yang diperlukan atau diinginkan, segala tingkah lakunya kelihatan serba cepat dan menampakkan gerak tenaga seperti orang menari.

19 Tetapi kalau hatinya merasa tak senang karena tidak tercapai barang sesuatu yang dibutuhkan, maka terlihatlah gerak tenaga yang sebentar-sebentar berhenti sambil menoleh kekanan dan kekiri dan kerapkali pula terlihat gerak kian kemari sebagai kehilangan akal.

20 Dalam hal rasa perasaan ikan-ikan yang ada dalam pengairan di sawah itu sesungguhnya tidak berbeda dengan keadaan kita manusia di dunia. Ikan-ikan itupun terkena dan mengalami juga keadaan yang kita katakan sukar dan pahit dan ada kalanya juga merasa bahagia hidupnya.

15 Kocap janma kang nèng dhusun,
sifat ulam kang dèn tedhi,
ulam loh kang mungging sawah,
wektunya ananing warih,
klawan ingkang samya ana,
anèng kali tepis-wiring.

16 Nenggih ulam gesangipun,
huripnya pan anèng warih,
dhasarnya warih papannya,
papan nggènnya pados hurip,
solahira sesliweran,
ngupaya endoning tedhi.

17 Caranya ngupados hidhup,
datan béda lan sujanmi,
adrengira nora béda,
tyasnya uga rebut dhihin,
pasulayan uga ana,
bebrayan pan ugi sami.

8 KINANTHI

15 The fish generally eaten by villagers are those that live in the water of the paddy fields and those that live in rivers.

16 Fish of that kind – freshwater fish – live in water, and indeed are animals that exist only in water.

18 Yèn kalegan manahipun,
solahnya ngédab-édabi,
suka-suka ngolah raga,
besus bérag marak ati,
pan iku yèn tiningalan,
katon wasisnya anglangi.

17 The way they live and how they seek their livelihood is really no different from that of human beings. They too would like to find an easy way to get all they need for their existence. In short, in their own environment and also in their family relationships, they do not differ from human beings.

19 Lamun cuwa manahipun,
solahnya mandheg tumolih,
ing tenaga nora kathah,
yèn lumaku mbolak-mbalik,
ngiwa-nengen solahira,
saka sepi kang pinanggih.

18 In their satisfaction at obtaining something needed or desired, all their actions are seen to speed up and to be like the lively movements of people dancing.

20 Munggwing raos tebanipun,
nadyan jroning warih sabin,
tan béda gelaring donya,
lir alaming pra sujanmi,
mula kono nora béda,
kakenan bungah lan nisthip.

19 When, however, they feel upset at failing to get something they require, they can be seen stopping again and again while they look to the right and the left, often moving to and fro as if at a loss.

20 The feelings of fish in the water of the paddy fields are really no different from ours in the world of humankind. Those fish are also affected by and experience conditions we would call hard and bitter, and at times they too feel joy in their life.

21 Kecerdikan dan ketangkasan pun dipunyai juga oleh ikan-ikan itu, dan yang bagi kita terasa kadang-kadang sebagai perasaan rendah dan besar, begitu juga saling dapat mengucapkan keelokan paras antara laki-laki dan perempuan, itupun terdapat juga pada ikan-ikan dalam pergaulan hidup dialamnya.

22 Dalam kenyataan perbedaan antara kedua makhluk itu sesungguhnya jauh sekali. Alam ikan yang demikian itu bagi manusia terasa sempitnya, tetapi bagi ikan adalah dunia yang tak kurang luasnya.

23 Bagi ikan disitu tak kurang ramainya. Sebagaimana kita (manusia) dalam dunia dengan kota desa-desa dengan segala isinya, disitupun juga terdapat hal yang sedemikian itu menurut alamnya.

24 Lagi pula disitu ikan-ikan itupun terkena sakit, menginsafi ada dan pastinya kematian, dan tak kurang diantaranya yang menginsafi tentang adanya kuasa yang menguasai hidup.

25 Jadi dalam alamnya ikan-ikan itu banyak juga yang mengerjakan kebaktian kepada Tuhan dan tak ketinggalan pula dalam caranya minta atau mohon bahagia atas hidupnya.

26 Adapun tentang nasibnya apabila diambil orang, meskipun yang demikian itu bagi orang adalah soal biasa, yaitu : sudah semestinya bila ikan itu menjadi makanan orang, saat yang demikian itu dirasakan sebagai suatu saat yang telah menentukan hari penghabisannya, yaitu : mati.

---

21 Pinter klawan ingkang kethul,
ingkang wasis lan kang tuni,
sarta sugih lan kang mlarat,
ingkang ala lan kang pekik,
pan sakabèh nora béda,
gatranya mungguhing janmi.

22 Déné béda-bédanipun,
alaming janma ngluwihi,
luwih agung tur arowa,
tur weruh lekering bumi,
déné kéwan tan mangkana,
weruhnya mung tekèng tembing.

23 Tyasnya mung sadumuk bathuk,
yèn winawas saking janmi,
nanging yèn mungguh si kéwan,
nglangutnya pan tanpa tepi,
mula nadyan anèng sawah,
tan béda gelaring nagri.

8 KINANTHI

21 These fish also possess cleverness and skill, and feelings like we have at times of inferiority and of grandeur. Similarly, too, in their society male and female can express appreciation of each other's good looks.

24 Klawan malih nyatanipun,
 nèng kono tan béda keni,
 nora amung tansah waras,
 tan kurang kang kenèng sakit,
 datan béda nggraitanya,
 nggènnya minta sihing Gusti.

22 In reality the difference between these two creatures is very great. To a human being, the world of fish seems narrow, but to fish it is a world that is wide.

23 Fish find it lively and busy there. As in our human world, with towns and villages and all they contain, so similar conditions exist there, appropriate to their world.

25 Tan béda tumenganipun,
 lir caraning wong minta sih,
 nora béda adhepira,
 percayèng tyas marang Gusti,
 tan amung tumrap warasnya,
 nadyan sandhang pangan ugi.

24 Moreover, fish also fall ill there. They are aware that death exists and that they will have to die; and many fish also realise that there is a Power governing life.

25 So in their world many fish worship God, and they also have ways of asking or appealing for happiness in their life.

26 Déné yèn dèn ambil manus,
 kang kinarya tedha sami,
 ing pangrasa munggwing janma,
 wus lumrah ulam tinedhi,
 nanging tumrapnya si ulam,
 ciptanya wus tekèng janji.

26 As for their fate when someone catches them – a commonplace event for the person, since fish are considered human food – the fish feel that this is the time predetermined as their end; that is, their death.

27 Hal itu kalau diumpamakan, tak ada bedanya dengan manusia bila terkena sakit dan kemudian lalu menemui ajalnya.

28 Demikianlah keadaannya; meskipun hidupnya ikan-ikan itu bagi orang dianggap sebagai makanan untuk memenuhi keperluan hidupnya, tetapi bagi si ikan tidak ada keinsafan semacam itu sama sekali.

29 Sekarang tentang perbedaan keadaan antara ikan-ikan yang hidup disawah dan yang hidup disungai. Ikan-ikan yang hidup disungai, kecuali umumnya lebih kuat dan cepat bergerak daripada yang hidup disawah, rasa perasaannya pun lebih luas juga.

30 Demikian pula dalam hal ketangkasan dan keberanian, ikan-ikan disungai tetap lebih unggul daripada ikan yang ada disawah.

31 Adapun mengenai keadaan lain-lainnya, seperti kebodohan, kecerdasan dan kesombongan tingkah, semuanya ini hampir bersamaan.

32 Itulah gambaran dari sifat keadaan ikan dalam alamnya. Maka apabila yang tersebut ini sampai mempengaruhi orang, si orang akan bertabiat semacam itu pula. Hanya sifat bekerja dan tindakannya yang tetap berlainan.

33 Oleh karena sebab-sebab itu, banyaklah penduduk dusun yang suka dan rajin bekerja. Malahan karena amat rajinnya bekerja, kadang-kadang mereka tidak memperhitungkan waktunya.

34 Apalagi bila mereka kebetulan mendapat kepuasan hatinya, waktu istirahat pun seakan-akan dilupakan.

27 Pan iku mungguhing manus,
tan béda kalamun sakit,
kang wus nulak kèhing tamba,
salir wus tan miyatani,
dadya ngrasa wus wektunya,
tibaning pesthi dumugi.

28 Mula tan ngira tyasipun,
wektunya sih anèng sabin,
yèn dadya sasaran janma,
kang mangka rangkèning tedhi,
kang kanggo cepakan mangkya,
wektunya yèn samya nedhi.

29 Bédanira ulam kasbut,
kang nèng sabin lan nèng kali,
ing rasa pangrasanira,
kang nèng kali jembar luwih,
drenging tyas lan karosannya,
kang nèng kali tetep luwih.

30 Kecikatan saliripun,
luwih kang samya nèng sabin,
kuwanènan lan kabisan,
apan uga tetep luwih,
mula kahanannya samya,
langkung ageng klawan kesit.

31 Déné kahnan sanèsipun,
   susah seneng bodho wasis,
   besus angkuh lagakira,
   tan béda lan kang nèng kali,
   kaotnya mung saking papan,
   si kali rada ngluwihi.

32 Mangkono wewadinipun,
   kahnannya ulam winarni,
   pan iku yèn tumrap janma,
   wateknya kadya puniki,
   mung empannya baé béda,
   rèhné papannya nèng janmi.

33 Caranya ngupados hidhup,
   solahnya anambut kardi,
   leken sregep tanpa kira,
   tumungkul tyasnya kepati,
   mula nyata wong nèng désa,
   sregeping gawé ngluwihi.

34 Yèn kalegan raosipun,
   cikrak-cikrak kasok lali,
   yèn dèn onggrong raosira,
   sukèng tyas ngrasa yèn luwih,
   empaning gawé tan kira,
   sregepnya tan ngétang wanci.

27 If we want to make a comparison, this is no different from when a person falls ill and then meets their end.

28 That is how it is. Although human beings regard them as food to fulfil a need of life, fish are completely unaware of that.

29 Now about the differences between fish that live in paddy fields and those that live in rivers. Fish that live in rivers, besides generally being stronger and able to move faster than those living in paddy fields, also have wider feelings.

30 Likewise, in agility and courage river fish decidedly excel the fish of the paddy fields.

31 In other characteristics – such as stupidity, intelligence and showing off – they are almost the same.

32 That gives a picture of the characteristics of fish in their realm. So if they influence a human being, he or she will have similar traits – although the nature of their work and activities is of course different.

33 This is why many villagers work with pleasure and zeal. They are so industrious that on occasion they even take no account of time.

34 Especially when they are feeling satisfied, it is as if they forget to take time to rest.

35 Tetapi sebaliknya, hati mereka akan terasa putus asa apabila pekerjaannya selalu dapat celaan.

36 Kejadian ini kadang-kadang malah mengacaukan akal pikirannya, sehingga apabila nanti bekerja atau disuruh bekerja lagi hasil pekerjaannya hampir-hampir tak ada manfaatnya.

37 Dalam hal rasa perasaan sebahagian besar penduduk dusun sangat sempit sekali, sehingga mereka menjadi takut untuk meninggalkan dusun tempat kelahirannya menuju ke tempat lain. Malahan ada diantara mereka itu yang merasa sudah puas hidup didusunnya, meskipun keadaannya sebenarnya masih serba kurang.

38 Mengulangi tentang keadaan ikan, walaupun sama-sama ikan, ikan sungailah yang lebih tangkas, karena ikan-ikan itu seringkali hanyut karena banjir. Malahan karena derasnya air mengalir banyak ikan-ikan itu yang hanyut sampai jauh.

39 Karena itu meskipun kejadian yang demikian itu merupakan suatu bahaya dan mendatangkan pula penderitaan atas hidupnya, gerak tingkahnya malahan menjadi tangkas.

40 Dan karena banjir itu, ikan-ikan itu terpaksa berpisah dengan keluarganya dan terpaksa pula harus dapat hidup sendiri lepas dari tanggungan keluarganya.

35 Saking gengnya atinipun,
bungah marga antuk manis,
beban awrat tan rinasa,
malah dèn seslamur dundhing,
nanging yèn tyasnya kacuwan,
tindaknya nora nguwisi.

36 Yèn dèn atag lingak-linguk,
lir ana kang dèn padosi,
sigrakira nora ana,
jangkahnya abot kepati,
yèn dèn gelak temah tuna,
amung bingung kang pinanggih.

37 Déné tebaning tyasipun,
myang rasa pangraosnèki,
anèng désa wus narima,
jer tan béda nèng nagari,
nèng désa apa wus ana,
perlu apa ngayèng hurip.

38 Béda ulam kang nèng kedhung,
kala-kala kèh kang kéntir,
wus mangkono biyasanya,
iwak kali asring kéntir,
malah yèn ageng warihnya,
yèn kéntir kebanjur tebih.

39 Apan iku dadya laku,
kulina samya prihatin,
mbudi daya keslametan,
aywa samya nemu pati,
mula kono solahira,
ributnya kepati-pati.

40 Ting panculat yèn dinulu,
munggwing ulam tyasnya miris,
ting balulung pados papan,
pasingidan amrih hurip,
tyasnya judheg tanpa kira,
wit kèh pisah anak rabi.

35 On the other hand, they feel despair if their work is constantly criticised.

36 Sometimes this will even confuse their minds, so when they go back to work, or are told to do so, the result of their work is almost useless.

37 Most villagers are very narrow in their feeling, so they fear to leave the village where they were born and go elsewhere. There are even those who are content to continue living in their village, even though they are in fact short of everything.

38 To return to the state of fish: though both are fish, the river kind are more deft than paddy field fish, as a consequence of their often being swept away in floods – many even being carried a great distance owing to the swift flow of the water.

39 So, although such events are a danger to them and a cause of suffering, their movements become more agile.

40 And the floods cut those fish off from their families and compel them to live alone, away from the support of their families.

41 Dengan demikian maka ikan-ikan itu kalau diumpamakan sebagai kita manusia, terpaksa menggunakan akal pikirannya, agar dapat selekasnya menemukan tempat mata pencaharian, dan dengan sendirinya terpaksa terlatih pula rasa perasaannya, sehingga rasa perasaannya menjadi teguh bila menghadapi datangnya marabahaya sebagai yang telah pernah dialami.

42 Ikan semacam itu bila dayanya sampai ke orang, maka si orang akan menjadi teguh dan berperasaan luas pun berani pula menghadapi segala kemungkinan yang akan menimpa dirinya.

43 Juga suka memperluas pengetahuan dan tidak segan-segan meninggalkan tempat kelahiran untuk pergi ketempat lain guna kepentingan hidupnya. Jadi keadaannya tidak seperti yang tersebut dimuka, yang hanya menerima saja seadanya, asal tidak meninggalkan tempat kelahiran.

44 Tetapi meskipun demikian baiknya daya ikan itu, namun bagi manusia masih sangat jauh daripada bermanfaat.

45 Karena kepentingan manusia yang layak dengan hidupnya, tidaklah hanya mencari makan saja, meskipun makanan itu adalah suatu kebutuhan hidup yang tertentu, tetapi disamping itu kita tidak mau meninggalkan kewajiban kita yang seharusnya perlu mendapatkan keinsafan tentang hidup manusia yang sempurna.

46 Sebab dengan terdapatnya keinsafan yang tersebut belakangan ini, kita segera dapat mengetahui dengan sesungguhnya, bagaimana cara bekerjanya daya ikan atau daya hewani itu dalam diri kita, dan dapat pula memisahkan daya-daya yang ada pada kita antara satu dengan lainnya.

41 Saka kang mangkono iku,
malah nukulken pangerti,
santosanya malah tambah,
lir ginemblèng awaknèki,
mula cikat lan rosanya,
luwih saking ulam sabin.

42 Apan iki dayanipun,
kalamun anèng sujanmi,
bédanya klawan kang ngarsa,
wuwuh limpad tur awasis,
tyasnya teguh mring bebaya,
wani laku ngolah budi.

43 Sukèng tyas marsudi kawruh,
angetog gunaning pikir,
pamrihnya manggiha harja,
rahayu kang dèn lakoni,
nora manut mung tumenga,
sakadarnya kang dèn tampi.

8 KINANTHI

41 So, if likened to us human beings, those fish have to use their minds to enable them to find their livelihood as quickly as possible and, by themselves, their feelings are trained to be firm in facing dangers like those they have experienced before.

44 Nanging nadyan kadya iku,
    tumrap janma meksa tuni,
    wit nadyan dikayangapa,
    pan iku daya kéwani,
    beciknya mungguh ing kéwan,
    tumrap janma tan dumugi.

42 If the force of fish such as these reaches human beings, they will become resolute, their feelings will broaden, and they will have the courage to face whatever may befall them.

43 They will also wish to expand their knowledge, and will not shrink from leaving the place where they were born to go elsewhere in their own interests. So their situation is not like that described earlier, in which people are simply resigned to putting up with anything as long as they do not have to leave their birthplace.

45 Awit janma butuhipun,
    tan amung ngupaya tedhi,
    bener pangan butwing gesang,
    nanging durung angénaki,
    énaking janma tan ngana,
    nyatanya luwih puniki.

44 But, good though such a force may be in a fish, it is still very far from beneficial for human beings.

46 Paran iki nyatanipun,
    jèn janma lungguha yekti,
    ing plungguhan kang pininta,
    mesthinya tan kambah iki,
    awit dayanya kéwana,
    kang mesthi mung nèng kéwani.

45 For what properly should be important in human life is not merely the search for food – necessary though food certainly is – but also the wish to fulfil our essential duty to gain insight into the life of a perfect human being.

46 Because, having gained that insight, we can soon find out for certain how the fish or the animal forces work within us, and we will be able to tell the forces within us apart.

47 Pun dapat pula mengatur susunan daya-daya itu dan dapat juga menyalurkan daya-daya itu kearah yang mestinya dituju. Dalam hal ini dapat diumpamakan, daya-daya itu telah dipertemukan dengan jodohnya masing-masing, sehingga daya-daya itu merasa puas.

48 Kepuasaan daya hewani yang demikian itu, telah membuka jalan bagi manusia, sehingga si manusia dapat bertindak lebih jauh dan meluaskan kebesarannya sebagai makhluk yang utama.

49 Jadi terangnya, meskipun tindakan manusia yang demikian itu sifatnya menolong semata-mata, namun kepentingan diri pribadinya sendiri pun tak ketinggalan pula.

50 Tetapi sebaliknya, si orang akan menemui jalan gelap atau berada dalam kegelapan, apabila ia tidak sampai pandai mengatur daya-daya itu sebagaimana tersebut diatas.

51 Dan dalam kegelapan sebagai itu, mungkin orang makin menjadi kacau dalam rasa dirinya, sehingga pandangan sebenarnya yang diperlukan bagi kedudukannya dapat dikatakan lenyap sama sekali.

52 Sekarang ganti yang diceritakan. Meskipun para penduduk dusun itu kebiasaannya makan ikan loh sebagai yang dituturkan dimuka, tetapi kadang-kadang tak ketinggalan pula makan daging yang berasal dari ayam.

47 Dadya methukken kang methuk,
si janma jumeneng seksi,
neksèni kumpulnya daya,
gathuknya jalu lan èstri,
yèn winalik nora béda,
njaba njero : nglebet njawi.

48 Mula kang nyata si manus,
aywa gampang dèn dayani,
daya kéwan kang tumeka,
kang teka aminta swami,
beciknya aglis temokna,
aywa pisan dèn kukuhi.

49 Yèn kongsi janma akukuh,
jeneng janma tan wruh adil,
agahan duwèking liyan,
nyidrani ubayanèki,
janjinira duk samana,
wus saguh andumugèni.

50 Mula yèn janma akolu,
    ngulu dudu darbèknèki,
    temah léna pribadinya,
    kang èdi datan methuki,
    kang ala malah pinanggya,
    temah cuwa nisthèng batin.

51 Pan saya sasar lan kojur,
    kebanjur nora ngertèni,
    kang mustika bagéannya,
    malah klantur tan methuki,
    ing mangka iku kang nyata,
    kang njunjung ajining janmi.

52 Mangkya ganti kang tinutur,
    nadyan anèng désa sami,
    tan ninggal ulaming ayam,
    kang mangka rangkèning tedhi,
    jer ayam ing désa kathah,
    kang lumrah ingingah sami.

47 We shall also be able to organise those forces and channel them in the right directions, which can be likened to uniting the forces with their respective partners, so that they feel satisfied.

48 Satisfying the animal forces in this way opens a path for human beings, enabling them to go further and increase their stature as noble creatures.

49 So, clearly, although this action is simply one of helping, the interests of the human beings' own inner self are not neglected either.

50 But if they are unable to organise these forces in the way just described, their path will be dark and they will live in darkness.

51 In such darkness their inner feeling will become increasingly confused, and one could say that the outlook proper to their human status will be utterly lost.

52 Now to change the subject. Although villagers usually eat the freshwater fish just spoken of, they sometimes eat the flesh of chickens too.

53 Memang kebanyakan para penduduk dusun memelihara ayam itu bukan untuk di makan sendiri, tetapi untuk dijualnya ke kota. Tetapi meskipun demikian, ada kalanya juga diantaranya yang dibutuhkan untuk dimakan sendiri.

54 Maka diceritakanlah tentang keadaan ayam itu. Caranya ayam mencari makan, biasanya menggunakan cakarnya dan kebiasaannya ayam-ayam itu gemar sekali mencari makan di tempat sampah.

55 Kecuali mencari makanan di tempat sampah, saban pagi pun diberi makanan pula oleh orang yang memelihara. Tetapi meskipun demikian, caranya makan ayam-ayam itu tidak dapat meninggalkan kebiasaannya mencakar-cakar.

56 Demikianlah kalau kita manusia mengatakan tentang kebiasaan ayam-ayam itu. Tetapi bagi ayam hal yang demikian tak ada bedanya seperti kita manusia mengerjakan suatu pekerjaan untuk mendapatkan penghasilan dengan menggunakan tenaga dan pikiran.

57 Pun dalam alam ayam, ayam-ayam itu berasa berada dalam keadaan yang luas dan merupakan suatu dunia tersendiri penuh dengan segala macam isi keperluan bagi hidupnya, sebagaimana kita manusia berada di tempat-tempat yang ramai dalam dunia kita seperti kota dan tempat-tempat yang tidak ramai seperti dusun-dusun.

58 Demikian juga kembalinya ayam-ayam itu saban sore dari berkeliaran ke kandangnya, sama halnya kalau kita manusia saban sore pulang dari tempat pekerjaan dan sesampainya dirumah lalu bertemu dengan segenap keluarga.

53 Ya nadyan kèh kang binakul,
sinadé anèng nagari,
nanging maksa akèh samya,
kang ngèngèh kinarya tedhi,
kala-kala lamun lega,
kalanya perlu kenduri.

54 Ponang ulam ayamipun,
ingkang asal saking pitik,
ya ta pitik caranira,
nggènnya samya pados tedhi,
acecèkèr nèng pawuhan,
klawan uga dèn pakani.

55 Nanging nadyan kadya iku,
tetep pitik anyèkèri,
tan lega yèn tan cinakar,
wit cakar wujudnya pranti,
prantinya anggolèk pangan,
kang nyukupi butuhnèki.

53 Most villagers, of course, raise chickens not for their own food but to sell in the towns. But, nevertheless, there are occasions when they will eat some chickens themselves.

54 So let us give an account of the life of chickens. The way they usually seek food is by using their claws, and their habit is to like looking for it in rubbish dumps.

55 Besides seeking it in refuse, they are also given food every morning by the people who rear them. Despite this, chickens do not give up their habit of scratching for food.

56 Yèn dinulu saking manus,
mula pinternya nyèkèri,
nanging yèn tumrap si ayam,
pan béda weruhing janmi,
caranya ingkang mangkana,
tan béda nganggo pangerti.

56 This is how we human beings describe the habits of chickens. But to the chickens their case is no different from the way we humans work for a living by using energy and thought.

57 Pethannya kono papan gung,
tan béda wong pados tedhi,
mrana-mrana nggolèk pangan,
amakarya saben ari,
lunga ésuk mulih serap,
mulih marang wangonèki.

57 And in their realm chickens feel that they are living in spacious conditions that form a world of its own, full of all sorts of things necessary for their lives, just as human beings in our realm live in busy places such as towns, or in places free from bustle, such as villages.

58 Karan kandhang tumrap manus,
mungguh ayam omah èdi,
tan béda tinata-tata,
mrih resepa yèn dèn hèksi,
béragnya yèn omah-omah,
tan béda kadya sujanmi.

58 So, too, in returning to roost every evening from their wandering, chickens are like us human beings coming back home every evening from where we work, to be united with our family.

59 Dalam kandangnya kita lihat ayam-ayam itu sama bertengger berderet-deret diatas plangkringan; itupun sama halnya kalau kita manusia tidur berselimut di atas kasur yang tebal atau bagi yang tidak mampu tidur di atas balai-balai.

60 Kekeliaran ayam-ayam itu menurut pandangan kita manusia hanya sejauh suara orang memanggil, bagi ayam pun sudah merupakan suatu lapangan pekerjaan yang luas sekali. Lebih daripada ini ayam-ayam itu merasa asing dalam pandangannya, sehingga untuk mengingat kembali tempatnya yang dahulu sudah tidak bisa lagi.

59 Kang samya katon amlangkrung,
lan kang ndhekem anèng siti,
pan iku mungguh ing janma,
kang samya tilem nèng kanthil,
anèng kasur bebantalan,
kemul kamli timpah guling.

8 KINANTHI

59 In their coops we see the chickens roosting in rows on perches; that too is analogous to our sleeping under blankets on thick mattresses or, for those less well off, on bamboo or wooden pallets.

60 Yèn saba ayam puniku,
datan ana ingkang tebih,
yèn klakon tebih purugnya,
satemah tan bisa bali,
nadyan ingkang tuwa-tuwa,
meksa sasar sepi titik.

60 As we see it, chickens wander no further than a person's voice carries, but to the chickens this seems a very wide field for their work. Any further than this and chickens will not recognise where they are and will be unable to find their way back to where they came from.

9
SINOM

'... never forget that human nature is
the nature of a complete living being,
which may be likened to a tool
that can be used to achieve
anything you want.'

SUSILA BUDHI DHARMA

1 Lebih mudah tersasar lagi apabila yang mengalami demikian itu ayam yang masih muda dan kanak-kanak. Karena itu maka ayam yang masih muda dan kanak-kanak hanya berkeliaran dekat-dekat saja.

2 Dalam hal perjodohan, nampaknya ayam jantan selalu dikerumuni oleh banyak ayam betina, pun kelihatan juga ayam-ayam betina itu tidak hanya bersetubuh dengan satu ayam jantan saja, tetapi bagi ayam yang demikian itu sangat berbeda sekali dengan pandangan kita manusia. Jadi terangnya, hal yang demikian itu bagi ayam dalam alamnya, sama juga halnya dengan kita manusia dalam dunia kita : laki-laki beristri satu dan istri bersuami satu.

3 Bulunya yang beraneka warna adalah kepahaman ayam dalam alamnya sebagaimana kita manusia memandang sesama orang yang berpakaian serba indah atau berpakaian berbagai macam corak.

4 Rasa bersaudara bagi ayam-ayam itu hanya ada semasa masih sama-sama kecil. Begitu juga induk ayam mengenal dan nampak cinta kepada anak-anaknya itu juga semasa anak-anaknya masih kecil. Karena itu, sesudah sama besar nampaknya ayam-ayam itu sudah tidak mengenal lagi rasa bersaudara antara satu dengan lainnya, anak kepada induk dan sebaliknya juga induk kepada anak-anaknya.

5 Tabiat ayam yang demikian itu meskipun bagi anggapan kita manusia merupakan suatu tabiat yang ganjil, tetapi bagi ayam dalam alamnya telah menjadi kebiasaan karena kehendak hidupnya.

6 Oleh karena itu ayam jantan nampaknya tidak segan-segan bersetubuh dengan ayam betina manapun juga, meskipun induknya sendiri.

1 Pa manèh kang anom samya,
noraa saya matiri,
mangkono alaming ayam,
mung sapanyeluking janmi,
iku mungguhing pitik,
jembarnya pan dudu-dudu,
mlangkah sithik wus gantya,
alam anyar kang nèng ngarsi,
mula iku si pitik tan kenal paran.

2 Tumrap nggènnya jejodhoan,
yèn sinawang saking janmi,
sipatira ayam lanang,
katonira angabèhi,
déné ayam kang èstri,
katingalnya kèh kang nglulut,
nanging tumrapnya ayam,
ing kahanan alam pitik,
nyatanira jeneng jodho mung sajuga.

3 Sesawangan munggwing ayam,
tan kadya tingaling janmi,
rupa kuning abang pethak,
ireng blorok klawan blirik,
pan iku nyatanèki,
yèn ayam sandhanganipun,
tan béda yèn sujanma,
nganggo-anggo sarwa becik,
mula kono jeneng langen nora béda.

9 SINOM

4 Niti siji-sijinira,
　tumrap wong bisa ngarani,
　iki biyungnya si ika,
　lan iku anaknya iki,
　pan iku munggwing pitik,
　mung tiba sapadhanipun,
　ing rasa pangrasanya,
　padha-padha déning èstri,
　mulanira yèn mring jago nora apa.

5 Béda klawan yèn sujanma,
　rasa surti andarbèni,
　éwa mring lyan tetep ana,
　pan kemèrèn nora kari,
　iku nyatanya janmi,
　karan titah ingkang luhung,
　saka wruh tanggapira,
　bakal kadadyan ing wuri,
　samubarang ing tingkah mula prayitna.

6 Ya ta ayam kang winarna,
　ingkang sipat jalunèki,
　yèn salulut lan pra samya,
　kèhing babon kang nèng ngarsi,
　nadyan nèm lan kang nini,
　tan béda samya sinambut,
　malah klawan biyangnya,
　embah klawan buyutnèki,
　katonira si jago tegel kéwala.

1 In these circumstances young chicks get lost even more easily, which is why they roam only very close to home.

2 With regard to mating, a cockerel is always seen surrounded by numerous hens, and one also sees that hens do not mate with just one cockerel; but the chickens' view of this state of affairs is quite different from ours. In other words, for chickens in their world this situation is the same as ours in the human world, where a husband marries one wife and a wife one husband.

3 Their many-coloured feathers are regarded in the chicken world in the same way as we look on other people wearing clothes that are beautiful and of various styles.

4 Chickens only feel a family relationship while small, so the mother hen recognises and shows care for her offspring only while they remain small. Once they are grown they no longer appear to have any family feeling between them, neither the chicks for their mother nor the hen for her offspring.

5 This trait in chickens – strange though it appears to us human beings – is quite normal in their world, because it is a requirement of their life.

6 Thus a cockerel shows no reluctance to mate with any hen, even his own mother.

7   Malahan ayam jantan itu tidak hanya suka bersetubuh dengan induknya sendiri saja, dengan neneknya pun kesukaannya sama saja.

8   Demikianlah ganjilnya kebiasaan ayam-ayam itu kalau kita manusia yang memandang, tetapi bagi ayam hal itu bukan kesukaan bersetubuh dengan induk dan neneknya, melainkan bersetubuh dengan jodohnya yang sungguh-sungguh.

9   Sekianlah uraian tentang tabiat ayam. Apabila sari rasa yang demikian sampai mempengaruhi rasa perasaan orang, orangnya pun akan bertabiat demikian pula walaupun dengan cara yang berlainan.

10 Sekarang dibicarakan tentang orang-orang yang berdiam dikota. Umumnya orang-orang dikota itu makan daging yang asalnya dari berjenis-jenis hewan, yang mempunyai tabiat dan kebiasaan sendiri-sendiri.

11 Tabiat dan kebiasaan hewan-hewan sebanyak itu kalau dijelaskan satu demi satu tentu akan memerlukan banyak tempat, karena itu maka sebaiknya hanya diterangkan sekedar mana yang perlu saja.

12 Tentang yang lain-lain meskipun disini tidak akan diceritakan tabiat dan kebiasaannya, di dalam pelatihanmu dengan sendirinya nanti kamu dapat menyaksikan bagaimana kerja dan pengaruh daya-daya hewani itu terhadap dirimu. Dan dengan sendirinya pula kamu akan memperoleh kenyataan bagaimana perbedaan sifat pengaruh daya-daya itu antara satu dengan lainnya.

7   Dadya mring biyang lan embah,
    mring anak putunirèki,
    yèn sedya langen asmara,
    tan béda mring liyanèki,
    wit kono kang sayekti,
    ngertinya mung kang dinulu,
    waton ana wadinya,
    pan iku ingkang rinabi,
    dadya terang jeneng jodho mung sajuga.

8   Teges siji kumpulira,
    wadining lanang lan èstri,
    waton èstri gathuk lanang,
    purwanira tan meruhi,
    wus mangkono kang yekti,
    munggwing ayam alamipun,
    kono anggepnya padha,
    tan na béda-bédanèki,
    mula kono karan tegel tan kahana.

9   Paran iku jarwanira,
    sawatara gerbanèki,
    rasa lan pangraosira,
    kahanan alaming pitik,
    pan iku yèn nèng janmi,
    wateknya tan béda iku,
    nanging rèhné nèng janma,
    saka papannya aluwih,
    lamun mempan empanya
            sangsaya rowa.

9 SINOM

10 Mangkya tumrap wong nagara,
    rèhné nagri sarwa luwih,
    samubarang teka ana,
    dhasarnya samya cumawis,
    mesthinya kang katedhi,
    yèn ulam saliring wujud,
    mula saking kathahnya,
    beciknya nora sekalir,
    ingkang perlu winijang mung sawatara.

11 Yèn dèn wijang salirira,
    temah kakyan kang tinulis,
    utamanya dèn jejarwa,
    amung saperlunirèki,
    déné yèn kudu huning,
    huninga mring saliripun,
    titinen ing wektunya,
    jroning nglatih kang tinampi,
    mapan kono wektunya ingkang prayoga.

12 Dadya ora amung myarsa,
    nanging myarsa lan neksèni,
    sineksènan priyangganya,
    tur sinandhing guru jati,
    kang tuhu wèh pengerti,
    kang mangka wadining tuwuh,
    satemah bisa ngégla,
    dyan wrin wanuh kang kinanthi,
    paran iku sayogyanya ing tumindak.

7   In fact, he is not only ready to mate with his own mother but is just as happy to do so with his own grandmother.

8   Strange as these habits of chickens seem to us human beings, for the chickens this is not a matter of sexual desire for mother or grandmother, but rather of mating with a true partner.

9   That is an account of the nature of chickens. When the essence of this kind of feeling comes to affect human feelings, the person concerned will have a similar character, even though it will manifest in a different way.

10 Now to discuss people who live in towns. In general, townspeople eat meat from many kinds of animals, each with its own character and habits.

11 To explain the nature and traits of so many animals one by one would certainly need a lot of space, so it is best to explain only some of the more important points.

12 As for the others, although their characters and habits will not be recounted here, later on you will spontaneously witness in your latihan how those animal forces work on you and influence you; also spontaneously, you will get evidence of how the influences of those forces differ from one another.

13 Bagi orang kota yang telah banyak makan daging dari berjenis-jenis hewan itu sungguh sukar sekali untuk dapat mengetahui dan merasakan corak rasa perasaannya yang sejati, sehingga gerak rasa perasaam yang membangkitkan kehendak menuju kearah sesuatu, tidak dan belum dapat dimengerti mana yang sejati dan mana yang dari pengaruh daya ini dan itu.

14 Karena kekeruhan dalam rasa perasaan yang demikian itu, maka akibatnya banyaklah pekerjaan-pekerjaan yang telah dikerjakan tidak banyak memberi manfaat bagi hidupnya; lebih sulit lagi bila ditujukan ke arah pelatihan kejiwaan yang seharusnya perlu disertai dengan rasa perasaan yang tenteram dan tenang.

15 Itulah sebabnya maka banyak diantara mereka yang melatih kejiwaan selalu menemui kekandasan, dengan arti kata : tidak sampai pada tingkatan yang dikatakan tingkatan jiwa yang mulia.

16 Malahan karena sukar apa yang dialami itu, kadang-kadang terasa dalam rasa perasaannya sebagai kehilangan arah, sehingga untuk berkehendak maju khawatir kalau-kalau salah, tetapi kalau mundur merasa kecewa karena telah lama mengerjakan latihan itu.

17 Demikianlah keruhnya rasa perasaan orang yang ada dalam kota itu. Tetapi meskipun demikian janganlah dilupakan bahwa sifat orang itu adalah suatu sifat hidup yang sempurna, yang diumpamakan sebagai barang yang digunakan untuk mencapai hal-hal yang dibutuhkan.

18 Karena itu janganlah takut, jalankanlah usahamu untuk mendapatkan suatu cara melatih diri yang sungguh-sungguh membuktikan kenyataan.

---

13 Ya ta janma kang nèng kutha,
saka kèhnya ingkang warni,
saliring ulam tinedha,
wateknya saya mawarni,
iki saya asungil,
yèn arsa wruh tangguhipun,
pan iki sru rekasa,
saya èwuh kang pinilih,
mula akèh kang satemah
    saya bubrah.

14 nJarag bubrah ing tyasira,
nyatanya nora kaèpi,
paran mokal yèn sujanma,
ngaraha ingkang anistip,
nisthèng laku utami,
kang nyimpang ancering manus,
ananging kaya paran,
jer mangka sanguning ati,
dèn kekuwat king grenjet
    dayaning kéwan.

15 Mula nadyan sru winantya,
tyasnya kepati ngugemi,
kang rinipta anggepira,
wus genah tindak kang hadi,
teka maksih dhawah nir,
sepa sepi manggih suwung,
teges suwung kahnannya,
nora panggih tutur yekti,
ingkang karan antuk tutur
    king pribadya.

16 Temah èmeng tyasnya sayah,
   ing arah èwuh nyangkani,
   apa bener apa ora,
   yèn bener nyatanya endi,
   lamun salah punapi,
   dèné nir sebabing luput,
   paran iku nyatanya,
   salir kahnan kang sih gèying,
   durung jumbuh sipat njero
       klawan njaba.

17 Mangkono angèling titah,
   munggwing wong trapnya angabdi,
   nora kaya duk laginya,
   waktunya arsa angabdi,
   saguhnya pan kepati,
   ing rèh sanggup gawé rampung,
   nanging yèn wus kalakyan,
   kang pininta wus dèn wèhi,
   dhawahira ngrasa awrat bebanira.

18 Utamanya ywa mangkana,
   aywa ajrih bebanèki,
   paran iku wus dumadya,
   hubayanya dadya janmi,
   ujarnya titah luwih,
   beciknya ywa mandheg mangu,
   jembarna wawasannya,
   udinen kang kongsi keni,
   srananira bisa panggih kang sanyata.

13 For townspeople, who have eaten a great deal of meat from an assortment of animals, it is really very difficult to know and feel the characteristics of feelings that are true. So when their feelings stir and awaken a desire for something, these people as yet cannot tell which feelings are truly their own and which come from the influence of this or that force.

14 Because their feelings are so muddled, much of the work they have done has given them little benefit. It is even harder for them when they turn to the latihan, which must necessarily be accompanied by quiet, peaceful feelings.

15 That is why many of them who follow the latihan keep meeting with frustration, meaning that they do not reach the level called that of a noble soul.

16 At times the difficulties they experience even make them feel they have lost their direction; so, in their desire to make progress, they worry whether they may be being led astray. If, however, they stop doing the latihan they feel disappointed, because they have been doing it for a long time.

17 Such is the confusion in the feelings of townspeople. Even so, never forget that human nature is the nature of a complete living being, which may be likened to a tool that can be used to achieve anything you want.

18 So do not be afraid; just keep working at finding a way to train your self that truly gives a proof of reality.

SUSILA BUDHI DHARMA

19 Sesungguhnya daya hewan itu tidak mudah dapat mempengaruhi kita manusia seluruhnya. Masih banyak bagian-bagian dari sifat manusia ini yang tidak mudah dapat dipengaruhi oleh daya hewani itu asal si orang tidak lengah hatinya dan tidak menuruti kehendak hati yang murka.

20 Untuk jelasnya, manusia terkena pengaruh daya hewani itu karena kelalaian, ditambah juga kadang-kadang memang suka melalaikan tindakan yang semestinya sebagai manusia, dengan perkataan lain : suka melalaikan tindakan peri kemanusiaan. Selanjutnya, dari kelalaian itu justru makin tertekan dan terpengaruh dirinya oleh daya hewani, sehingga akhirnya segala tindakan yang sesungguhnya salah dirasakan benar dan dianggap sebagai suatu keadaan yang biasa.

21 Kesalahan tindakan yang demikian berarti, bahwa manusia memberi lapangan bekerja kepada daya hewani, sehingga daya hewani itu dengan leluasa berbuat segala sesuatu, yang makin lama makin tambah menguntungkan bagi daya hewani itu, sedangkan bagi manusia, si manusia tetap akan kehilangan kemuliaannya sebagai makhluk yang utama.

22 Demikian akan terjadi, apabila si orang tetap tersasar. Selanjutnya, dalam alam hewani si bekas orang itu akan mengalami hidup secara hewan dan akan mendapatkan juga hidup yang bahagia dan menderita.

23 Dalam alam hewani si bekas orang sudah tidak akan dapat lagi membeda-bedakan antara alam hewani dengan alam manusia, karena alat yang dapat digunakan untuk itu sudah tidak lagi ada padanya, sehingga ia dalam alam hewani sudah berperasaan dan berkepahaman serupa dengan makhluk yang ada dalam alam hewani itu juga.

19 Ingkang mesthi anèng janma,
dayanya saking kéwani,
pangesuknya maksih tuna,
lan datan bisa nyrambahi,
déné wong tekèng tuni,
saka gampangnya tumiyung,
seneng lali nglelélá,
mung nuruti murkèng ati,
datan ngira yèn ngana sinambang kala.

20 Dadya terang tunanira,
saka mélik nggéndhong lali,
pancènnya kudu wis krasa,
nanging meksa njarag lali,
malah yèn tan kadyèki,
semangetnya nulya nglumpruk,
pethannya kang mangkana,
lir kadya wong seneng brèndhi,
yèn tan nginum kekwatannya
                    nora ana.

21 Mula klantur saya byasa,
nenuman daya kéwani,
alam janma karya ajang,
nuruti sukèng kéwani,
temah si kéwan lali,

kepatuh manuh nèng manus,
dadya wolak-waliknya,
liron enggon tan nukoni,
karan iku si janma tan kenal mulya.

22 Pancèn bener nadyan kana,
ing kana alam kéwani,
datan béda manggih suka,
mring salir tan béda panggih,
langen sari tan sepi,
mring énak tan béda pethuk,
nèng kana uga ana,
kang jeneng nagara luwih,
ingkang panjang apunjung
            gemah raharja.

23 Paran nyata sawusira,
nèng kana mring kéné kalis,
lan purwanya huripira,
anèng kono wus tan kèpi,
wus nir mring salirnèki,
duk anèng ing donyanipun,
mula nèng kono dyan byasa,
salir pethan tan manglingi,
kahanannya pan kadya duk
            anèng donya.

19 Actually, the animal forces cannot easily influence the whole of our human self. Much in human nature still cannot readily be influenced by the animal forces, provided a person takes care and does not follow the heart's avid demands.

20 To make this clear: people are affected by the animal forces through heedlessness, together with their inclination at times not to behave as human beings should – in other words, they neglect to act in a truly humane manner. Then, precisely because of that neglect, their self is further oppressed and influenced by the animal forces, so that eventually they feel all their deeds to be right that truly are wrong, and consider that state to be normal.

21 Such wrong behaviour means that people provide the animal forces with a field to work in where those forces are free to do anything. The longer this goes on, the more the animal forces thrive, but the people will undoubtedly forfeit their glory as beings created to excel.

22 This will happen if a person continues to stray. Furthermore, once in the animal world, this remnant of a human being will experience the life of an animal, and will find it a life of both happiness and suffering.

23 In the animal realm, such former human beings will no longer be able to distinguish between the animal and the human worlds, since they no longer have the faculty for that purpose. In the realm of animals they will already feel and understand like a creature belonging to that world.

24 Itulah gambarannya, akibat kesalahan laku seseorang yang hanya menuruti nafsu kemurkaannya. Karena itu baiklah kamu hindari jauh-jauh kebiasaan serupa itu dan selanjutnya usahakanlah supaya daya hewani itu tidak dapat memperdaya rasa perasaanmu dan tidak pula menjadi perintang jalan bagi kemajuanmu.

25 Sebab, bila yang tersebut belakangan ini tidak terlaksana, bukan saja mengakibatkan kamu tersasar dihari kemudian, tetapi sekarang pun hal itu kamu alami juga, yang dapat menyebabkan pula kerendahan jiwa bagi anak keturunanmu.

26 Sekarang dimulai sekadar menerangkan tabiat dan kebiasaan hewan yang dagingnya banyak di makan orang yang berdiam dikota, yaitu : ikan loh, ayam, kambing dan sapi.

27 Tentang daya pengaruh ikan loh dan ayam telah diterangkan dimuka; hanya daging kambing dan sapilah yang akan diterangkan disini, bagaimana pengaruh dayanya terhadap rasa perasaan orang yang memakannya.

28 Sesungguhnya masih banyak lagi daging yang dimakan orang dikota, tetapi hal itu tidak akan diterangkan disini, karena terlalu banyak kiranya membutuhkan tempat bagi keterangan itu, sedangkan hal itu telah dapat di jumpai dalam melatih kejiwaan nanti, sebagaimana yang telah dituturkan dimuka.

29 Maka diceritakanlah tentang kambing. Di dalam alamnya, rasa perasaan kambing itu dan kepahaman dalam melaksanakan tugas hidupnya hakekatnya tak berbeda seperti kita manusia dalam alam dunia. Lapangan terbuka yang kita lihat penuh dengan tumbuh-tumbuhan bagi kambing adalah lapangan pekerjaan untuk memperoleh kebutuhan hidup yang diperlukannya.

24 Iku kang dadi nyatanya,
mula kulup ywa katlumpin,
huripira ywa mung nguja,
hardaning daya kéwani,
kang playunya mung mélik,
mélik énak klalèn purug,
parannya kang sinedya,
kang bakal mung wèh tetuni,
yogyanira ing tindak waspadakena.

25 Saka tan waspadanira,
nora amung anjalari,
tunanira munggwing mbénjang,
nadyan isiha nèng ngriki,
pan sampun nandhang nisthip,
jer iku wus nurut katut,
dadya luputnya mbénjang,
pan kacetha wus king ngriki,
mula iku utamakna wiwit mangkya.

26 Sawatara yèn jinarwa,
rupèng ulam kang tinedhi,
mring sagunging pra sujanma,
kang samya anèng nagari,
tan siwah kadya salir,
kang tinedha wong nèng dhusun,
malah tambah arowa,
warna-warna kang tinedhi,
mula becik ing kéné sigra cinrita.

9 SINOM

27 Tan kétang mung sawatara,
    mrih pantes rinaos sami,
    supaya tan dadya sarak,
    kemèrèning pra sujanmi,
    kang wus kawedhar tulis,
    wateknya wong kang nèng dhusun,
    dadya tiba sapadha,
    padha-padha dèn oncèki,
    supaya trang ing rasa tan dya-diniya.

28 Tumrap wong kang nèng negara,
    ulam ménda datan kari,
    nadyan ulam lembunira,
    pan uga mèh saben ari,
    iki mungguh ing arti,
    cukup karya titikipun,
    dayanya rasanira,
    kang tumamèng anèng janmi,
    ingkang liya dèn tetitik jroning
                            gladhya.

29 Paran ménda nyatanira,
    yèn ana alamirèki,
    pethannya tan siwah janma,
    caranya ngupados tedhi,
    ara-ara kang kèksi,
    kang katongton saking manus,
    iku tumraping ménda,
    ing alamira kéwani,
    apan iku pasar agung nggoning pangan.

24 This is an illustration of what comes from the misdeeds of a person led solely by the passion of rapaciousness. So it is best for you to shun such habits, and exert yourself to stop the animal forces gaining mastery of your feelings and impeding your progress.

25 Fail in that, and it is not only in the future that you will go astray but you will do so now; and that could result in your descendants having low souls.

26 Now begins a brief explanation of the characters and habits of those animals whose flesh is eaten a lot by town dwellers; this includes fish, chickens, goats and cattle.

27 The influence of the force in fish and of that in chickens has been explained; so here will be explained only how the forces in goat meat and beef affect the feelings of people who eat them.

28 Actually, townspeople eat many other kinds of meat, but those will not be dealt with here, because to explain about them would probably need too much space, and, as has been said previously, this is something that will be encountered in the latihan later on.

29 So, let us speak about goats. In its own world, a goat's feelings and its understanding about fulfilling its life's tasks are really no different from ours in our world. The open meadow, which we see as full of vegetation, is to the goat a working area for it to obtain what is necessary for its life.

SUSILA BUDHI DHARMA

30 Jadi rumput dan daun-daunan yang kita lihat demikian itu, bagi kambing adalah segala macam makanan sebagaimana kita manusia melihat makanan yang ada ditoko-toko dan di pasar.

31 Pendek kata, dalam alamnya kambing-kambing itu tak kurang terdapat cara mengatur hidup bersama, sehingga dalam keadaan sebenarnya tidak kurang ramainya sama mengerjakan ini dan itu, sebagaimana kita manusia dalam alam kita mengerjakan jual beli barang-barang keperluan hidup dan mengatur tempat-tempat kesenangan dan lain-lain.

32 Karena itu, bagi orang yang lemah rasa perasaannya, lagi pula belum pernah melatih diri untuk dapat menginsafi kepribadian manusianya, mudah sekali dipengaruhi oleh daya hewani itu. Selanjutnya, apabila yang demikian itu telah terjadi, maka tak urunglah ia nanti pada saatnya yang terakhir tersasar kealam hewani itu.

33 Demikianlah kalau dapat diketahui dengan sebenarnya. Tetapi bagi siapa yang masih buta tentang itu, soal kemerosotan tingkat kedudukan manusia sejauh itu tidak sampai dapat dirasakan.

34 Malahan kemerosotan yang sampai demikian jauh itu tidak hanya diderita oleh dirinya sendiri pada saat yang terakhir saja, tetapi tingkah lakunya sejak masih berbadan manusia, sudah tidak lagi sebagai kebiasaan manusia. Beginilah akibat kemerosotan itu, sehingga dalam kenyataannya menjadi terbalik, si orang menemui lapangan hidup yang sempit, sedangkan si hewan malahan mendapat tempat yang istimewa besar dan luasnya.

35 Dengan keadaan begini, daya hewan telah semakin kuat, dan dapat melanjutkan segala sesuatu yang dikehendaki. Karena itulah, maka si orang dengan daya hewan itu bertabiat suka sekali hanya menuruti kemurkaan hatinya belaka.

30 Kang tinongton munggwing janma,
rumput ron rambananèki,
pan iku yèn tumrap ménda,
pan kadya sekul lan bakmi,
semur jangan lan malih,
sambelgorèng oporipun,
bestik komplit tan sepa,
silih kang reginya awis,
apan yekti ing kahana nora béda.

31 Katonnya kono tan ana,
cara dodol kadya janmi,
sarta ugi tan katingal,
sadé tumbas kadya janmi,
nanging munggwing kéwani,
pethannya lir alam manus,
nenggih kono tan kurang,
ramé klawan umyegnèki,
paran iku mula bisa gawé sasar.

32 Mula klakon nora langka,
ingkang samya tunèng budi,
tuna niring mulyèng janma,
kang samya tumibèng ngriki,
nèng kono krasa mukti,
katurutan kang jinaluk,
ciptaning rasa tyasnya,
teka sampun anèng swargi,
nyatanira kang mangkono iku tuna.

30 So what we see as grass and foliage are to the goat an assortment of foods, comparable to what we see in shops and markets.

33 Paran apa sebabira,
   déné tuna kang tinampi,
   awit nyatanya ing kana,
   tan kadya nyataning janmi,
   ing mangka ujarnèki,
   donya tangèh kadya mbésuk,
   jaré mbésuk kang baka,
   kang langgeng tan ana sami,
   luwih nyata yektinira timbang donya.

31 In short, in their own sphere goats find quite a number of ways of organising their life together. They busy themselves working together at one task or another, just as we human beings in our world are busy buying and selling goods necessary for life, and arranging places of entertainment and so on.

32 Because of that similarity, people who are emotionally weak – and who, moreover, have never trained to become conscious of their human individuality – are very easily swayed by this animal force. If this has happened, such people, when their end comes, will certainly be lost in the animal world.

34 Mula iku nora tiba,
   mung mandheg tuna sathithik,
   malah tuna mbahing tuna,
   klantur luluh tanpa dadi,
   tipet wong wus tan kèksi,
   lungguhnya wus mamprung suwung,
   kosok bali kang kéwan,
   si wedhus kang wus nèng janmi,
   kaya paran solahnya ingajang jembar.

33 That is how it is, if the truth be known; but those still blind to it are unable to be aware of the possibility of falling so far below the human level.

34 Yet it is not only in their last moments that they suffer the effects of such a deep fall; even while still living in the human body they no longer behave like human beings. This is the result of their downfall. So in reality the roles are reversed: the person finds him or herself in a narrow field of life, while the animal, on the contrary, attains one that is exceptionally great and spacious.

35 Pungnakpungna dupèh ana,
   angecemil tan wis-uwis,
   wus mangan sih kudu mangan,
   sonengira anjajani,
   betèknya pupung hurip,
   hurip nèng janma ngaluhung,
   lir Pétruk dadya raja,
   dyan tyasnya kudu ndhewèki,
   ing pangrasa pupung ana ngarah apa.

35 In these circumstances the animal forces have grown stronger and stronger and can do whatever they want. Therefore people filled with the animal forces are characterised by a readiness to follow only the rapaciousness of their heart.

36 Sekarang tentang perjodohan antara kambing jantan dengan yang betina; halnya serupa dengan ayam, yaitu : suka bersetubuh dengan banyak ayam betina dengan tidak membeda-bedakan mana yang saudara, induk, neneknya dan mana yang lain.

37 Meskipun kita melihat keadaan kambing itu dalam alamnya demikian, yaitu serupa dengan ayam yang bersetubuh dengan banyak ayam betina, tetapi sebenarnya bagi kita sama halnya dengan manusia beristri tetap.

38 Inipun kalau orang akhirnya sampai tersasar kealam itu, akan merasa bahagia juga. Hanya saja kebahagiaan yang terdapat dialam itu, sedikitpun tak menyamai kebahagiaan dalam dunia (alam) manusia. Sebaliknya, rasa perasaan orang yang telah terisi daya kambing itu, nafsunya untuk bersetubuh bukan main besarnya.

39 Pendek kata nafsunya dalam hal itu, sama halnya dengan orang yang biasanya minum arak (minuman keras) tetapi yang kebetulan sedang tidak atau belum minum. Maka ketenteraman dan kelunakan rasa perasaannya hanya ada, bila selalu berdekatan dengan wanita.

40 Demikianlah akibat dari pengaruh daya hewani itu, hingga yang teperdaya tidak dapat menduganya. Malahan ada yang mengatakan, bahwa bersetubuh dengan wanita itu hanya untuk sekedar membuang hawa nafsu saja. Padahal sesungguhnya itu tidak membuang, tetapi menuruti kehendak hawa nafsunya melulu.

36 Mangkya nggènnya jejodhoan,
si wedhus tan béda pitik,
nyatanira mung sajuga,
kang karan jodhonirèki,
déné katon tan siji,
iku munggwing tingal manus,
sarta katonnya kathah,
salir wadon dyan rinabi,
apan iku mung saking
     weruhing janma.

37 Nyatanira munggwing ménda,
kang dinulu dudu nami,
lan tan wruh juga-sajuga,
nanging nernya mung mring wadi,
wewadinya si èstri,
waton ana dyan sinambut,
tan wruh tuwa lan mudha,
silih rowang dulur siwi,
pangrasanya mung nglulut
     mring rabinira.

38 Pan iki uga yèn léna,
si janma tumekèng ngriki,
krasèng kono mukti bawa,
sinandhing rabi linuwih,
krasa mat kang tinampi,

9 SINOM

    nggekeng tyasnya ntuk swargagung,
    nanging suwalikira,
    si wedhus kang nèng sujanmi,
    ing tingkah dyan ngrusak
        tataning sujanma.

39 Paran mula lamun janma,
    ing tingkah sepi ing titi,
    tan wurung dinayan rasa,
    rasa adreng mbebangun sih,
    rasa sabar tan dugi,
    ngangah-angah ing salulut,
    krasèng tyas rasanira,
    senengnya lamun karon sih,
    waton gathuk lengnya mung
        ambuwang hawa.

40 Apan iku mung nèng kandha,
    nyatanira nora dadi,
    tan ana hawa kabuwang,
    yektinya malah amanjing,
    saka sringnya karon sih,
    datan siwah lir wong nginum,
    yèn ora tan tuminah,
    tentremnya lamun nyenyandhing,
    paran iku lagyannya daya kèwana.

36 Now about the mating of male and female goats: they are like chickens, who are ready to mate with many hens without discriminating as to which is their sister, mother or grandmother, and which are the others.

37 Although this is how we view the behaviour of a goat in its world – the same as that of a cockerel that mates with many hens – actually this is the same thing to them as permanent human marriage is for us.

38 So if people finally become lost in that world, they will also experience some happiness. But the happiness they find in that world is not in the least like the happiness in the human world. On the contrary, the feelings of a person filled with the goat force are characterised by an enormous desire to mate.

39 In short, in a man, this lust is like the thirst of a heavy drinker who has been deprived of drink; he can only feel at peace, or tranquil, when near a woman.

40 Such is the result of the influence of the animal forces; and someone who is under their influence is incapable of suspecting the fact. Some even claim that sexual intercourse is only for ridding oneself of desire, whereas in fact, they do not rid themselves of it but follow it completely.

10
PUCUNG

'... the fault is not in knowledge.
Clearly what is wrong is that the
feelings have come under the influence
of the animal forces.'

SUSILA BUDHI DHARMA

1 Juga ada yang mengatakan lagi, bahwa yang demikian itu sudah menjadi kebiasaan orang hidup, dan apakah perlunya lagi hidup, kalau tidak demikian.

2 Ucapan ini sesungguhnya tidak perlu disesalkan, karena dikehendaki oleh daya hewani yang telah menjadi isi rasa perasaannya. Hanya saja kalau nanti akhirnya badannya menjadi rusak, kiranya barulah dapat dirasakan.

3 Pun baru terasa juga, bahwa perbuatannya itu telah telanjur salah, dan menyayangkan pula, alangkah utamanya kalau dahulu tidak berbuat demikian.

4 Kembali tentang kebiasaan kambing. Kepada kandangnya dia tahu dan perasaannya serupa juga dengan ayam. Disitupun keadaannya seumpama kita manusia, berumah dengan segenap perkakasnya.

5 Setiap malam tidurnya pun juga seumpama kita diatas kasur yang tebal atau diatas balai-balai.

6 Hanya sedikit perbedaan kebiasaan antara ayam dan kambing itu : kambing tidak begitu mengenal kandangnya bila tidak berteman

7 Dari sebab itu, kambing lebih suka berteman dan suka sekali berduyun-duyun.

8 Adapun ini, kalau sampai si orang terpengaruh olehnya, tabiatnya demikian juga.

9 Misalnya : hanya suka ikut-ikut saja, pendirian dan ketetapan hatinya hampir tak ada.

10 Lagi pula kebiasaan kambing itu kalau berkeliaran seringkali tersasar.

---

1 Ujaripun wus lumrah janma amocung,
karo ngarah apa,
anèng donya tan kadyèki,
pupung bisa mulanya tan
       nunggu mangsa.

2 Mulanira tan langka kèh kang kebanjur,
rusak awakira,
éling-éling wus nglakoni,
temah njetung ngrasa susah lakonira.

3 Kaya-kaya yèn bisa mbalèni laku,
iba utamanya,
yèn klakon tan kadya iki,
mesthinira awaknya tansah utama.

4 Ponang ménda tumrapnya
       mring kandhangipun,
weruhnya tan béda,
lir ayam mring kandhangnèki,
pangrasanya darbé omah kang bawéra.

5 Anèng kono ing pangrasa yektinipun,
turu anèng ngomah,
ngematken anggènnya guling,
turu kasur kemul kamli bebantalan.

10 PUCUNG

6 Bédanipun si ayam klawan si wedhus,
   yèn wedhus raosnya,
   mring wismanya asring lali,
   ingkang nyata wismanya pan anèng rowang.

7 Mula wedhus wanuhnya
                mring papanipun,
   srananya lan rowang,
   karemnya kumpul anunggil,
   seneng nggrubyug gegrubyugan
                lan tunggalnya.

8 Apan iki tunggilira lamun manus,
   léna titinira,
   kadayan déning puniki,
   watekira tan béda kadya punika.

9 Grubyag-grubyug mung anutan
                rowangipun,
   tangguhnya tan ana,
   antebnya gumantung tanggi,
   temahannya ing tékad tan bis nyata.

10 Klawan malih wateknya si ménda iku,
   yèn saba anasar,
   mring purug tan dèn weruhi,
   mulanira beciknya anèng pangonan.

1 Also, some people say that such behaviour has become normal in human life, and otherwise what would be the point of living.

2 Actually we should not blame people for making such remarks, because it is the will of the animal force that has become the content of their feelings. And only later, when their bodies have become damaged, might they be able to feel this.

3 They will also feel that they have done wrong, and reflect on how much better it would have been had they not behaved in that way.

4 To go back to the habits of goats: a goat knows his shed and feels about it as a chicken feels about his coop. In this he is like us human beings, who live in a house complete with everything we need.

5 When the goat lies down to sleep every night, it is analogous to when we lie down on deep mattresses or on pallets.

6 Goats and chickens differ slightly, however, in one characteristic: a goat does not readily recognise his shed when alone.

7 This is because goats prefer company and enjoy living in herds.

8 And if human beings come under their influence, they become like that too.

9 For instance, they only want to conform, and have scarcely any standpoint or convictions of their own.

10 Moreover, goats are apt to get lost if they roam about.

SUSILA BUDHI DHARMA

11 Karena itu banyak pemeliharaan hewan ini yang memerlukan gembala, agar dapat selalu mengurusinya.

12 Sebab dengan tiada gembalanya itu, kambing-kambing kecuali kerapkali tersasar bila berkeliaran, pun sering juga merusak tanam-tanaman yang ada di kebun-kebun.

13 Karena itu yang memelihara selalu merasa kesal hatinya, hingga kambing-kambing itu terpaksa diikat erat-erat dan hanya diberi makan dirumah saja.

14 Sedangkan perintah gembalanya sendiri oleh kambing-kambing itu tidak tentu diturut. Sebab memang kebiasaan kambing itu kalau diperintah supaya maju malahan mundur dan kalau disuruh mundur malahan maju.

15 Begitu pulalah macamnya kebiasaan kambing itu.

16 Karena itu, apabila si orang sampai terpengaruh oleh daya hewaninya, maka kebiasaan kambing yang kerapkali tersasar itu, akan menyebabkan si orang berperasaan dalam segala hal hanya menurut kehendak sendiri saja.

17 Adapun yang berkeliaran hingga tak mengenal batas itu, akan menyebabkan si orang berperasaan tidak tetap dan hatinya selalu kabur.

18 Misalnya, ia tidak mempunyai arah tujuan yang tertentu, hingga gagasannya terbang kemana-mana, yang akan dapat berakibat memaksa dirinya untuk bertindak kejurusan yang tak dapat diketahui kebaikan dan kebenarannya.

19 Karena itu, maka sebaiknya haruslah ada orang yang memperingatkan kepadanya, agar ia dapat segera menginsafi tentang kesalahannya, pun dapat segera pula menginsafi tentang kepribadiannya.

11 Lumrahira yèn saba kudu dinulu,
saking sasarira,
kang gemes mula tinali,
amrih aywa ngrusakken
saliring ramban.

12 Lamun ucul si ménda tan
wanuh dlanggung,
bali nora bisa,
temah ilang nora bali,
pan kebanjur temah nèng
saparan-paran.

13 Paran iku lumrahnya kang
ngingu wedhus,
samya pegel tyasnya,
saka ndhendhengnya kepati,
pancèn nyata tan na tambeng
kadya ménda.

14 Dèn prih ngalor yèn wedhus
malah mengidul,
dèn ndheg malah mbedhal,
satemah kang angon nangis,
saka pegel wedhusnya tan
nurut préntah.

10 PUCUNG

15 Paran iku yèn dayanya anèng manus,
   yèn wong kongsi léna,
   satemah pinurba iki,
   nora langka ing laku dyan
         nyimpang marga.

16 Pethanipun kahanannya kadya iki,
   mung béda sifatnya,
   tegesnya tan cèples iki,
   rèhné janma ing tindak
         datan mangkana.

17 Saba paran kang sasar tan
         wruh mring purug,
   iku yèn sujanma,
   sifating tyas kang tan tepi,
   yèku karep kang tan ana antebira.

18 Tegesipun gagasan kang
         tanpa dunung,
   tetep ngayawara,
   warna-warna kang dèn impi,
   karan iku gagasan kang ngayawara.

19 Watekipun janma kang wus kadya iki,
   kudu glis rineksa,
   tinuntun supaya éling,
   tegesira kudu éling awakira.

11 Generally, a full-time herdsman is needed to look after these animals.

12 For without a herdsman, besides frequently getting lost if they stray, goats also often damage garden produce.

13 Because of that those who look after them often feel irritated, and have no choice but to tether them firmly and only feed them where they live.

14 It is not even sure that the goats will follow the orders of their herdsman. For if goats are told to go forward they usually go back, and if ordered back, go forward.

15 Such are the habits of goats.

16 Therefore, if people become influenced by this animal force, the goat's habit of straying will make them feel like simply following their own desire in everything.

17 As for their wandering off without recognising any limits, this makes a person's feelings unstable and their opinions always vague.

18 This means that they lack a firm goal, and their views swing this way and that; so they may end up doing something without knowing whether it is good or right.

19 Therefore it is best that there should be someone to warn them, so that they quickly become aware of their mistakes and also aware of their own individuality.

20 Inipun tidak dikecualikan terhadap orang yang terpelajar. Sebab meskipun orang itu terpelajar, kalau rasa perasaannya masih dipengaruhi oleh daya hewani, iapun tersasar juga. Malahan lebih berbahaya lagi, karena dengan pengetahuannya itu daya hewani makin lebih menyasarkan.

21 Demikianlah sulitnya keadaan orang itu, hingga kalau tidak diinsafi benar-benar, sifat pengetahuan yang telah diperolehnya itu dapat dikatakan tidak berguna sama sekali bagi hidupnya.

22 Itulah sebenarnya, sebab sifat pengetahuan itu, sebagaimana yang telah diuraikan dimuka, hanyalah ada dalam hati saja, dan si hati pun hanyalah pelayan belaka bagi daya kekuatan hidupnya, sedangkan daya kekuatan hidupnya, karena kealpaan, telah dialiri daya hewani yang telah membangkitkan kehendak hatinya.

23 Maka oleh karena itu, tidak sedikitlah diantara orang-orang yang terpelajar, masih suka bertabiat tidak semestinya atau suka menyasar.

24 Malahan banyaklah tabiat yang demikian itu makin telanjur menjadi kebiasaan, hingga batas-batas perikemanusiaan nampaknya sudah tidak lagi dikenalnya.

25 Dari sebab itu, maka setengahnya ada yang mengatakan, bahwa lebih baik tinggal bodoh saja daripada menjadi orang pandai, kalau dengan kepandaiannya itu malahan bertambah kesengsaraannya.

26 Tetapi ini sesungguhnya tidak dapat dibenarkan, karena dari kebodohannya makin sukar lagi untuk menolongnya kalau tidak dengan paksaan.

27 Sebab yang salah bukan yang dikatakan pengetahuan itu, tetapi yang tentu salah, ialah justru karena rasa perasaan yang telah dipengaruhi daya hewani itu.

20 Nadyan silih janma wasis
  sugih kawruh,
lamun kisèn daya,
daya kéwan kang kadyèki,
yèn tan yitna kawruhnya
  ginawé sasar.

21 Apan mula nyatanya
  kalangkung éwuh,
apa sebabira,
déné kawruh kang tinampi,
nora kena dèn nggo suluh tindakira.

22 Jeneng kawruh mapannya
  nèng tyasing manus,
apan iku rowang,
patutira mung nglayani,
mring grenjetnya ponang daya kang
  nèng rasa.

23 Nyatanipun mula ana janma luhung,
kang akèh kawruhnya,
tur kalok janma kang wasis,
teka maksih kesasar ing
  tingkahira.

10 PUCUNG

24 Saka sasar kadhang ana
    kang kebanjur,
temah tan wruh marga,
sasarira tan dèn wruhi,
karan iku sugih kawruh tanpa guna.

25 Tiwas tuwas sugih kawruh
    malah kisruh,
becik ingkang ora,
anggepnya becik kang sepi,
malah iki yèn sasar tan bisa tulak.

26 Lumrahipun kang sepi
    malah tan émut,
angèl tuturannya,
saka tyasnya sepi hisi,
hisi tutur kang tumrap laku
    kang yogya.

27 Apan nyata dudu salahnya si kawruh,
salah wadhahira,
déné kena dèn dayani,
daya kéwan kang mlebu
    nurut tetedhan.

20 Even cultivated people are not exceptions to this. For although people may be learned, if their feelings are still influenced by the animal forces they too will get lost. In fact, their danger is even greater, because it is precisely through their knowledge that the animal forces will lead them further and further astray.

21 That is how difficult it is for such people; unless they can become truly aware of this, the knowledge they have acquired will be quite useless for their life.

22 That is really how it is. Because, as was explained earlier, such knowledge exists only in the mind, and the mind is simply the servant of the person's life force. But, through their negligence, this has been filled by the animal forces, which are what arouse their desire.

23 That is the reason why quite a number of educated people still do not care to behave as they should, and why they easily go astray.

24 In many of them such behaviour has even become second nature, so that they no longer recognise the limits of humane behaviour.

25 That is why some people say that, if sophistication only adds to their suffering, it is better to remain ignorant than to become educated.

26 But in reality this is not true, because ignorance makes it more difficult to help people, other than by coercion.

27 For the fault is not in knowledge. Clearly what is wrong is that the feelings have come under the influence of the animal forces.

28 Oleh karena itu, maka sangat perlu orang mencari kepandaian baik lahir maupun batin.

29 Perlunya, agar dengan kepandaian itu dapat ia mencapai tingkatan yang sempurna, hingga dapat mengetahui dengan sebenarnya tentang guna pengetahuan itu terhadap diri pribadi manusia.

30 Dengan demikian terciptalah kerjasama antara badan dan hati atau batin dan lahir, yang dapat pula mewujudkan keteguhan yang nyata.

31 Tetapi kalau tidak demikian, besar kemungkinannya akan lebih tersasar lagi.

32 Ganti sekarang yang diuraikan, ialah : daya daging yang berasal dari sapi. Adapun kebiasaan sapi itu, jauh berlainan dengan kambing. Jinak, suka mendiamkan diri dan yang dimakannya biasanya hanya rumput.

33 Watak sapi itu kebanyakan suka menurut perintah. Badannya besar dan kuat, tidak menolak bagaimanapun juga macam beban yang diperintahkan untuk dikerjakan.

34 Kepada yang betina sapi jantan itu tidak sebagai kebiasaan kambing, melainkan biasa saja, dan nampak bersetubuh hanya seperlunya saja.

35 Yang betina, air susunya sangat dibutuhkan bagi kesehatan diri manusia, karena mengandung zat-zat kuat.

36 Maka ketahuilah, bahwa daya hewani jenis ini kalau mempengaruhi rasa perasaan orang, akan menyebabkan si orang rajin bekerja dan suka menurut perintah.

28 Malah perlu si janma marsudi kawruh,
karya colokira,
marang tingkah nyampurnani,
supayaa ing tindak dadya kupiya.

29 Paran mula supaya wong
wruh ing dunung,
wruha purwanira,
teges purwa asalnèki,
yèn dèn wruhi kawruhnya
dadya sarana.

30 Luwih genah kawruhnya
dadya bebahu,
saya utamanya,
dadya njero jumbuh njawi,
temah teguh adegnya luwih santosa.

31 Nanging lamun nyatanya
tan kadya iku,
temah tyasnya growah,
ngalor ngidul datan dadi,
mugat nékad yèn mbanjur
malah kesrakat.

32 Gantya mangkin ulam
sapi dayanipun,
èmperira sama,

10 PUCUNG

    amung sapi seneng miji,
    kang dèn pangan kang kathah
        rumput ra-ara.

33 Watekipun si sapi akèh kang manut,
    nurut tur jatmika,
    ageng kuwat awaknèki,
    malah kalap samya dèn nggo
        golèk pangan.

34 Marang babon yèn sapi tan
        pati gandrung,
    lumrah aranira,
    patutnya titah ngaurip,
    wus mesthinya yèn wadon
        gathuknya lanang.

35 Malah akèh ingkang kalap
        powanipun,
    gedhé paédahnya,
    tumrap janma maédahi,
    dadya srana anambah kekwatanira.

36 Paran iki ingkang mangka dayanipun,
    lamun anèng janma,
    wateknya tlatèn utami,
    nurut ing rèh raos wegah datan ana.

28 So people very much need to seek knowledge, both outer and inner.

29 This is necessary in order that, with this knowledge, they can reach the level of perfection. They will come to understand the true use of knowledge in relation to the human self.

30 By this means co-operation is established between mind and body, or inner and outer, which also creates real strength.

31 Otherwise there is a great likelihood that they will go further astray.

32 Changing the subject, what will now be explained is the force that comes from the flesh of cattle. The habits of cattle are very different from those of goats. Cattle are placid, they like to be quiet, and usually they eat only grass.

33 By nature most cattle like to do what they are told. Their bodies are big and strong, and they do not refuse any task they are called on to do.

34 In their behaviour towards cows, bulls do not act like he-goats, but behave with moderation, and appear to mate only when they need to.

35 Cow's milk is greatly needed for human health, because it contains strong nutrients.

36 Understand, then, that if this kind of animal force influences somebody's feelings, it makes them work hard and obey orders willingly.

37 Lagi pula, dengan senang hati menyumbangkan tenaganya kepada yang memerlukan dan berani pula menghadapi segala kemungkinan bila perlu.

38 Kalau bersetubuh hanya biasa saja, artinya tidak seringkali dilakukan. Maka dari itu, badannya akan tetap sehat.

39 Demikianlah gambaran singkat dari rasa perasaan orang yang telah dipengaruhi oleh daya hewani yang berjenis sapi itu.

40 Pengaruh daya hewani yang berjenis sapi itu terhadap diri manusia nampaknya baik sekali, terbukti dari kelakuan si orang yang tidak mengecewakan.

37 Sugih kendel mring kéwuh
    wani atangguh,
tur kuwat awaknya,
rasanira waras-wiris,
wani labuh mring liyan kang
    darbé karya.

38 Tumrap nafsu tindaknya ing
    langen hidhup,
lumrah sawatara,
tegesnya nora nemeni,
mulanira awakira awèt waras.

10 PUCUNG

39 Paran iku ingkang dadya nyatanipun,
   ulam lembunira,
   kang wus lumrah dadya tedhi,
   tumrap janma ingkang samya
                          nèng nagara.

40 Katonira dayanya becik nèng manus,
   sajaknya prayoga,
   yèn janma kadya puniki,
   buktinira ing tindak datan kuciwa.

37 Moreover, they gladly devote their energy to those who need it; and, when necessary, they have the courage to face whatever may happen.

38 Their sexual activity is merely normal – that is to say, not too frequent – hence their body will remain healthy.

39 That briefly depicts the feelings of people who are affected by the animal force of cattle.

40 The animal force that comes from cattle appears to have a very good effect on the human self, as is shown by the good behaviour of such people.

11
ASMARANDANA

'... through the influence of the human force, the essentials for human life become more complete, because it enables people to bring into being other creatures like themselves.'

SUSILA BUDHI DHARMA

1 Tetapi meskipun sebaik itu, namun masih jauh berkurang daripada kalau dibandingkan dengan kedudukan orang yang sesungguhnya.

2 Lagi pula kebaikannya pun masih merupakan penjelmaan dari daya hewani belaka, yang tentu masih juga mengandung kepentingan-kepentingan baginya dan hakekatnya masih menyasarkan rasa perasaan orang ke alam hewani

3 Lain daripada kalau si orang menduduki haknya sendiri, yang sesungguhnya lebih berarti dan dapat memudahkan langkahnya kearah kesempurnaan hidup sebagai manusia.

4 Selanjutnya bila beruntung, dapat meningkat-ningkat sampai ketingkatan yang lebih tinggi dan mulia.

5 Maka sekarang, sesudah menguraikan pengaruh daya-daya : kebendaan, tumbuh-tumbuhan dan hewani, akan disusul pula dengan uraian tentang daya jasmani, yang umum mengatakan wadag (badan kasar) orang.

6 Tetapi kalau ditinjau sungguh-sungguh, sebenarnya wadag (badan kasar) orang itu belum dapat dikatakan jasmani apabila belum berisi daya jasmani.

7 Adapun yang disebut daya jasmani itu, ialah rasa perasaan dan budi pengertian tentang keduniaan yang luas.

8 Karena itulah wadag (badan kasar) orang disebut jasmani. Oleh sebab itu, maka daya jasmani itu sesungguhnya di orang yang wadagnya (badan kasarnya) lalu disebut jasmani itu.

9 Sekarang hal bagaimana caranya mempengaruhi orang, sedangkan daya itu sendiripun dari orang juga.

1 Nanging nadyan kadya iki,
ywa kasmaran tingkahira,
dyan dèn anggep becik baé,
paran nyatanya punika,
nadyan becik sih tuna,
pan durung beciknya manus,
kang nyata dadya lungguhnya.

2 Bener iku katon becik,
nanging rèhné daya kéwan,
tan wandé kadya kéwané,
bener becik meksa mawa,
tan kari watek kéwan,
kang mung waton mangan turu,
ing graita kurang tatas.

3 Béda klawan wateknèki,
ingkang karan sujanmanya,
kang sanyata gung bédané,
karan janma titah mulya,
kang yekti tan mangkana,
luwih tatas wruhing hidhup,
kang dadya gelaring alam.

4 Luwih wruh pra bédanèki,
kang karan huriping titah,
tan amung tekèng janmané,
nadyan silih ingkang kasbat,
daya kang luwih mulya,
kang anèng luhuring manus,
yèn ginayuh meksa bisa.

5 Apan mangkya sawusnèki,
sawatara wus kajarwa,
dayanya ulam kéwané,
gantya ingkang winursita,

11 ASMARANDANA

candhaknya ingkang daya,
daya jasmani puniku,
lumrah karan wadhag janma.

6 Nanging nyatanira kaki,
yèn winawas king priyangga,
inguk-inguk king luhuré,
wadhaging janma punika,
tan karan jasmaninya,
yèn durung lan dayanipun,
yèku budi pangertinya.

7 Dadya wadhaging sujanmi,
kang hisi budi pangwikan,
rampung karan jasmaniné,
mula wujud salirira,
kang tembus trusing rasa,
sumrambah badan sakojur,
tekèng pancaéndranira.

8 Pan iku nyatanya yekti,
yèn wungkul dyan kaharanan,
jasmani iya janmané,
dadya kahnannya sujanma,
blegernya kaharanan,
jasmani ing lumrahipun,
paran iku terangira.

9 Kaya paran ing samangkin,
pakartinya ponang daya,
nggènnya nuli mujudaké,
rèhné sira uga janma,
kang yekti tan na béda,
padha-padha dayanipun,
sarta padha wujudira.

1 Good though this behaviour is, however, it still falls far short if measured by the true human standard.

2 Moreover, this goodness is still only an expression of the animal force, which of course serves its own interest and in fact leads human feelings astray into the animal realm.

3 It is different if people occupy their rightful position, which is indeed more significant and which can ease their progress toward perfecting their life as human beings.

4 Then, if they are fortunate, they can rise step by step to a higher and nobler level.

5 This explanation about the influence of the forces of matter, vegetation and animals will now be followed by one about the human force: the force of what is generally called a person's physical or coarse body.

6 Seen from a deeper point of view, however, a person's physical body cannot truthfully be called human if it is not yet filled with the force of the human body.

7 Actually, that which is called the human force embodies a wide-ranging perception and understanding of the world.

8 That is why a person's physical body is called human. As this force is in fact found in people, their bodies are therefore called human.

9 Now about the way in which this force, which originates within human beings, influences them.

SUSILA BUDHI DHARMA

10 Yang jelas, caranya mempengaruhi jauh berlainan dengan daya hewani. Karena tak mungkin orang memakan orang, kecuali orang yang liar dan selamanya hidup di hutan. Tetapi andaikata ada, ini sesungguhnya belum nama orang yang wadagnya (badan kasarnya) disebut jasmani itu dan masih dikatakan hewan juga.

11 Oleh sebab itu, maka cara bekerjanya daya jasmani tidak karena dimakan, tetapi disebabkan karena persatuan jiwa atau bersetubuh.

12 Pengaruh daya ini sesungguhnya makin hebat terhadap diri orang, tetapi bagaimanapun juga malahan ini menjadi kebutuhan hidup yang tak mungkin ditinggalkan.

13 Karena dengan pengaruh daya jasmani itu, syarat-syarat hidupnya orang makin tambah lengkap, hingga dapat melaksanakan terwujudnya sifat makhluk yang tak berbeda dengannya.

14 Dari sebab-sebab itulah, maka terdapat dua sifat yang berlainan, yang satu laki-laki dan lainnya wanita.

15 Demikianlah sebabnya, maka yang disebut daya jasmani dapat mempengaruhi diri orang yang dikatakan jasmani juga.

16 Adapun hakekatnya, pengaruh dari daya ini lebih hebat daripada pengaruh daya lainnya yang sudah-sudah. Tetapi meski demikian, rasanya pun tak perlu dikhawatirkan, karena memang sudah menjadi serba-serbi atas hidup dan kehidupan manusia, asalkan dapat mengaturnya hingga mewujudkan kerjasama antara semuanya itu.

10 Kang mesthi tan klakon sami,
    yèn janma anedha janma,
    dèn pepadha lan kéwané,
    paran iku malah salah,
    malah karan sanès tyang,
    kagolong sih bangsanipun,
    kang tan béda klawan kéwan.

11 Mula nora kadya iki,
    pan wus ana marganira,
    kang yekti dadya lakuné,
    nyatakaken yèn sujanma,
    tandha titah kang mulya,
    sinung laku kang yu luhung,
    sinartan prabot sampurna.

12 Mula tumraping sujanmi,
    butuhnya daya-dinayan,
    tan amung dadya juruné,
    nggathukken daya mring daya,
    salir daya renggannya,
    nadyan mring sariranipun,
    tan béda butuh kekancan.

13 Kanca brayan munggwing hurip,
    kang akir praptèng tumerah,
    nukulken wiji janmané,
    mula mokal lamun klawan,

11 ASMARANDANA

sasami jalu bisa,
mesthinya klawan kang wujud,
kang kaharanan wanodya.

14 Bener iku padha janmi,
tan béda uga nyatanya,
kang kahranan jasmaniné,
nging meksa ginawé béda,
perlunya bisa nunggal,
nunggal rasa asmara gung,
nglahirken samining janma.

15 Dadya perlu rèh ing janmi,
anggènnya daya-dinayan,
mring kang nunggal ing dayané,
mrih ing tembé samya bisa,
nglahirken samèng titah,
mula béda tindakipun,
yèn wong mring daya liyanya.

16 Ya ta sifat kalih iki,
nadyan tan ana bédanya,
jasmani mungguh sifaté,
nanging mungguh pakertinya,
tumrap ing antaranya,
paran ana bédanipun,
mangkono pan wus pininta.

10 Plainly, the way it exerts its influence is very different from that of the animal forces because – except for primitive people who live all their life in the jungle – people could not possibly eat each other. Even supposing they exist, such primitive people are not yet really people whose bodies can be called human; they are still refered to as animals.

11 So then, the way the force of the human body acts is not through being eaten, but through the union of souls, or sexual union.

12 The influence of this force on the human self is truly enormous; however, no matter what you do, it is a necessity of life that cannot possibly be put aside.

13 This is because, through the influence of the human force, the essentials for human life become more complete, because it enables people to bring into being other creatures like themselves.

14 For this purpose there exist two different natures, one being the man and the other the woman.

15 Thus what is called the human force can influence the self of a person, who is also called human.

16 In reality the influence of this force is mightier than that of the previous forces. However, as it is naturally involved in every aspect of human life and livelihood, people need have no anxiety provided that they can organise all the forces in such a way that there is collaboration between them.

17 Dituturkanlah, bahwa dalam hal ini laki-laki itu wujudnya sebagai suatu sifat aliran daya hidup, yang segera membangkitkan rasa asmara hingga terjadi berkasih-kasihan dengan wanita.

18 Hal ini kiranya sudah tidak dapat disangkal lagi, karena laki-lakilah yang berhak menjadi sedemikian rupa, terbukti dari adanya anggota rahasianya yang dapat bergerak dan berisi.

19 Dan memang sudah kehendak Tuhan, bahwa laki-lakilah yang diciptakan menjadi perantara akan terjadinya suatu sifat bakal orang, sehingga namanya yang disebut : laki-laki, yang artinya : suatu sifat yang berhak menerima aliran daya hidup itu, dapat dibenarkan.

20 Tetapi meskipun demikian, janganlah anakku salah anggapan hingga berbesar hati dan merasa kuasa karenanya. Sekali-kali janganlah demikian, sebab kamu sebagai laki-laki hakekatnya dalam hal itu hanya menjadi perantara saja.

21 Lagi pula hanya merupakan tidak lebih dan tidak kurang daripada suatu sasaran belaka untuk datangnya biji bakal orang itu kedunia.

22 Adapun yang bersifat wanita, meskipun ini sejenis jasmani juga, tetapi dalam hal ini sifatnya hanya menerima datangnya biji bakal orang yang dibawa oleh yang bersifat laki-laki

23 Sesudah itu, maka biji bakal orang yang dikandung tadi makin lama makin menjadi besar dan sempurna, hingga pada akhirnya lahir berwujud sebagai orang pula.

24 Karena itulah, maka yang menerima dan mengandung tadi dinamakan : ibu

---

17 Dadya nyatanya puniki,
sifat jalu karyanira,
ingkang mangka wak-awaké,
ananira daya gesang,
kang wèh karkating rasa,
rasa raosing salulut,
kang tumuju mring asmara.

18 Paran iku wus tan sisip,
yèn ananya daya gesang,
pan pinasthi nèng priyané,
nyatanira wus katandha,
wus nèng sifat wadinya,
pan ing kono dunungipun,
nyatanya karkating karsa.

19 Pan iku wus karsèng Widi,
déné kang mangka marganya,
ananya wiji janmané,
apan anèng janma priya,
karan uga tyang lanang,
lanang lana tegesipun,
langgeng ingkang hisi gesang.

20 Nanging aywa kliru tampi,
dupèh sira karan lanang,
nganggep lanang ing anané,
paran iku nora kena,
déné sira mung sira,
nyatanira sira iku,
mung dadya lésaning daya.

11 ASMARANDANA

21 Dadya sifat lir sirèki,
nyatanya mung karya lésan,
kang bakal dadya wijiné,
awit lamun tan na sira,
paran endi enernya,
mula terangnya sirèku,
karya lésan kang nedya na.

22 Déné ingkang sifat èstri,
apan iku uga karan,
ingkang karan jasminé,
bédanya iki lan lanang,
pan iki sifat wadhah,
wadhah papaning tumuwuh,
wiji bakaling sujanma.

23 Nèng kono wiji makarti,
agengnya lantaran nunggal,
klawan biyung lantarané,
kang kongsi akir tumeka,
mangsanya weruh donja,
praptèng lahir karan manus,
lir lumrahnya pra sujanma.

24 Paran mula yektinèki,
si biyung karan kang papan,
mangka papan dumadiné,
sinebut mula babunya,
babunya pra sujanma,
jer iku sanyatanipun,
nèng kono sampurnanira.

17 It is said that in this the man forms a channel for the current of the life force, which spontaneously arouses desire and leads him to make love with a woman.

18 It would appear that the man's role as a channel is undeniable, because it is confirmed by the way in which his sex organ can move and be filled.

19 And indeed, it is by God's will that the man was created to become an intermediary for the creation of a future person; so the man is called 'male'[2], which means one entitled to receive the current of the life force.

20 Even so, do not misunderstand this, my children, and feel proud and powerful because of it. Never feel like that, for in reality you, the man, are only an intermediary.

21 Furthermore, the man is only – no more and no less than – the means through which the seed of a future person comes into the world.

22 The role of the woman – also of the human kind – in this matter is only to accept the seed of the future person brought to her by the man.

23 After that, as time goes on, the seed of this future being grows bigger and more complete, until at length it is born in human form.

24 That is why the one who receives the seed and carries it is called mother.

25 Sungguh elok, bahwa sifat yang sepenting itu terjadinya hanya dengan demikian saja atau kadang-kadang hanya dengan sekehendak hati saja.

26 Dan juga asal mulanya yang hanya bersifat air, yang akhirnya dapat menjadi benda hidup yang tak berbeda keadaannya dengan orang itu. Tetapi hal itu kiranya tak perlu kamu herankan, karena memang demikian sudah menjadi kodrat Tuhan, meskipun permulaannya hanya berupa air itu saja, namun akhirnya jadi juga sebagai orang yang sempurna, dan pada waktu masih dalam kandungan, bakal orang itu pun dengan sendirinya sudah dapat mengisap sari-sari rasa makanan yang didapat dari ibunya yang saban hari makan itu.

27 Demikianlah kenyataannya, maka anak bayi itu sudah sejak permulaan dalam kandungan ibunya hingga sampai saat lahirnya terkena pengaruh daya tumbuh-tumbuhan dan hewan.

28 Karena itulah, maka orang mengenal makanan sudah sejak semula terjadi hingga sampai pada akhir hidupnya dan sifat wanita yang mengandungnya disebut ibu dari manusia itu.

29 Maka teranglah, bahwa daya memperdaya antara daya jasmani (orang) dengan daya jasmani (orang) itu adalah dalam hubungan antara sifat laki-laki dengan sifat wanita; dalam hal ini, bagaikan orang mengadu pengaruh, terlihat kalah dan menang diantara kedua sifat itu.

30 Hanya saja, andaikata masih sama-sama murni, sesudah bersetubuh daya asli dari laki-lakilah yang masih dapat bertahan.

31 Yang dimaksudkan daya asli ini, ialah : daya yang berasal dari daya orang tuanya.

25 Bener yèn winijang kaki,
purwanya janma dumadya,
kang ngenani mring sifaté,
paran nora maya-maya,
yèn akir temah nyata,
nyata rampung nora tanggung,
ganep sampurnèng sifatnya.

26 Sakawit kang sifat warih,
sawusnya nèng hangganing byang,
kang saya geng dumadiné,
pan iku saking kisènnya,
sarining rasa tedha,
kang lumintu lantaran byung,
kongsi tumekèng sampurna.

27 Mula nyatanya bebayi,
wus wiwit ing purwanira,
kongsi praptaning wayahé,
wus kisèn sarining tedha,
kang teka tan makarya,
nanging teka saking biyung,
kang dèn tedha saben dina.

28 Dadya terang janma iki,
kenal tedha wus semula,
sih nèng gwagarba biyungé,
apan iku nyatanira,

11 ASMARANDANA

sasat biyung kang karya,
mula biyung karan babu,
kang mangka baboning janma.

29 Dadi terangnya sujanmi,
kang tumrap daya-dinayan,
marang kang tunggal jinisé,
dedalannya tan na liya,
kajaba lan wanodya,
awit kalihira iku,
nyatanya padha anggawa.

30 Lanang nggawa aslinèki,
kang wadon uga tan béda,
padha nggawa king asalé,
mung bédanya lamun lanang,
nadyan gathuk wanodya,
yèn tan kabégal ing laku,
kèh-kèhnya gawannya panggah.

31 Tegesnya ingkang puniki,
daya asli kang nèng lanang,
kang asal king wong tuwané,
yèn gathuk klawan wanodya,
kang masih murni wetah,
kang karan sih kenya luhung,
dayanira nora owah.

25 It is truly wonderful that such an important event happens in such a matter-of-fact way, and sometimes merely through the heart's desire.

26 And also, that which at first was only a fluid can finally become a living thing, with a nature no different from that of those two people. But you are probably not surprised by this, because indeed that is God's decree. Even though it starts off as a fluid, it later becomes a complete human being; and while still in the womb, this future person is able spontaneously to absorb from the mother the essences of her daily food.

27 So the truth is that, from the moment of conception in the mother's womb until the moment of birth, the baby is affected by the influence of plant and animal forces.

28 Because of that, human beings are familiar with food from their very beginning until the end of their life, and the woman in whose womb they are carried is known as their mother.

29 It is clear, then, that the reciprocal action between the two human bodily forces takes place when the male and female natures are connected. This is like a contest for influence, where it becomes evident which of the two natures wins and which loses.

30 Supposing the two are of equal purity, it is the force innate in the man that can maintain its position after sexual intercourse.

31 The innate force means that which comes from the force of his parents.

32 Sedangkan pihak wanita, sesudah bersetubuh daya aslinya telah dengan sendirinya kembali ke daya orang tuanya

33 Dan sesudah itu, maka dengan sendirinya pula dari laki-laki mengisi badan wanita, sehingga mau tidak mau ia terisi daya laki-lakinya. Karena itulah, maka para wanita sesudah kawin memakai nama suaminya.

34 Pada yang tersebut diatas, hanya pokok daya yang baik saja yang diambil sebagai perumpamaan, yaitu suatu daya jasmani (orang) yang semestinya bagi orang. Padahal hakekatnya orang itu, meskipun nampaknya juga orang, tidak sedikitlah diantaranya yang daya dirinya belum daya jasmani (orang), sehingga dengan keadaan yang demikian itu tadi (hubungan jiwa) dalam diri wanita terpaksa terisi daya laki-laki yang belum daya orang.

35 Demikianlah jalan daya jasmani yang selalu bersifat daya memperdaya dalam hubungan jiwa antara laki-laki dengan wanita. Sesungguhnya masih banyak lagi yang perlu dituturkan tentang bekerjanya daya jasmani (orang) dalam hubungan jiwa laki-laki dengan wanita itu, tetapi karena perlu didahulukan keterangan-keterangan tentang sifat-sifat badan manusia yang bertalian dengan hal itu, maka disini akan diuraikan tentang hal yang tersebut belakangan ini.

36 Ketahuilah, bahwa sifat badan manusia itu sama halnya dengan sifat bumi dalam kemampuan, dasar atau kecocokannya untuk menumbuhkan barang sesuatu yang dapat tumbuh; karena itu untuk menjelaskan bagaimana kemampuan, dasar atau kecocokan sifat badan manusia untuk menumbuhkan barang sesuatu yang ada padanya, baiklah secara singkat diuraikan disini perihal bumi itu.

32 Déné lamun sifat èstri,
panggahnya yèn taksih kenya,
nèng kono isih asalé,
nanging yèn wus palakrama,
si hisi mulih asal,
marang mulabukanipun,
nenggih marang wong tuwanya.

33 Dyan kono ingkang mandhiri,
kang mandhiri nèng hangganya,
wus nunggal jinis lakiné,
sifat cangkok mula buka,
tan kétang dhihin pama,
yu utama miwah luhung,
temah nurut kisèn priya.

34 Yèn kinocap paminèki,
sifat hisi saking priya,
kadya séla upaminé,
mangka wadon wadhahira,

11 ASMARANDANA

ingkang sanépa emas,
lamun iki mula gathuk,
si wadhah datan lenggana.

35 Kadya iku ubengnèki,
gothak-gathuk sabanjurnya,
nanging becik samengkoné,
dèn wewijang dhihin samya,
salir rerengganira,
lan pra sartanya ngahidhup,
amrih genah sawatara.

36 Paran wruhanira kaki,
ponang awak-awak janma,
tan béda sifat buminé,
apan bumi nyatanira,
sifat lemah punika,
déné lemah watekipun,
pokokira gangsal warna.

32 The innate force of the woman, however, spontaneously returns to the human force of her parents after intercourse.

33 And after that the man's force spontaneously fills the woman's body, so that, whether she wants it or not, she is filled with the man's force. That is why, when married, women use their husband's name.

34 In what is said above, only a good force is taken as an example – namely, the human bodily force that a person should have. In reality, however, quite a number of people, although human in outward appearance, do not yet have the human force within them. Therefore, in the situation just mentioned – the connection of soul with soul – the woman's self is inevitably filled with a male force that is not human.

35 Such is the way the human force works, always vying for power during the connecting of souls between a man and a woman. In fact, much more needs to be said about the way this force acts during the connection of soul with soul. First, however, this subject calls for explanations about the qualities of the human body, so these will be given now.

36 Understand, then, that the nature of the human body can be likened to that of soil in its capacity, basis and suitability for growing such things as it can grow. So, in order to make clear the ability, basis or suitability of the human body for growing something that is within it, it is best to explain here briefly the qualities of soil.

37 Yang pertama adalah bumi, yang sesudah kehujanan airnya lekas kering, dan tak lama kemudian menumbuhkan aneka warna tumbuh-tumbuhan.

38 Bumi semacam itu, sungguh besar sekali faedahnya bagi kehidupan para sifat hidup, terutama bagi umat manusia. Karena itu banyaklah umat manusia yang menggunakannya sebagai tempat menanam tumbuh-tumbuhan yang berguna.

39 Karena kesuburannya yang dapat menghasilkan segala macam makanan bagi kebutuhan manusia, dinamakanlah bumi itu : bumi emas.

40 Sifat bumi ini, umpama sifat badan orang, adalah sifat badan yang terbaik, dan mempunyai kemampuan atau dasar untuk menerima ilmu kejiwaan yang luas, begitu pun untuk menuntut suatu pengetahuan lahir yang luas.

41 Kalau orang yang bersifat badan demikian telah menerima ilmu kejiwaan, tak lama kemudian akan dapat menampakkan buah atau hasil dari yang diterima itu, dan selanjutnya akan dapat memberi tuntunan kepada orang lain yang membutuhkan.

42 Demikian juga andaikata ia menerima atau menuntut suatu pelajaran lahir, sesudah memperoleh kesempurnaan, akhirnya pun akan segera dapat mempergunakan kepandaiannya untuk kebutuhan masyarakat.

43 Justru orang sebagai itulah yang diharapkan oleh masyarakat, karena kecuali mempunyai keahlian yang bermanfaat bagi masyarakat, pun mempunyai pendirian yang tetap.

---

37 Kang dhihin wateknya siti,
ana ingkang kajawahan,
sawusnya nampa warihé,
warihnya nulya glis asat,
sarta sawusnya kisat,
tan dangu nukulken tuwuh,
tetuwuhan warna-warna.

38 Adhakan bumi kadyèki,
apan gedhé manfangatnya,
prasasat bisa awèwèh,
panguripan marang liyan,
luwih-luwih mring janma,
mula lemah kang kadyèku,
dèn nggo papan pangolahnya.

39 Salir tetuwuhanèki,
kang ageng paédahira,
tumrap huripnya janmané,
paran bumi kang mangkana,
karan loh kang jinawa,
dèn sanépakken puniku,
bumi emas karanira.

40 Pan iku munggwing sujanmi,
yèn awaknya lir punika,
pétung ingkang becik dhéwé,
jer janma ingkang mangkana,

11 ASMARANDANA

yèn antuk kawruh yogya,
kawruh nung lir sifatipun,
toya kang saking akasa.

41 Tan dangu tumulya mingis,
mingis ngesing kang tinampa,
katon becik pakartiné,
malah katon uwohira,
kagunannya pribadya,
temah nuwuhken kawruh nung,
bisa kinarya tuntunan.

42 Dadya ing sanyatanèki,
janma kang kadya mangkana,
upama ntuk kawruh akèh,
kang lumrah king pamulangan,
temah bisa kanyatan,
bisa anukulken kawruh,
lumrahnya karan kagunan.

43 Apan iku yektinèki,
kang karan janma sanyata,
nyata manggih kagunané,
gunanya titah kang mulya,
kang yekti wèh paédah,
datan amung nggudèl bingung,
mung manut kandhaning crita.

37 First there is soil that quickly absorbs the water after rain, and vegetation of all kind soon grows.

38 Soil of that sort is indeed extremely beneficial for all life forms, especially for human life. Many people therefore cultivate it to grow things that are useful.

39 Owing to its fertility, which enables the production of all sorts of food for human needs, this soil is called golden earth.

40 Soil of this nature, if compared to the nature of a human body, corresponds to the best of bodies, which have the capacity or the basis to receive broad spiritual understanding and also to pursue extensive worldly knowledge.

41 If a person with a body of this quality receives spiritual understanding, he or she will soon be able to show the fruit or result of their receiving, and then give guidance to others who are in need of it.

42 So too, if they receive or study some worldly subject, when fully versed in it they will soon be able to apply their ability to the needs of society.

43 Society pins its hopes on just such people, because, besides having skills that benefit the community, they also have inner stability.

SUSILA BUDHI DHARMA

44 Maka besarlah keuntungan masyarakatnya, sehingga ia dapat dikatakan sebagai pemberi hidup terhadap orang-orang yang hampir pada mati karena menemui jalan hidup yang gelap.

45 Adapun bumi yang bertanah sesubur itu, dapat dikatakan karena pengaruh kekuatan api, angin, air dan tanahnya sama-sama kuat.

46 Keadaannya yang demikian itulah yang menyebabkan bumi itu menjadi bumi yang subur dan sungguh-sungguh termasuk bumi yang utama.

47 Bumi yang demikian itu disebabkan juga karena dilingkungi oleh banyak gunung-gunung, yang dapat memberi sari daya kekuatan yang seimbang.

48 Sifat bumi yang seperti ini umpama diri orang, sifat nafsu : angkara, murka, sabar dan menerima yang ada padanya berdaya kekuatan yang seimbang.

49 Tambah pula bumi itu dilingkungi banyak gunung-gunung; hal itu bagi diri orang merupakan daya kekuatan yang utama, yang selalu meliputi rasa dirinya.

50 Itulah sebabnya, maka orang sebagai ini tidak akan berbuat sesuatu yang meninggalkan keutamaan.

44 Mula janma lir puniki,
gedhé pakolèhing gesang,
bisa murakabi lyané,
suka nuntun mring sapadha,
wèh ngerti kang sih tuna,
sasat bisa awèh hidhup,
mring liyan kang wuta guna.

45 Ya ta bumi kang loh kaki,
ananya bisa mangkana,
saka genah sèn-isèné,
campuranira dumadya,
tan na bèncèng angkuhnya,
geni angin klawan banyu,
lan lemah tiba sapadha.

46 Saka kang mangkono kaki,
kono mujudken sarinya,
satemah becik dayané,
apan banjur kaaranan,
kang bumi loh punika,
yèku bumi ingkang luhung,
sasat tetungguling lemah.

47 Nyatanya bumi kadyèki,
kang akèh nèng pinggir arga,
dèn kubeng kèhing gunungé,
apan iku nyatanira,

11 ASMARANDANA

dadining loh punika,
paran gunung yektinipun,
kang ndayani dumadinya.

48 Apan iku nyatanèki,
yèn mungguh wak-awakira,
wak-awaking sujanmané,
amarah lan aluamah,
supyah lan mutmainah,
tan na bèncèng angkuhipun,
pan tiba sapadha-padha.

49 Dhasarira celak redi,
iku mungguh ing sujanma,
cedhak rasa pangrasané,
becik janma kang mangkana,
saka gung ahli rasa,
salir tindak nora suwung,
sagung kanthi dugayoga.

50 Dèn pamèkken lamun nyandhing,
anyelak atining badan,
kang kasbut sanubariné,
mring sabarang mula tansah,
dèn timbang jroning rasa,
nora kaya sanèsipun,
kang mung waton angger nedya.

44 They benefit society greatly, and can be said to give life to people who, through having experienced the dark side of life, are almost dead.

45 The fertility of that soil can be ascribed to the fact that the power of fire, air, water and earth influence it equally.

46 This is the circumstance that produces soil that is fertile and can truly be considered excellent.

47 Such soil also owes its nature to its being surrounded by mountains, which can provide the elemental forces in balanced strength.

48 In a human body resembling this kind of soil, the passions of ruthlessness, greed, patience and acceptance are well balanced.

49 Moreover, the many mountains surrounding this soil represent, for the human self, the highest powers, which always envelop such a person's inner feeling.

50 That is why people of this kind will do nothing to betray the highest standards.

12

PANGKUR

'… they are also capable of receiving
the development of their soul's talents,
such as all kinds of culture,
which in time they can use in the
service of society.'

1. Jadi jauh berlainan dengan lain-lainnya yang hanya dengan sesuka hati saja berbuat sesuatu dan yang hanya percaya kepada peri bahasa : "Ada kehendak tentu ada jalan."

2. Sekarang dituturkan tentang sifat bumi yang bertanah : tanah liat. Tanah semacam ini kecuali kalau sehabis hujan airnya tidak lekas tenggelam ke dalam bumi, pun mempunyai daya yang melekat apabila dilalui.

3. Tetapi meskipun demikian, sifat bumi inipun terhitung yang terbaik, sebab dapat juga menumbuhkan segala macam tumbuh-tumbuhan dan dapat pula menjadi tempat dimana macam-macam tumbuh-tumbuhan yang berguna dapat ditumbuhkan sehingga bermanfaat bagi hidup manusia.

4. Sifat bumi sebagai ini, umpama diri orang, hampir tidak ada beda keadaannya dengan yang pertama. Inipun kalau menerima ilmu kejiwaan, tak lama juga sesudahnya dapat pula menampakkan buah atau hasil dari yang diterima. Dan akhirnya dapat juga memberi tuntunan kepada orang lain yang membutuhkan.

5. Selain daripada itu iapun dapat menerima pertumbuhan keahlian jiwanya, umpamanya : umpamanya : macam-macam kebudayaan yang akhirnya dapat digunakan untuk keperluan masyarakat.

6. Hanya saja kekurangan pada diri orang itu ialah : segala pertolongan yang diberikannya kepada orang lain masih mengandung pengaruh. Dan masih pula suka menarik-narik orang lain apabila mendapat kesalahan.

1. Mring iki ngungkurken padha,
dyan kepati ngugemi tyasirèki,
waton karep jaré antuk,
nggugu ujar ngakathah,
caritanya ana karep ana dlanggung,
nanging iku nyatanira,
temahannya mbalénjani.

2. Mangkya ganti sifat lemah,
ana lemah sifat lempung puniki,
darbé pliket dayanipun,
lemah ingkang mangkana,
yèn kodanan toyanya tan gelis surut,
mula siti kang mangkana,
kang akèh anggedibali.

3. Nanging nadyan mangkonoa,
meksa uga nukulaken pra sami,
sakèhing tetuwuh luhung,
nadyan nora salirnya,
nanging jeneng apa baé maksa hidhup,
sarta uga pan kapétang,
klebu bumi ingkang becik.

12 PANGKUR

1 So they differ greatly from people who just do what they like and put their trust only in the saying 'Where there's a will there's a way'.

4 Apan iku yèn sujanma,
lamun antuk kawruh ingkang utami,
tan béda bisa tetuwuh,
kèh uga gunanira,
mring kluwarga tan béda
      bisa nenuntun,
bisa wèh tuduh kang nyata,
kang tuhu bisa médahi.

2 Now to discuss the properties of clay soil. As well as not allowing water to sink into it quickly after rain, this kind of soil is apt to cling to whatever passes through it.

3 Even so, soil of this quality is counted among the best, because it too can sustain all kinds of growth and become a bed for growing many sorts of useful plants, thereby being of benefit to human life.

5 Sarta nukulaken uga,
kabisan saking pribadinirèki,
kang karan kagunan iku,
malah nadyan pamanya,
pan kalakon datan antuk
      kawruh luhung,
parandéné meksa bisa,
tan béda antuk pangerti.

4 People with qualities like this kind of soil differ little from the first group. If they receive spiritual understanding, it will not be long before they too are able to show some fruit or result of their receiving. And at length they too are able to give guidance to other people who need it.

6 Mung beciknya rada kurang,
tetulungnya sok isih nganggo pamrih,
éklasira durung terus,
sarta yèn nemu salah,
kudu-kudu isih nyangking tangganipun,
nging nyatanya tan sepira,
nora kongsi mbilaèni.

5 Besides that, they are also capable of receiving the development of their soul's talents, such as all kinds of culture, which in time they can use in the service of society.

6 Their one shortcoming is that all the help they give to others still contains some self-interest. Also they tend to involve other people in their own mistakes.

7   Adapun sifat bumi yang bertanah liat itu, daya kekuatan yang terkandung didalamnya yaitu : daya api, angin, air dan tanahnya tidak seimbang antara satu sama lain. Diantara keempat kekuatan daya ini, daya api dan anginlah yang lebih kuat daripada daya air dan tanahnya. Tetapi baiknya pun ada, karena bumi yang demikian itu kebanyakan dekat sungai.

8   Sebagai lanjutan yang tersebut diatas, maka sifat bumi ini umpama diri orang, daya kekuatan nafsu angkara dan murkanya lebih tinggi daripada nafsu sabar dan menerima. Karena itu orang ini dalam segala tindakannya masih diliputi nafsu angkara dan murka.

9   Hanya saja karena ia memiliki rasa perasaan yang hidup, yaitu : yang digambarkan sebagai sifat bumi yang dekat sungai, maka meskipun demikian ia tak sampai sungguh-sungguh teperdaya oleh daya nafsu angkara dan murka itu.

10 Selain ini ada lagi sifat bumi, yaitu yang bertanah : lumpur. Sifat bumi yang seperti ini kalau kehujanan, air yang jatuh disitu lama sekali tenggelam ke dalam bumi, hingga akhirnya mengeluarkan uap yang berbau busuk sekali.

11 Tetapi sifat bumi semacam inipun dapat juga menumbuhkan tumbuh-tumbuhan yang berbatang pohon besar-besar dan kecil-kecil. Yang kecil-kecil kebanyakan tak begitu berguna buahnya bagi kehidupan manusia. Hanya yang besar-besar batang pohonnyalah yang sebagian besar buahnya dapat digunakan untuk menambah syarat hidup manusia.

12 Inipun hanya dapat dipungut setahun sekali, atau memang hanya setahun sekali saja berbuah. Demikianlah sifat kemampuan bumi yang bertanah : lumpur itu. Bila sifat ini diumpamakan di orang, maka apabila ia menerima suatu ilmu, ilmu yang diterimanya ini lama sekali berhenti dalam alam akal pikiran.

7   Paran bumi kang mangkana,
    don-adonnya rada kladuk sathithik,
    daya geni anginipun,
    déné tirta dayanya,
    lan lemah samya kurang saking puniku,
    lan malih bumi mangkana,
    kang akèh celak ing kali.

8   Pan iku munggguhing awak,
    amarah lan aluamahirèki,
    rada kladuk nggènnya muluk,
    déné supyah kalawan,
    mutmainah pan kurang santosanipun,
    mula mring sabarang tindak,
    kèh-kèhira waton wani.

9   Nanging meksa darbé begja,
    cinedhakan wewarah kang utami,
    dadya akèh jujuripun,
    sedyanya kang tan yogya,
    pan satemah nora klakon dèn teturut,
    mula upamanya ana,
    mesthinya kandheg ing margi.

7   As to the nature of clay, the elemental forces of fire, air, water and earth carried in it are not evenly balanced. Of these four, the forces of fire and air are stronger than those of water and earth. But a good point about this soil is that it is generally found near rivers.

10 Nulya mangkya candhakira,
    sifat lemah endhut wastanirèki,
    nyatanya lemah mes iku,
    paran lemah mangkana,
    yèn kodanan toyanira mambeg agung,
    mula yèn dangu satira,
    dyan nuwuhken ganda bacin.

8   To continue the comparison with people: in those whose qualities are like that of clay, the strength of the passions of ruthlessness and greed are stronger than those of patience and acceptance. So everything they do is still encompassed by the passions of ruthlessness and greed.

9   Despite that, however, these people, because they have feelings that are alive – as represented by the quality of soil found near a river – are not seriously misled by the passions of ruthlessness and greed.

11 Nenggih siti kang mangkana,
    datan béda kèh thethukulanèki,
    kang akèh wit geng ngendhukur,
    déné kang alit samya,
    kèh-kèhira datan kalap uwohipun,
    ananging kang geng birawa,
    uwohnya kenèng dèn pipik.

10 There is another kind of soil besides these – muddy soil. Its feature is that rain sinks very slowly into it, and so in the course of time this soil gives off a vapour that smells very bad.

12 Mung nyatanya wit mangkana,
    lamun nguwoh pan amung saben warsi,
    mula karan palataun,
    pan iki munggwing tiyang,
    jèn ntuk kawruh saking ingkang
                            ahli tutur,
    adhakan sawusnya nampa,
    sih dangu mandheg nèng pikir.

11 Soil of this sort, however, can also grow plants with trunks that range from large to small. The fruit of the smaller ones is generally of little use. It is only the large trees that mostly bear fruit useful for improving human life.

12 Even these can be picked only once a year, as they bear fruit only once a year. Such is the capacity of muddy soil. If this quality is applied to people, when they receive some inner knowledge this knowledge remains for a very long time in the realm of thought.

13. Oleh sebab itu, maka tak kuranglah banyaknya orang yang hanya pandai berpikir dan bicara saja; ada lagi yang mengaku bisa, tetapi tanda-tanda yang membuktikan kenyataannya tidak atau belum ada. Hanya saja, meskipun keadaannya telah sedemikian rupa, masih ada kalanya nanti dapat membuahkan sesuatu dengan sesungguhnya juga, dan buahnya pun dapat pula menjadi ikutan (embel-embel) untuk syarat memperdalam ilmu kejiwaan bagi barang siapa yang membutuhkan.

14. Karena itu agaknya lumayan juga, asalkan ilmu yang diterima itu tidak terlalu lama disimpan dalam akal pikiran. Sebab kalau terjadi demikian, maka ilmu itu akan menyebabkan orang lain menjadi tidak karuan karena hanya diomongkan saja.

15. Adapun selanjutnya tentang sifat bumi itu, isi daya kekuatan padanya yang berasal dari : api dan angin lebih kuat daripada yang dari air dan tanah, apalagi keadaannya pun jauh dari kali (sungai) dan gunung-gunung.

16. Inipun sebagai firasat juga bagi orang, bahwa dirinya yang diperumpamakan itu berdaya nafsu : angkara dan murka yang tetap lebih besar daripada daya : sabar dan menerima. Maka orang yang demikian ini, apabila mempunyai keinginan supaya dapat mencapai sesuatu yang dibutuhkan, menampakkan tingkah laku yang serba tergesa-gesa.

17. Lebih-lebih lagi bila ia tidak pernah dapat nasehat atau petunjuk yang utama dari orang lain, maka tingkah lakunya yang demikian itu akan makin telanjur.

18. Demikianlah uraian tentang keadaan dan kemampuan sifat badan orang yang disamakan dengan sifat bumi yang bertanah : lumpur itu.

13. Kang akèh malah nyatanya,
ngrasa bisa nyatanya durung ngerti,
sugih kawruh mung nèng rembug,
kang nyata tan sepira,
amung baé yèn sabar tan béda tuwuh,
nadyan ora kang pethingan,
nanging meksa nglumayani.

14. Paran iku wus lumayan,
watonira tan kongsi lami-lami,
anggènira nyimpen kawruh,
nanging yèn kongsi lama,
salir ingkang sinimpen tiwas amambu,
mambu banger saya ngambrah,
mbubrahaken mring kang mélik.

15. Paran mangkya nyatanira,
sifat bumi ingkang kadya puniki,
don-adonnya nora jumbuh,
klawan malih tan celak,
marang kali klawan uga gunung-gunung,
pan iku munggwing awak tyang,
lir crita candhaknya iki.

12 PANGKUR

13 This is why many people are good only at thinking and talking, and others claim abilities they show no evidence of or do not yet possess. Nevertheless, later on they too may produce something real, and this could be some small help to those who need to deepen their spiritual understanding.

16 Amarah lan luamahnya,
    imbangannya pan luwih saka mesthi,
    nafsu murkanya sagunung,
    déné supyah kalawan,
    mutmainah langkung kurang dayanipun,
    wuwuh déné teka tebah,
    mring juru pemulang becik.

14 So this is quite good, provided that the insight they have received is not kept too long in their thinking. For if that happens, what they know will confuse other people, because it will be just talk.

17 Mula janma kang mangkana,
    angkara lan kamurkanira luwih,
    mring sabarang nusu-nusu,
    nggegelis sedyanira,
    pangrasanya kuwatir lamun
            tan ngukup,
    tingkah sabar kurang ana,
    watek nrima saya tebih.

15 Regarding the nature of this soil, it contains the elemental forces coming from fire and air in greater strength than those from water and earth, especially as it is located far from rivers and mountains.

16 This indicates that, in people comparable to this soil, the passions of ruthlessness and greed are stronger than those of patience and acceptance. So when such people want to fulfil some need they always act hastily.

18 Dhasar tan antuk wulangan,
    saya-saya nggènnya kebanjur tuni,
    mangkana wosing cinatur,
    wijangnya ingkang lemah,
    ingkang kasbut lemah mes
            endhut puniku,
    ing samangkya gantinira,
    lemah cengkar wadhas nenggih.

17 This is even more true if they never get excellent advice or guidance from other people; then such behaviour will be carried to excess.

18 This is the explanation of the nature and ability of people whose bodies are comparable to muddy soil.

19 Sekarang penuturan beralih ke sifat bumi lain, yaitu sifat bumi yang bertanah : padas. Kalau kehujanan, maka air hujan yang jatuh disitu terus mengalir kemana-mana, dan apabila disitu ada tempat yang lembang, air hujan itu akan tertahan, hingga merupakan suatu jambangan air yang lama-lama akan berbau busuk juga.

20 Adapun lanjutannya yang tumbuh dibumi yang demikian itu kebanyakan sebangsa rumput. Ada juga tumbuh-tumbuhan lain, tetapi kebanyakan adalah yang berbatang pohon besar-besar malahan ada yang berduri batangnya.

21 Lagipula daya kekuatan yang berasal dari api dan angin di bumi itu jauh lebih besar daripada daya kekuatan yang berasal dari air dan tanah.

22 Juga keadaan sifat bumi semacam itu kebanyakan jauh dari kali, hingga mengenal air hanya apabila ada hujan.

23 Demikianlah, maka kalau ada sifat badan orang yang menyerupai keadaan bumi itu, kalau menerima ilmu bukan lalu dikerjakan atau segera dilatih, tetapi malahan disebarkan kemana-mana. Artinya : suka mengatakan apa yang diterimanya kepada orang lain dan juga suka sekali dipuji-puji sebagai seorang yang waspada dan bijaksana.

24 Dari keadaan dan kesukaan hatinya yang demikian itu, dapat dikatakan hampir kepada saban orang saja ia mengatakan yang muluk-muluk tentang pengetahuannya. Padahal sesungguhnya ia sendiri belum dapat menginsafi macam ilmu yang telah diterimanya itu.

25 Tetapi meskipun demikian masih ada juga baiknya daripada ilmu atau petunjuk-petunjuk yang diterimanya itu hanya disimpan dalam hatinya saja. Lagi pula ada kemungkinan diantara pendengar-pendengarnya malahan ada yang dapat menginsafi apa yang diceritakan.

19 Ya ta lemah wadhas cengkar,
pan iki yèn kejawahan tumuli,
warihnya sasat tan dunung,
akèh ingkang amblabar,
kang sih kantun sifatnya malah
                ngacembung,
tur dangu ing asatira,
kang satemah ngganda bacin.

20 Paran lemah kang mangkana,
pan arang ana tetuwuhanèki,
kang akèh bangsanya rumput,
lan salir sajinisnya,
kang nyatanya datan ana
                pédahipun,
nanging uga sok-sok ana,
kang akèh wit amawa ri.

21 Sarta lemah kang mangkana,
don-adonnya sanget datan ngimbangi,
geni angin luwih agung,
tirta lan kismanira,
apan amung sawatawis dayanipun,
mula kalihnya punika,
ing daya agung ketindhih.

22 Wuwuh saya kahanannya,
tebihira klawan kali kepati,
kenal toya mung yèn jawuh,
pan iki salirira,

12 PANGKUR

yèn mungguhing awak-
    awakaning manus,
apan lamun antuk warah,
dhawahnya mung nèng ndi-ngendi.

23 Apan iku tegesira,
    bérag omong mamèrken
        kang tinampi,
    ngrasa becik wong wèh weruh,
    pamrihnya dèn lembana,
    wasisira nggènnya ngudhal
        ilmu luhung,
    malah nora taha-taha,
    angger irung dèn pamèri.

24 Endi kang gelem lan ora,
    sarta sapa kang tuhunya mbutuhi,
    empannya wus tan dèn urus,
    watonnya angger ngucap,
    wus mangkono anggonya wong
        kang tan dunung,
    betèknya kudu karanan,
    tunggalnya bangsa kang wasis.

25 Nanging tindak kang mangkana,
    malah becik timbang mandheg
        nèng pikir,
    kang mung bakal gawé bingung,
    bingung kakyan ing arah,
    ngothak-athik nggathukken
        kang nora mathuk,
    paran iki luwih salah,
    yèn klantur ambebayani.

19 Now to discuss another kind of soil – hard, rocky soil. When it rains, the water that falls on this soil immediately runs in every direction, and if there are hollows it is trapped in them as in a bowl; eventually this water too gives off a stench.

20 Furthermore, what grows in this soil is mostly a type of grass; but other things do grow there too, mainly large trees, some with thorny trunks.

21 In this soil the powers that come from fire and air are far greater than those from water and earth.

22 Also, as this soil is usually located far from rivers, the only water it gets is from rainfall.

23 Therefore, if people comparable to this type of soil receive insight, they do not then set it to work or quickly put it into practice, but scatter it in all directions instead. That is to say, they like talking to other people about what they have received, and also very much like to be praised as being people who are careful and wise.

24 Owing to the pleasure this gives them, they talk in an extravagant way to almost everybody about what they know, although as yet they are unable to realise what kind of knowledge they have received.

25 Even so, this is better than keeping to themselves the knowledge or guidance they have received; there is the possibility that perhaps some of their listeners may be able to realise what is being talked about.

26 Sungguh, orang yang dirinya berfirasat (bersifat) demikian itu tipis sekali kemampuannya untuk menerima suatu ilmu yang hakekatnya sangat berguna bagi hidupnya.

27 Tetapi masih juga adakalanya ada yang nampak tumbuh, hanya saja tumbuhnya tidak sesuai dengan isi asalnya melainkan : tumbuh yang menimbulkan suatu tingkah laku yang salah.

28 Lebih-lebih dengan memang sudah terisinya ia oleh daya kekuatan nafsu : angkara dan murka yang besar, maka tingkah lakunya yang demikian itu makin menjadi-jadi.

29 Demikianlah, maka sekarang yang terakhir diuraikan, yaitu tentang sifat bumi yang bertanah : pasir dan debu. Kalau kehujanan airnya lekas tenggelam ke dalam bumi dan akhirnya hampir tidak menumbuhkan tumbuh-tumbuhan.

30 Andaikata ada yang tumbuh disitu, maka kebanyakan adalah sebangsa rumput. Ini saja tumbuhnya tidak bisa terlalu lama, apabila mengalami waktu yang tidak ada hujan sama sekali.

26 Apan mula nyatanira,
kang wirasat awak kang kadya iki,
nadyan ginrujug kèh kawruh,
kawruh ingkang utama,
sarta kawruh ingkang karan
      kawruh luhung,
pakolèhnya meksa sepa,
sepi kagunan kang yekti.

27 Kèh-kèhira lamun ana,
katon trubus ana thukulanèki,
meksa iya nora dunung,
nora keplok asalnya,
marang asal sangkannya kawruh
      kang luhung,
malah metu thukulannya,
sifat kawruh kang asisip.

28 Dhasarnya awak mangkana,
angkara lan murkanira ngluwihi,
sabar nrima sasat suwung,
wuwuh-wuwuh tan celak,

12 PANGKUR

marang rahsa kang mangka sesaratipun,
kang wèh ning rasa kang resah,
saya nggènnya klantur sisip.

29 Ya ta mangkya kang pungkasan,
sifat lemah kang kaharanan pasir,
apan iku yektinipun,
yèn kadhawahan jawah,
toyanira nulya ambles wus tan muncul,
klawan malih buminira,
arang nukulaken wiji.

30 Nadyan ana kèh-kèhira,
thethukulan bangsanya suketnèki,
wit gedhé arang mencungul,
lan malih nyatanira,
ponang bumi kang sifat pasir puniku,
samangsa mung kenèng panas,
panasira sasat geni.

26 Truly, people of this nature have a very small capacity for receiving any insight that would be of much real use for their life.

27 Even so, there are times when they seem to develop, but such growth is not in accordance to their original content; on the contrary, this development may lead to behaviour that is wrong.

28 Indeed, that is more than likely, because they are already filled with the strength of the passions of ruthlessness and greed, so their conduct goes from bad to worse.

29 Now there is one more kind of soil to be analysed: sandy and dusty soil. When it rains, water quickly sinks through this soil, which in consequence grows hardly anything.

30 If anything grows there, it is mostly some kind of grass, and even this cannot survive for very long in times of drought.

13
DHANDHANGGULA

'... eventually, by sincerely training
yourself in what concerns your soul,
you will not go astray in using your
mind. And the mind, which you have
developed in the normal way, will then
be really useful for your self.'

SUSILA BUDHI DHARMA

1. Keadaan bumi semacam ini umpama diri orang, maka sebagai firasat ia tak akan mungkin dapat menumbuhkan barang sesuatu yang utama. Tetapi meskipun demikian namun ada juga diantaranya yang timbul hingga dapat menemukan syarat-syarat hidup yang utama.

2. Hanya saja, andaikata ia menerima petunjuk-petunjuk yang benar dan berguna bagi dirinya, biasanya hampir tak mungkin dapat menumbuhkan barang sesuatu yang utama.

3. Adapun halnya ini hampir tak berbeda juga dengan sifat bumi yang bertanah : padas, yang diperumpamakan seperti tersebut di muka. Jelasnya, apa yang tumbuh dari dirinya tidak lain daripada suatu kepandaian yang menyalahi keutamaan.

4. Lagipula daya kekuatan nafsu yang mengisi dirinya hampir melulu : sifat nafsu angkara dan murka. Maka dengan keadaannya yang demikian ini, ia makin hampir tidak mempunyai sifat sabar dan menerima dalam segala tingkah lakunya, dan merasa tak segan-segan menjalankan sesuatu yang mengakibatkan celakanya orang lain.

5. Demikianlah uraian tentang sifat-sifat badan orang yang bersamaan keadaan dengan sifat-sifat bumi, sehingga dalam usaha untuk memperbaiki isi dirinya tak akan berbeda juga dengan keadaan bumi cara mengerjakan tanah dan mengalirkan air ke tanah yang dikerjakan.

6. Sekarang, sesudah selesai uraian tentang sifat-sifat badan orang yang bersamaan keadaan dengan sifat-sifat bumi itu, maka dilanjutkan pula uraian tentang keadaan daya jasmani atau daya orang mengenai caranya mempengaruhi orang yang terisi daya orang juga.

1. Pan iki wirasatira kaki,
pami gula manisnya tan ana,
kadya wus sirna leginé,
nanging nadyan kadyèku,
rèhné janma titah kang luwih,
mesthinya sih ntuk marga,
dedalan kang bagus,
janjinira nyata-nyata,
nyata wani mbuwang pakéwuhing ati,
yekti manggih raharja.

2. Gamblangira yèn awak kadyèki,
tegesira nocogi nyatanya,
mring sifat lemah pasiré,
lamun nampa kawruh nung,
babar pisan tan bisa mijil,
mijilken gunanira,
kagunaning manus,
dadya tiwas nggènnya nampa,
pan sadaya samya mamprung nora kari,
lir katyub samirana.

3. Sakèhira kawruh kang tinampi,
apan langka ana kang tumunggal,
lir kadya niring warihé,
pami ana kang muncul,
wetunira nora nocogi,
dudu guna kang yogya,
kang perlu ing hidhup,
yèku guna penasaran,
kang biyasa karyanya dèn nggo sesilip,
gawé tunaning liyan.

13 DHANDHANGGULA

4 Paran iku nyatanya tan sisip,
   jer don-adonnya kang
      munggwing angga,
   abot sisih ing nyatané,
   angkara murkanipun,
   apan sampun angleluwihi,
   sabar klawan narima,
   sasat sampun suwung,
   dadya rasa tepa srira,
   munggwing rasa kaya-kaya nora kèpi,
   téga laraning liyan.

5 Mula ing sanyatanira kaki,
   jeneng tindak ingkang datan yogya,
   empannya wus nèng papané,
   yèn asalnya mula nung,
   mempanira tentunya becik,
   pan iku wahananya,
   wewadining hidhup,
   mula becik dèn wruhana,
   supayaa sira glis bisa mangerti,
   mring wadi-wadinira.

6 Samangkya sawusnya sawatawis,
   rampung wewijangannya si awak,
   lir kang wus kasbut tulisé,
   gantya ingkang winuwus,
   kaya paran pakartinèki,
   dayanira sujanma,
   jasmani kang kasbut,
   jer daya ingkang mangkana,
   nunggal jeneng kalawan
      kang dèn dayani,
   lan tunggal kahanannya.

1 People comparable to soil of this kind will, by their nature, be unable to produce anything of great worth. Even so, some of them rise to the point where they find the path to the right way of life.

2 The trouble is that, even if they receive indications of what is right and useful for them, it is usually almost impossible for them to develop anything of high quality.

3 This case differs little from that of the stony or rocky ground already used for comparison. To be clear, what grows within people like this is nothing but a cleverness that conflicts with nobility.

4 Moreover, the passions whose power fills them are almost exclusively those of ruthlessness and greed. This being so, they behave with hardly any patience or acceptance, and have no scruples about doing what is harmful to others.

5 This is how the nature of people's bodies and the nature of soils can be compared. So people's efforts to improve their content are no different from the cultivation and irrigation of soil.

6 Now, having explained the similarities between the qualities of people's bodies and those of soil, let us continue with an explanation of how the human force influences people in whom this force is present.

SUSILA BUDHI DHARMA

7   Sebagai yang telah dituturkan di muka, maka untuk dapat menginsafi bagaimana caranya orang mempengaruhi orang, sifat manusia telah menjadi dua jenis tetapi didalam keadaan yang sama, maksudnya : sama-sama mempunyai sifat anggota yang dapat digunakan untuk keperluan manusia. Adapun yang disebut dua jenis itu, ialah sifat laki-laki dan sifat wanita.

8   Kedua jenis ini apabila kumpul (bersetubuh), antara satu dengan lainnya selalu daya memperdayai, sehingga kalau dalam waktu demikian sungguh-sungguh dirasakan atau diterima, akan tertampaklah suatu kenyataan, siapakah diantara kedua itu yang kalah atau terpengaruh.

9   Sungguh akan ditemukan disitu suatu kenyataan bagaimana sifat kepribadian masing-masing, hingga dalam mempersatukan jiwa dapat terpisah dari daya lain-lain, yaitu : daya-daya yang sifat tingkatannya dibawah manusia. Sudah tentu yang demikian itu tidak memerlukan suatu cara, karena kalau dengan cara, bagaimanapun bentuknya tak lain hanya akan membangkitkan daya nafsu saja, sedangkan dalam keadaan yang demikian itu malahan diperlukan meninggalkan daya nafsu semua, dan hanya merasakan hidupnya rasa dengan meniadakan akal pikiran sebagai halnya waktu latihan.

10 Memang kalau ditinjau dari luar, misalnya : hanya dilihat dengan mata kepala saja, orang kumpul atau menyetubuhi orang nampaknya orang dengan orang juga, tetapi sebenarnya masing-masing masih dapat terisi daya-daya yang mudah menyalahi kedudukan jiwa orang. Bagi orang-orang kuno isi dirinya masih banyak yang tetap, hingga mereka biasa mengatakan bahwa tubuh orang itu terisi jiwa orang juga, karena mereka memang masih belum dan tidak mengalami keadaan-keadaan seperti zaman sekarang.

7   Ing ngarsa pan wus samya katulis,
    yèn empannya daya jasmaninya,
    lelantaran wanitané,
    jer iku marganipun,
    kalakonnya janma hudani,
    weruh mring tatarannya,
    sarta lungguhipun,
    uga tekan nyatanira,
    sinung wikan nggènnya dadi titah luwih,
    srawung kang darbé karsa.

8   Apan mula iku karyanèki,
    mangka papan nggènira kanyatan,
    wruha pisah lan kumpulé,
    ing kono jatinipun,
    wruhnya marang ukuranèki,
    sepira bobotira,
    kang satuhu-tuhu,
    mula perlu ing asmara,
    lulutira weruhana kang ngenani,
    huriping badanira.

13 DHANDHANGGULA

7 To understand how one human being influences another, it has already been said that human beings are of two kinds but both having the same nature – meaning that both have parts of the body that can be used for human needs. These two kinds are men and women.

9 Nyatanya kono karya nenitik,
titikannya tumrap badanira,
wus hurip lawan orané,
cocognya kang satuhu,
lan kahanan wektunya nglatih,
latihan badanira,
ingkang sampun-sampun,
dadya sira wruh nyatanya,
nyatanira yèn nunggal kudu nastiti,
nitèni lagyanira.

8 When these two unite sexually, they always exert a force on each other. So if at that time they are really attentive, and able to receive it, a reality will become evident; that is, which of the two yields to or is brought under the influence of the other.

9 Truly it will become apparent, there and then, what the individuality of each is like, in so far as in uniting they are able to be separated from other forces that are lower than human. Certainly, no method is necessary to achieve this, because any sort of method will only arouse the power of the passions. Instead, what is needed in these circumstances is to abandon all the forces of the passions and just to experience that the feeling is alive, with thought put aside, as during the latihan.

10 Ya ta kang kasbut daya jasmani,
yèku daya-dayaning sujanma,
saka wadhag trus batiné,
pan iki lugunipun,
nyatanya mung gampanging huni,
saka wus kaprah karan,
saking kang rumuhun,
ngleluri ing kunanira,
duk rumuhun mula isih suci murni,
yèn wong uwong temenan.

10 Of course, if seen outwardly with just the ordinary eyes, the sexual union of two people appears as one human being joining with another human being; but in fact each may still be filled with forces that easily degrade the level of the human soul. The inner content of people in olden times was more stable, so it was normal for them to say that a human body contained a human soul, because of course they did not experience conditions like those of today.

11 Lagipula hubungan mereka dengan orang-orang lain tidak begitu banyak seperti sekarang. Tambah lagi soal mengerjakan pekerjaan sekarang lebih banyak, dan perlu menggunakan akal pikiran yang tidak sedikit. Dari sebab itu, maka keadaan orang-orang dahulu sudah tidak mungkin dapat disamakan dengan orang-orang sekarang.

12 Karena itu pulalah, maka tidak sedikit orang-orang sekarang yang isi dirinya bukan lagi seperti orang-orang kuno, yaitu : lahirnya orang dalamnya pun melulu dan dikuasai daya orang juga, hingga dalam kalangan kita sendiripun selalu timbul juga pertanyaan-pertanyaan tentang itu.

13 Tetapi kalau kita sungguh-sungguh dapat menginsafi, maka kejadian-kejadian yang demikian itu bukan hal yang mustahil, karena dalam zaman kita sekarang ini lebih banyak dijumpai hal-hal yang dapat melemahkan daya kita yang pribadi.

14 Maka sebagai penjelasan, baiklah disini digambarkan bagaimana kejadiannya apabila ada orang laki-laki (jejaka) yang kawin dengan wanita (gadis) yang sama-sama terisi daya orang . Gambaran sebagai ini sesungguhnya memang dapat menjadi harapan, karena orang yang kebetulan dapat menemukan suatu perjodohan semacam ini dapat dengan lekas menampakkan suatu pertalian hidup yang kukuh dan kuat diantara kedua sifat, sehingga terisi dan terikat oleh daya tunggal (bersatu), yaitu daya orang.

15 Justru perjodohan semacam itulah yang selalu dicari orang, karena dalam pergaulan hidup waktu kumpul (bersetubuh) kedua sifat daya yang menjadi isi kedua sifat badan itu dengan mudah dapat dipersatukan, sehingga dalam diri kedua sifat itu tidak lagi terdapat rasa perpisahan. Karena itulah maka banyak yang menyebut wanita yang telah kawin itu : garwa, artinya : separuh nyawa dari laki-lakinya, dan karena itu pulalah wanita menamakan dirinya dengan nama suaminya.

11 Dadi wektu ing jaman rumiyin,
    ingkang akèh sifatnya sujanma,
    njaba njro nunggal arané,
    saka wektu rumuhun,
    isih akèh janma kang mligi,
    caranira srawungan,
    durung banget campur,
    bareng wektu kang samangkya,
    kang wus rowa sarwa-sarwi huripnèki,
    mesthinya tangèh padha.

12 Dadya yèn kajupuk benernèki,
    kèh-kèhira sifat wong samangkya,
    kang isih mung bayanganè,
    tegesnya kang puniku,
    blegerira mula sujanmi,
    nanging mungguh hisinya,
    sih cangkriman iku,
    dadya bleger kang mangkana,
    paran isih kenanya tan hisi janmi,
    nanging hisi daya Iya.

13 Paran apa sebabnya puniki,
    kaya wus tan ana samarira,
    kang mangka dadi kranané,
    jer salir wus katutur,
    kang dadya rubédaning janmi,
    salir kang dadya rènggan,

13 DHANDHANGGULA

saka tan dèn urus,
dèn pilaur nguja hawa,
hawa nafsu karkatnya saking kang sisip,
kang mung agawé tuna.

14 Nulya mangkya upaminirèki,
ana janma priya njero njaba,
uga janma njro njabané,
gathuk lan wanodyèku,
ingkang uga tumbuk njro njawi,
pan iki kebeneran,
cocog kang jinaluk,
yèn bisaa pan punika,
ingkang nyata-nyatanya
    kang dèn golèki,
dadya tetimbangannya.

15 Anèng kono jroning asmaradi,
saoncatnya hisi king wadhahnya,
wadhah kang nèng wanodyané,
dyan ganti hisinipun,
nunggal jinis kalawan laki,
dadya tetep arannya,
pan garwa puniku,
tegesnya garwa mangkana,
sigarannya nyawa munggwing gurulaki,
tetepira sajuga.

11 People then had fewer contacts with others than people have today. Nowadays there is more work to do, and we need to use our minds a lot. That is why the state of people in former times cannot possibly be compared with that of people now.

12 Also, the inner content of many people nowadays is unlike that of people of old, who were simply human, outwardly and inwardly, and ruled solely by the human force. But for us today a question always arises as to our inner content.

13 If we could be truly aware, however, we would not find such a state of affairs hard to believe, for in the present age we meet with many more things that can sap the force of our inner self.

14 To make this clear, it would be best to describe here how it is for a young bachelor and a virgin girl who marry when both are filled with the human force. This illustration can really be taken as the ideal, because those who happen to be able to find such a marriage can, between the two of them, quickly show a living bond, solid and strong, for they are being filled with and united by one and the same force – the human force.

15 It is that kind of marriage that people always seek, because at the time of sexual union the force in the two bodies can readily merge, so that inwardly the two natures no longer have any sense of separateness. For that reason a woman is often referred to as *garwa*,[3] meaning half of her husband's life, and that is also why a married woman calls herself by her husband's name.

229

SUSILA BUDHI DHARMA

16 Hasil selanjutnya dari perjodohan itu, kecuali tenteram dan rukun, pun membuka jalan baginya untuk menuju ke kebahagiaan hidup. Juga apabila mendapat anak dari perjodohan itu, maka datangnya daya isi biji manusia yang melalui dirinya akan membangkitkan rasa badan.

17 Dan dengan terbangkitnya rasa badan yang demikian itu, akan segeralah terasa dari mana datangnya kehendak itu, dan juga dapat merasakan bagaimana suasana dalam berkumpul (setubuh) itu. Demikianlah, sehingga ini merupakan suatu pembukaan bagi dirinya.

18 Selanjutnya sedikit demi sedikit akan terbimbing, dan akan mengenal pula segala sifat peserta, juga sifat daya-daya yang selalu kumpul dan pisah dengan dan dari dia dalam dirinya.

19 Pun disitu akan selalu ia dapat petunjuk, sehingga lambat laun makin mengenal peserta-pesertanya dan daya-daya lainnya, juga dapat dikatakan makin pandai menyendiri dalam masih kumpul dan berkumpul tetapi tidak terikat atau terpengaruh.

20 Demikianlah semestinya; tetapi sungguh jarang sekali dapat terjadi demikian, karena biasanya orang – terutama yang muda – masih belum suka menginsafi perihal daya isi diri orang itu. Maka dalam soal perkawinan (perjodohan), cara memilih gadis yang akan dijadikan pertimbangan bagi hidupnya, tidak dilakukan dengan tinjauan kejiwaan, tetapi didasarkan atas pergaulan sehari-hari yang isinya hanya mendekatkan hati antara satu dengan lainnya.

21 Karena itu, maka salah satu jalan yang baik untuk dapat menginsafi bagaimana sifat daya isi dirimu, begitupun sifat daya isi yang ada pada wanita ialah : apabila dapat kamu menemukan suatu cara yang dengan seketika dapat menerima terpisahnya hati akal pikiran dengan rasa diri.

16 Adhakannya yèn bisa kadyèki,
anggènira samya jejodhoan,
dhawahnya rukun huripé,
mring sandhang tedhanipun,
pan delalah gampil pinanggih,
ing tyas kekalihira,
tan na bèncèng angkuh,
paran mula yèn kalakyan,
anggènira jejodhoan sinung wiji,
pan iku dadya marga.

17 Marganira bisa nitik nuli,
mring nyatanya ingkang darbé karsa,
karsa kumpul ing rahsané,
kadya iku yèn tuhu,
begja bisa nulya aniti,
pan prasasat binuka,
mring jatining kawruh,
kawruh jiwa kang sanyata,
sanyatanya ingkang perlu dèn atampi,
mangka kukuhing gesang.

18 Saka kono tinuntun king kedhik,
winanuhken marang jatinira,
mring salir para renggané,
yèku salir kang kasbut,
sagung daya ingkang ngemori,
pan uga antuk warah,
cara misahipun,
dadya akir bisa nata,
gothak-gathuk kang tumrap bebakunèki,
temah tan ntuk rubéda.

13 DHANDHANGGULA

19 Yèn kalakon bisa anuhoni,
    ing janjinya mungguh ing kajiwan,
    temah mintir panampané,
    saya dangu saya gung,
    ing panampa saya nyukupi,
    wusana datan langka,
    ing pangiket baut,
    baut misah jiwangganya,
    bisa ndhéwé kang isih jroning
                    ngatunggal,
    lan amor tan kamoran.

20 Nanging kahnan kang kadya puniki,
    kalakonnya meksa nora gampang,
    jer durung wruh sadurungé,
    durung wruh yektinipun,
    paran apa sanyatanèki,
    lungguhnya kalihira,
    sadurungnya gathuk,
    jer iki kang cinarita,
    lagi gambar gegambaran ingkang yekti,
    mula samya wruhana.

21 Mula becik dèn upaya kaki,
    sipat cara-caranya anampa,
    kalakonnya wruh nyatané,
    nyata nyataning laku,
    kang kalakon bisa neniti,
    pisahing tyas lan badan,
    kang isi raos gung,
    wit ing kono nyatanira,
    wruhira mring jatinya ingkang tinampi,
    kang melok jroning badan.

16 Besides peace and harmony, a further result of that kind of marriage is that it opens the way towards a life of happiness. And if within the marriage they conceive a child, the force within the human seed coming through the man's self will awaken his bodily feelings.

17 And when those feelings are thus aroused he will immediately feel where the desire comes from; he will also be aware of the feeling during the union, so that this will be an inner opening for him.

18 Thereafter he will be led, little by little, to recognise all the characteristics of the forces that accompany him, which continually unite with him and separate again within his self.

19 Also from this he will constantly get indications that enable him to become gradually more familiar with his companion forces, and also with other forces. One could say that he becomes more capable of remaining detached from them even as he unites with them – being united, but not bound or influenced by them.

20 This is how it should be; but in fact it very rarely is so, for people – especially the young – usually do not want, as yet, to be aware of the forces within them. The way a man chooses a young woman to marry as a life partner is not made from the viewpoint of the soul, but is based on everyday social contacts, the content of which is just to bring their hearts close together.

21 For that reason, a good way to become conscious of the qualities of the forces within you and also of those in a woman is to find a means, if you can, whereby you immediately experience the distinction between the heart and mind, and the inner feeling.

SUSILA BUDHI DHARMA

22 Dengan cara itulah untuk pertama kalinya rasa dirimu mengenal akan daya asli dari asalmu dan berikutnya mengenal juga gerak gerik daya-daya lain, yang dahulu memperdaya rasa dirimu hingga kamu hanya menjadi alatnya.

23 Karena diperalat oleh daya-daya inilah banyak orang yang bertindak tidak semestinya. Daya-daya ini memang telah menjelma dalam rasa diri manusia sejak permulaan terjadi, masih dalam kandungan ibu, hingga sampai pada hari lahir dan seterusnya sampai pada saat hidupnya yang terakhir. Oleh sebab itu, sungguh tak layak dan pantas bila orang bertindak dengan tiada yang teratur. Orang harus menempatkan daya-daya itu terlebih dahulu ke keadaan yang tidak lagi menjadi perintang, sesudah itu barulah si orang bertindak menurut hak pribadinya. Dalam hal ini tidak semestinya orang bertindak dengan hanya mempercayai asal berani saja.

24 Sebab tindakan yang serampangan seperti ini besar kemungkinannya akan mendatangkan kesalahan, hingga berakibat : tergesernya kedudukan daya orang, dan kalau tidak beruntung malahan jauh lebih sengsara lagi daripada itu. Maka agar kamu atau orang dapat terhindar dari kesalahan yang besar ini, janganlah sekali-kali diabaikan hendaknya cara yang mudah dan baik seperti tersebut diatas, atau kalau belum bersua, usahakanlah hingga dapat menemukannya.

25 Sekarang lain umpama lagi, andaikata ada pemuda yang dirinya terisi daya orang kawin dengan gadis yang berisi daya lebih rendah dari daya orang, tetapi kedua sifat ini telah menginsafi kedudukannya masing-masing, atau setidak-tidaknya yang bersifat laki-laki telah menginsafinya, maka apabila kedua sifat itu bersetubuh, daya laki-lakilah akhirnya yang menguasai keduanya, sehingga isi daya yang rendah di diri wanita akan lenyap dengan sendirinya dan sebagai gantinya terisi daya orang dari suaminya.

22 Mula kono wiwitira nampi,
wiwit wanuh nyataning sarira,
kang mangka dadya lungguhé,
plungguhan kang dumunung,
teges dunung wruh ing wawadi,
wawadining kahanan,
ananya tumuwuh,
mula aywa nir waspada,
mring pratingkah salir daya
kang mbarengi,
nunggal ingkang sarira.

23 Krananira mula kèh kang tuni,
tuna luput ing tingkah tan yogya,
saka klangkung gung rungsité,
wit nyatanya puniku,
pan wus dadya sarating dadi,
dumadi saking jabang,
tekèng wujud manus,
mula iku ywa ginampang,
grusa-grusu amung waton sugih wani,
ngendelken tékadira.

13 DHANDHANGGULA

22 By this means your inner feeling will recognise for the first time your own original force, and next you will also get to know the movement of the other forces that previously dominated your inner feeling, and made you merely their tool.

23 Many people, being the tools of these forces, do not behave as they should. These forces are indeed embodied in the inner feeling of people from their beginning while still in their mother's womb, when they are born and until the end of their life. Therefore it is truly not fitting or proper for a person to act without organising them. One must first arrange these forces in such a way that they are no longer an obstruction; only then can one act in accordance with one's own right. That is why people should not act from trusting only their own courage.

24 Awit iku yèn kongsia sisip,
    sanadyan ta nora sapiraa,
    pan wus nggèsèhken lungguhé,
    saya yèn luwih agung,
    bebayanya saya ngluwihi,
    saya nir tingkahira,
    utamaning manus,
    paran mula kang mangkana,
    ing tumindak dèn becik
        aywa ngowahi,
    lir kang kajarwa ngarsa.

24 For acting in such a random way is highly likely to lead to mistakes, resulting in their human force becoming displaced and – unless they are lucky – much further suffering. So, to avoid such big mistakes never neglect the simple and good way described above; or if you have not yet encountered it, make an effort to find it.

25 Ya ta mangkya kawuwusa malih,
    datan béda karya sipat kupya,
    munggwing daya jasmaniné,
    ya ta upaminipun,
    janma priya gathuk lan èstri,
    si priya isinira,
    kasbut daya manus,
    déné wadon isinira,
    dudu asal saka dayaning sujanmi,
    kang kasbut jasmaninya.

25 Now to take another example. Suppose a young man filled with human force marries a girl containing forces lower than the human, but that both are conscious of their own situation – or the husband at least is aware of it – then, when these two unite, the man's force will finally dominate them both, and the lower forces in the woman will spontaneously disappear and be replaced by her husband's human force.

26 Demikianlah, hingga hal inipun tak akan berbeda juga dengan yang tersebut di muka. Tetapi meskipun daya yang ada dalam dirinya itu daya orang, kalau itu belum dengan sungguh-sungguh dimiliki, namun tak akan dapat ia mempertahankan kedudukannya.

27 Ada lagi lain hal yang menjadi sebabnya. Berhubung dengan belum diketahuinya isi diri pribadinya, maka daya-daya yang telah menjadi peserta hidupnya masih merupakan penghalang yang besar bagi tindakannya menuju kekesempurnaan. Dan karena yang demikian itu juga, isi diri yang aslinya pun mengalami keruntuhan, sehingga sudah tidak berfaedah lagi bagi dirinya.

28 Kalau ini diperumpamakan sebagai orang yang mempunyai alat-alat untuk bekerja, maka adalah ia orang yang belum dapat mengerti akan gunanya, sehingga sifat alat-alat itu bukan merupakan pembantu, tetapi malahan menjadi beban yang berat baginya. Dan mungkin tambah berat dan mencelakakan lagi bila diantara alat-alat itu ada yang berbahaya sifatnya.

29 Demikian pula bagi kejiwaan, meskipun sifat daya-daya yang ada dalam diri orang itu hakekatnya menjadi peserta atau pembantu, kalau orangnya salah raba karena kekosongan pengertian, maka peserta-peserta atau pembantu-pembantunya itu malahan terbalik menjadi penghalang atau perintang bagi keselamatan hidupnya. Karena itu maka tak kuranglah banyaknya orang yang mengalami kesalahan dan kejadian-kejadian yang tidak diinginkan.

26 Apan iki nyatanya sayekti,
lir kang wus kinocapken ing ngarsa,
si wadon katut lakiné,
nanging mangkono iku,
yèn si priya wus bisa nampi,
kang dadi nyatanira,
munggwing lungguhipun,
nanging lamun tan mangkana,
lungguhira ingkang kasbut janmanèki,
yekti durung kanyatan.

27 Ananira mula lir puniki,
saka sepi tyasnya tan ngupaya,
cara mruhi pakartiné,
mring salir ingkang kasbut,
salir daya kang dadya pranti,
lan uga mring empannya,
tyasnya ingkang luput,
mula nadyan ujarira,
isi janma kang tuhu amaédahi,
meksa tan darbé guna.

13 DHANDHANGGULA

28 Apan iku upamanya janmi,
    kang durung wruh gunaning prantinya,
    praboting wong nyambut gawé,
    puluh darbé tan dunung,
    malah rèbyèg kakèhan kanthi,
    mung bingung dadi gawan,
    ngebot-boti laku,
    begja iku yèn tan ana,
    ingkang gawat mungguh ing gunanirèki,
    kang bisa wèh bebaya.

29 Tumrap jiwa apan iku sami,
    nadyan becik lir kang kasbut ngarsa,
    yèn tuna tan ana gèsèh,
    tan béda nggènnya kliru,
    palah kwalik wong dèn kemudhi,
    déning sagunging daya,
    kang nèng ngarsa pungkur,
    mula nyata nora kurang,
    akèh janma kang luput
        mring kang tinitik,
    pan iku krananira.

26 In that case, the result will be no different from that described earlier. But, even though the force within him is human, if the husband is not yet in full possession of that force he will not be able to maintain his status.

27 Another reason might be that, due to his ignorance as yet of the content of his inner self, the other forces that accompany his life still greatly hamper his progress towards perfection. This is another cause for his original content to become degraded and of no more use to him.

28 If likened to a man who owns tools for doing his work, then he is like one who cannot yet understand their use; they are therefore of no help to him, but are instead a heavy burden. And this burden will become heavier and bring disaster on him if some of the tools are dangerous.

29 That is analogous to the spiritual reality. Although in fact the forces within a person's self have the nature of companions or assistants, if he or she handles them wrongly through lack of understanding, these assistants will act in the opposite way and become hindrances or obstructions to well-being. That is why many people experience mistakes and misfortunes.

30 Seperti itu pula hal ihwal orang laki-laki yang mempunyai istri sedang hamil, lagipula belum menginsafi tentang kejiwaan; kadang-kadang ia bertindak salah, yaitu : suka bersetubuh dengan wanita lain. Adapun yang jadi sebabnya, ialah tak lain karena biasanya wanita yang telah hamil itu sudah berasa enggan sekali menuruti kehendak laki-laki yang kerapkali mengajak bersetubuh. Karena inilah si laki-laki kiranya sudah tidak dapat menahan nafsu asmaranya, hingga ia memaksa diri bersetubuh dengan wanita lain.

31 Akhirnya kecewalah yang akan terasa, karena bersetubuh dengan wanita lain itu akan membawa kemerosotan kedudukan isi dirinya. Padahal kalau dapat diketahui yang sebenarnya, penolakan itu bukan dikehendaki si istri semata-mata, tetapi adalah kehendak si anak yang masih terkandung, yang hakekatnya memperingatkan si orang tua supaya berperasaan sabar dan menerima hendaknya, agar selama dalam kandungan selalu ia memperoleh keselamatan dan kebahagiaan.

32 Demikianlah arti penolakan itu bila sungguh-sungguh dapat dimengerti. Maka teranglah bahwa peringatan yang demikian itu seharusnya diturut, sehingga keadaan si anak yang masih dalam kandungan itu tetap selamat dan bahagia. Selanjutnya diri si istri dan dirinya sendiripun akan tetap dalam keadaan selamat dan bahagia juga. Tetapi biasanya hal ini masih belum menjadi perhatian atau masih belum dimengerti, sehingga tindakan yang salah seperti diatas ternyata masih dijalankan dengan tidak menaruh kekhawatiran dalam hatinya sedikitpun. Malahan ada diantaranya yang telanjur menganggap kebiasaan itu sebagai suatu hal yang biasa saja, sehingga dengan sesuka hatinya bersetubuh dengan wanita-wanita yang telah lama menjadi sasaran nafsu asmara semacam itu.

30 Ana manèh kupya munggwing janmi,
kang kalakon nggènnya jejodhoan,
praptèng mangsa nggarbininé,
si èstri arang purun,
leladèn mring karsaning laki,
katonnya anenulak,
marang sihing kakung,
pan iku sawenèh ana,
krana iku si priya keliru tampi,
sinengguh dèn sengaja.

31 Mangka yekti ananya kadyèki,
lamun ta dèn ngertènana samya,
pan dudu karepé dhéwé,
yektinya kang puniku,
krana saka dayaning bayi,
kang nèng jroning kandhungan,

13 DHANDHANGGULA

30 Similar to that is the case of a husband, as yet unaware of the life of the soul, whose wife is pregnant. At times he behaves wrongly, being inclined to have sexual relations with other women. The reason for this is that a pregnant woman is often very reluctant to comply with her husband's frequent requests for intercourse. So her husband, perhaps unable to control his passion, feels compelled to have intercourse with another woman.

gwagarbaning biyung,
nanging nadyan mangkonoa,
meksa ana kang tan sabar mapas ati,
mengku hardèng asmara.

31 In the end he will feel disappointed, because sexual intercourse with another woman will degrade the status of his own content. In fact, if only he knew the truth, his wife's refusal was not at all her own wish, but the wish of the child in her womb, who in reality was warning his or her parents to be patient and to surrender, in order that while in the womb he or she may always be safe and happy.

32 Kono saka tunanya tyasnèki,
datan bisa mapas napsu hawa,
satemah sèdhèng tékadé,
gya nempuh laku luput,
amung nurut daya kang nisthip,
kang nistha karya papa,
cintrakaning manus,
mula temah sadhawahnya,
sathuk-thuknya waton gathuk klawan èstri,
anggepnya mbuwang hawa.

32 Understood rightly, that is the meaning of the wife's refusal. Clearly, a warning of this kind ought to be heeded, so that the condition of the child in the womb remains safe and happy. Then the wife's and husband's own selves will also remain in a state of well-being and happiness. But usually men do not pay attention to this, or do not yet understand it. So they still behave wrongly, as has been described, without being in the least concerned. Some of them even consider this to be just a normal custom, and gladly have sexual relations with women who have long been the object of such erotic passion.

SUSILA BUDHI DHARMA

33 Sebagai itulah bekerjanya sifat daya-daya yang ada dalam diri orang, sehingga si orang merasakannya bukan sebagai suatu kesalahan, tetapi malahan dianggap sebagai suatu tindakan yang benar.

34 Malahan adapula tindakan demikian dirasakan sebagai suatu kelebihan karena dirinya diingat sebagai laki-laki. Padahal sesungguhnya amat merugikan kedudukannya sebagai manusia makhluk yang utama.

35 Kelanjutannya, apabila tidak segera diinsafi, maka kesalahannya dapat menjadi terus menerus, yang akhirnya amat sukar untuk dapat kembali ke kedudukannya yang baik dan utama.

36 Apalagi kalau sesudah demikian masih juga suka bersetubuh dengan istrinya yang sedang hamil. Persetubuhan ini dapat mengakibatkan kesengsaraaan bagi si istri dengan anaknya kecuali dirinya sendiri, sehingga anak dan bini yang tidak turut apa-apa terkena dan tertimpa pula oleh kesalahan-kesalahan yang dilakukannya.

37 Anak dan istrinya akan lebih menderita lagi, apabila tindakan yang demikian sampai membawa penyakit yang diperoleh dari wanita-wanita yang telah menjadi sasaran nafsu asmaranya. Karena, sifat penyakit yang dibawanya ini akan berakibat merusak diri anak dan istri baik lahir maupun batin.

38 Demikianlah hal itu akan terjadi; sedangkan kalau diingat, kejadian seperti itu sudah tentu sekali-kali tidak diingini oleh si istri. Maka jelaslah bahwa tindakan semacam itu sungguh bersifat suatu penganiayaan terhadap diri istri dan anaknya belaka, sehingga pengharapan mereka untuk mendapatkan anak keturunan yang berbudi utama tak akan mungkin terlaksana.

33 Paran iku nyatanira kaki,
   pan mangkana tumrap pangrasanya,
   ingkang durung wruh wadiné,
   nanging ta nyatanipun,
   pan iku tyas wong kang wus klindhih,
   pinurba déning daya,
   kang samya nyerawung,
   mula iku hakékatnya,
   palah uwong kang nyata
            pinurbèng pranti,
   pranti rengganing gesang.

34 Palah ana sawenèhing janmi,
   pakulinan kang kadya mangkana,
   dèn rerasa lumrah baé,
   tan wruh lamun kadyèku,
   saka asring satemah manjing,
   manjing anèng wataknya,
   nyuwungken budi nung,
   temah nir tipeting rahsa,
   rasa mulya kang dadya adeging janmi,
   janma titah utama.

35 Mula kulup dèn wruhana yekti,
   lamun iku tindak kang tan yogya,
   ngrerusak awaké dhéwé,
   palah iku wosipun,
   datan amung ngrusak mring lahir,
   nadyan ta ing batinnya,
   tan béda kapupuh,
   dadya njaba njeronira,
   pan karusak temah adoh
            dadya becik,
   nalangsa uripira.

13 DHANDHANGGULA

36 Paran déné nadyan kadya iki,
   kadhang ana kang sih tan rumangsa,
   mentala nglulut bojoné,
   tan ngétung lagi ngandhut,
   jabang bayi ingkang dèn anti,
   ujarnya lamun babar,
   dumadya janma nung,
   nanging nyatanya punika,
   tangèh bisa krana tindaknya
           kang sisip,
   lir kang wus kasbut ngarsa.

37 Saya kojur lamun praptanèki,
   saka nglampra anggawa lelara,
   iku wuwuh cilakané,
   cacadnya bayinipun,
   ora ngemungken jiwanèki,
   nadyan awaknya pisan,
   tan manggih rahayu,
   iku antuknya wong salah,
   dyan ngrusak metengaken
           dalaning urip,
   sumrambah kulawarga.

38 Jeneng iku nganiaya yekti,
   marang sémah tekèng turunira,
   teka katut ing dosané,
   kang akir nandhang luput,
   katut cacad lir kang nglakoni,
   mangka ingkang mangkana,
   tan pisan jinaluk,
   ing mangka yèn wus kalakyan,
   klakon salah krana tindak
           kang tan yogi,
   temah tyasnya kuciwa.

33 That is how the forces in a person's self work. The result is that they do not feel their behaviour is wrong, but even consider it to be right.

34 Some men even feel that such conduct is a mark of superiority, because it is a reminder of their masculinity. Yet in fact it greatly impairs their status as human beings, as creatures of high degree.

35 Furthermore, if a man does not realise this early on he may repeat this mistake over and over again, making it very hard in the end to return to the high level that is proper to him.

36 This is even more true if, after that, he still has sexual intercourse with his pregnant wife. This intercourse can make his wife and child suffer, as well as himself, so that they, who have had no part in all this, are also affected and burdened by the mistakes he has made.

37 His child and wife will suffer even more if such behaviour leads to him getting a disease from women who have become the objects of his erotic passion. For the nature of the disease he carries will ravage his child and wife both physically and spiritually.

38 That is what will happen. Yet, if you remember, his wife certainly never wanted anything like that. Plainly, then, such behaviour simply amounts to abuse of the wife and her child; so the parents' hope of getting a child of excellent character cannot possibly be fulfilled.

39 Ketahuilah anakku, demikian hebatnya pengaruh daya jasmani terhadap orang, karena memang daya orang yang berhadapan dengan daya orang; malahan banyak yang terjadi bukan hanya daya orang berhadapan dengan daya orang saja, tetapi daya orang berhadapan dengan daya lain-lain yang bertirai diri orang. Apalagi andaikata yang menjadi tirai itu sifat wanita yang elok parasnya, maka si laki-laki akan mudah sekali menaruhkan dirinya untuk dibawa kemana saja. Tetapi hakekatnya, yang jadi sebab kesalahan ini bukan sifat wanita saja, meski sifat laki-lakipun menyebabkannya juga, malahan kalau ditinjau sebenarnya yang menjadi pokok pangkal kesalahan ini adalah pihak laki-laki.

40 Karena itu, maka sebaiknya sebagai manusia jangan hendaknya selalu meninggalkan latihan rasa seperti yang telah banyak dituturkan di muka. Sebab dengan latihan rasa ini, orang akan memperoleh keahlian cara menerima dan mengatur daya-daya yang ada dalam dirinya, sehingga dalam mengerjakan sesuatu terutama dalam kumpulnya laki-laki dengan wanita (bersetubuh) tidak akan ditemui kesukaran tentang cara memisahkan rasa diri pribadinya dengan daya-daya lain yang selalu berkumpul, dan dapat pula menyalurkan daya-daya itu ke jurusan yang semestinya. Dengan terlaksananya yang dilakukan itu, maka terpisahlah sifat keperluan masing-masing, misalnya : sifat keperluan orang untuk orang, sifat keperluan daya-daya lain untuk daya-daya itu, sehingga dengan sendirinya daya orang akan berhadapan dengan daya orang melulu, dan daya-daya lain akan berhadapan dengan daya-daya sejenisnya.

41 Adapun cara untuk dapat mengetahui hal yang tersebut diatas, rasanya tak ada jalan lain kecuali orang itu diharuskan supaya dapat meninggalkan hati akal pikiran dan angan-angannya yang biasa suka meraba-raba hal-hal yang belum terjadi.

39 Paran iku nyatanira kaki,
saya luwih gawat dayanira,
daya janma mring janmané,
ing mangka kang kadyèku,
isih agung tunggalnya yekti,
ubengnya punang daya,
lira-liru surup,
tegesnya tembung punika,
klakon bisa krana reged saka èstri,
lan uga saka priya.

40 Apan iku mula dadya janmi,
kang satuhu kudu bisa nata,
mring pranatan sujanmané,
wruha mring tuhunipun,
ingkang kumpul lan kang ngrenggani,

13 DHANDHANGGULA

caranira amisah,
pisah jroning kumpul,
yèku daya salirira,
kang wus dadya isèn-isèning sujanmi,
priya klawan wanita.

41 Yektinya kang mangka lakunèki,
kalakonnya bisa niti samya,
waton bisa ninggal tyasé,
tegesnya iku nyuwung,
nyuwungken tyas kang warni-warni,
amemikir lan nggagas,
ngangen-angen agung,
nanging ywa nglalèkken srira,
rasakena kang karasa jroning dhiri,
kang ana saka sepa.

39 Do realise, my children, that the human force has so powerful an influence on people because, of course, human force is confronted with human force. And what is more, what often happens is not just human force confronting human force, but human force confronting other forces veiled by a human mask. Especially if what veils a woman's nature is a beautiful face, then a man may readily entrust himself to her and so be led anywhere. In truth, however, this is not only the woman's fault, but the man's too. Indeed, if seen as it actually is, the fault is mainly in the man.

40 For this reason, as human beings, it is best for people not to neglect the training of the feeling, fully described earlier. For through this training of the feeling they become adept at receiving, and at organising the forces within them. Hence when doing anything, and especially in sexual relations between men and women, people will have no difficulty in separating the feeling of their inner self from the other forces that always join with it; they will also be able to channel those forces to their right destination. In doing this, the various needs of these forces are separated; for example, the need of the human force for the human force, and the needs of the other forces for those forces. So, spontaneously, the human force will face only the human force, and the other forces will each face forces of their own kind.

41 To come to understand what has been explained above, it seems there is no other way than that people must be able to put aside the heart, mind and imagination, which usually like to concern themselves with what is unreal.

42 Sebab dengan tidak terisinya akal pikiran dan angan-angan atau dengan perkataan lain, sesudah dapat mengosongkan segala akal pikiran dan angan-angan yang selalu mengisi rasa perasaan seperti kebiasaan saban hari, maka dengan segera akan dapat diterima suasana dari dalam, yang dalam alam rasa merupakan suatu getaran hingga meliputi seluruh tubuh, yang rasanya sebagai terkena oleh suatu kekuatan yang sekali-kali belum pernah dialami. Sudah tentu dalam menerima yang demikian itu lambat-laun akan lebih sempurna, sehingga akhirnya dapat mengenal yang menjadi isi rasa diri, dan dapat pula mengetahui sifat, guna dan bekerjanya pengisi rasa diri itu.

43 Pun sifat hati akal pikiran meski dalam waktu yang demikian itu tidak bekerja dan berdaya, namun akan terlihat juga bagaimana kedudukannya yang tentu. Dari keadaan yang demikian itulah si orang dapat merasakan, bahwa sesungguhnya hati akal pikiran itu hanya merupakan sebagai pelayan belaka dari daya-daya yang ada dalam rasa diri dan merasakan pula dengan sangat kecewa segala kesalahan dari tindakan dan kelakuannya yang sudah-sudah.

44 Itulah sebabnya maka hati akal pikiran itu sesungguhnya bukan suatu sifat yang tentu benar dan juga bukan suatu sifat yang dapat berdiri sendiri. Dengan keadaannya yang telah jelas sedemikian rupa, sifatnya tidak lain daripada sifat pelayan belaka, dan dalam keadaan yang tentu hanya perlu berada di belakang rasa diri pribadi.

45 Keadaan itu kalau diumpamakan lampu, api yang menyala adalah sifatnya, sedangkan sifat daya yang mengisi rasa diri dan memperdayakan hingga hati akal pikiran itu bekerja, ialah : minyaknya. Maka jelaslah, bahwa terang atau tidaknya lampu itu menyala hanya tergantung kepada minyaknya. Demikian juga tentang baik dan tidak atau benar dan salah bekerjanya hati akal pikiran itu hanya tergantung kepada sifat daya yang menjadi isi rasa diri.

42 Apan kono yèn klakon sayekti,
    bisa nampa wahananing jiwa,
    temah walèh saka dhéwé,
    salir daya tinemu,
    pakartinya samya dèn isis,
    dèn ababar priyangga,
    tan susah jinaluk,
    déné ati akalira,
    krana iku satemah tiba nèng wuri,
    nyartani mring sarira.

43 Sipat ati akirnya kaèksi,
    luputnya ing wektu kang wus klakyan,
    nggènnya amung manut baé,
    mring préntah saliripun,
    salir daya ganti-gumanti,
    paran mung gawé tuna,
    adegnya si manus,
    temah janma salah tindak,
    uripira mung tansah nandhang prihatin,
    adoh nemu raharja.

13 DHANDHANGGULA

42 For when people are not filled with thoughts and fancies – or in other words, when they have been able to empty themselves of all the thinking and imagining that usually occupy their feelings every day – they will soon receive a state from within that is felt as a vibration throughout the body, and feels like the touch of a power never experienced before. This receiving will certainly progress in the course of time until, eventually, they can recognise the content of their inner feeling and can also know the character, use and working of that content.

44 Mula nyata sipat ati kaki,
   apan dudu sipat kang pribadya,
   wit karyanya mung angèngèr,
   manut préntah tur tan wruh,
   sapa baya kang amréntahi,
   ngertinya yèn wus klakyan,
   kebentus wus benjut,
   apan iku sebabira,
   lamun ati tan kena dèn dokok ngarsi,
   saka dudu lungguhnya.

43 And in spite of the heart and mind being inactive and powerless at the time of receiving, their real roles will also become evident. In that state they can feel that the heart and mind are really just servants of the forces in their inner feeling; they can also perceive, with deep regret, all the faults in their past deeds and conduct.

45 Awit iku upamanya senthir,
   si ati kang munggwing jroning grama,
   lenga ibarat dayané,
   dadya padhang lan surup,
   pan gumantung king lisahnèki,
   yèn lenganya lenga gas,
   mokal lamun surup,
   kosok bali lamun jarak,
   dèn pepadhang meksa isih
           melip-melip,
   tur wèh pedhesing mripat.

44 That is why the heart and mind are not entities that can be relied on, and cannot stand on their own. As has been made clear, their role is simply and solely that of servants, and their appointed place should be only behind the inner self.

45 If they are compared with a lamp, the burning flame is their quality, while the oil is the force that fills the inner feeling and empowers the heart and mind to work. Clearly, the brightness or dimness of the lamplight depends solely on the oil. Likewise, whether the heart and mind work well or badly, rightly or wrongly, depends solely on the quality of the force that is the content of the inner feeling.

46 Karena itulah, maka banyak sudah dituturkan disini, bahwa sifat hati akal pikiran itu tidak dapat digunakan untuk menginsafi kepribadian manusia. Adapun yang jadi sebabnya, sebagaimana telah dituturkan diatas, ialah sifatnya yang hanya melayani kepada yang memerintahkan atau dengan perkataan lain : hanya bergerak dan bekerja apabila ada yang menggerakkan atau mengerjakan. Untung kalau yang menggerakkan dan mengerjakan itu suatu sifat daya yang utama, kalau tidak, tentu akan merugikan jalan hidup manusia yang utama. Oleh sebab itu, tak kurang-kuranglah orang berbuat salah mengaku benar atau menindakkan kesalahan merasa bertindak benar.

47 Demikianlah, kiranya tak akan mudah bagi orang menemukan letak kebenaran dan kesalahan dari perbuatannya, kecuali bila ia dapat melepaskan hati akal pikiran yang telah menyala dalam rasa dirinya. Dengan kesudahan ini, barulah menjelma keadaan sebenarnya, siapakah gerangan yang selalu mengemudikan rasa diri sampai ke hati akal pikiran.

48 Itulah sebabnya maka seringkali terjadi, banyak orang yang kadang-kadang tidak insaf akan tindakannya, dan adapula yang bertindak dengan telah dipikirkan masak-masak, tetapi akhirnya ternyata masih juga menyimpang dari kebenaran. Demikianlah keadaan sebenarnya daripada sifat hati akal pikiran; maka perlulah sesungguhnya bagi kamu untuk mempergiat latihan kejiwaan itu dengan cara sebagaimana yang telah dituturkan dimuka.

49 Sebab, dengan kesungguhan melatih diri kejurusan kejiwaan, akhirnya kamu tak akan sampai tersasar cara menggunakan akal pikiranmu, sehingga sifat akal pikiran yang telah kamu masak dengan jalan biasa itu akan sungguh-sungguh berguna bagi dirimu.

46 Mula iku si ati tan kénging,
yèn sinuprih dadya marganira,
luwih karya cecoloké,
cecolok munggwing laku,
lakuning wong ngupaya wadi,
wadi-wadining jiwa,
ingkang anèng manus,
awit nyata sèwu langka,
arang ana uwong ala ngaku sisip,
kajaba yèn nir tyasnya.

47 Saka nir ing tembé katon mingis,
mingis ngégla kang dadi ananya,
jiwa kang mangka isiné,
satemah wongnya wanuh,
marang nyata jatining hisi,
kang lama nyekel préntah,
mréntah tyasing manus,
dadya janma temah salah,
salah pikir wit kang mikir dudu janmi,
daya lya kang manjanma.

13 DHANDHANGGULA

48 Krana iku mula kèh kang nlisip,
  ing tumindak tan manggih utama,
  nadyan gung kawruh pikiré,
  dadya terang wosipun,
  nadyan ati kawruhnya inggil,
  yèn jiwa tan utama,
  temah tan rahayu,
  iku kulup nyatanira,
  perlunira ananya sira ngupadi,
  luhunging jiwanira.

49 Dadya sira akir tan kecelik,
  kawruh pikir kang wus sira tampa,
  wus tan nedya nasaraké,
  jer pikir wus winengku,
  pan winengku jatining isi,
  isi jiwa utama,
  utamaning manus,
  mula perlu tumrap janma,
  amarsudi supaya kawruhnya inggil,
  lan njombarken wawasan.

46 That is why, as has often been said here, the heart and mind cannot be used to become aware of one's human inner self. The reason for this, as has been stated, is that their nature is simply to serve whatever commands them; in other words, they move and work only when there is something that moves or activates them. It is fortunate if what activates them is a high power, otherwise it is bound to detract from an excellent human way of life. That is why many people make mistakes that they claim to be correct, or act wrongly in the belief that they are doing right.

47 From this it would appear that it will not be easy for people to tell right from wrong in their behaviour unless they can free themselves from their heart and mind, which have been powering their consciousness. Only when they have done this will the true state of affairs become clear, and they will see what it is that keeps steering their inner feeling towards their heart and mind.

48 This is why it often happens that, while some people do not realise what they are doing and others act after careful thought, in the end it is clear that they have both gone astray. This is the truth about the nature of the heart and mind; so it is really essential for you to be diligent in following the latihan in the manner spoken of earlier.

49 For eventually, by sincerely training yourself in what concerns your soul, you will not go astray in using your mind. And the mind, which you have developed in the normal way, will then be really useful for your self.

50 Sesungguhnya memang berguna sekali orang mempelajari ilmu pikir itu, makin luas malahan makin utama, asalkan sifatnya hanya menjadi alat diri kemanusiaannya, bukan sebagai alat diri yang terisi daya rendah, yang mengakibatkan penderitaan sebesar-besarnya bagi manusia.

51 Sekarang ganti yang diceritakan. Banyak pemuda yang kadang-kadang sebelum mempertalikan perjodohan (kawin), sudah seringkali suka bersetubuh dengan wanita-wanita, malahan ada diantara mereka menjadikan perbuatan seperti itu sebagai kebiasaan dan dianggap penghibur karena dapat membuang nafsu asmaranya. Malahan ada pula tindakan demikian diperlukan untuk mendapatkan kepuasan dari kehendak nafsu asmaranya sebelum mereka mempunyai istri yang tetap (sah).

52 Inipun sejenis juga dengan kesalahan-kesalahan yang dialami oleh para lelaki yang telah beristri, yang masih suka berperangai seperti itu. Terangnya, perbuatan ini tak ada juga bedanya dengan tindakan orang yang semata-mata merusak dan mengotori rasa dirinya sendiri. Memang, bagi orang yang belum dapat menginsafi, hal ini dianggap sebagai sesuatu yang biasa, sehingga dirasakan hanya sebagai suatu kesukaan belaka. Tetapi yang sungguh, ini adalah suatu tindakan yang berbahaya sekali, terutama bagi pemuda-pemuda yang dalam garis besarnya adalah sifat yang akan menjadi saluran isi biji manusia yang akan datang nanti apabila berjodoh (kawin). Sebab kesukaan semacam ini bukan sesuatu yang mudah dilepaskan begitu saja, lagipula bukan suatu kesukaan biasa, tetapi adalah sifat kesukaan yang sesungguhnya terdorong oleh daya rendah hingga dalam bekerjanya mengakibatkan penderitaan batin yang tak terhingga.

50 Amung baé watonnya tan lali,
ora lali nggènira ngupaya,
dedalan wruha jiwané,
perlunya akiripun,
aywa kongsi manggih sesisip,
lalakon lir kang kasbat,
katrangan ing ngayun,
poma iku setitèkna,
lamun sira karsanya amrih basuki,
widada lan raharja.

51 Ya ta mangkya ganti kang tinulis,
pan sawenèh ana priya mudha,
wus seneng anggandhèng rèntèng,
ujarnya pupung durung,
mengku sémah becik nglakoni,
anguja nepsunira,

13 DHANDHANGGULA

50 Truly it is very useful for people to acquire mental knowledge, the broader the better, provided that it serves as a tool only for their human self and not for a self filled with low forces – for that causes people the greatest possible suffering.

dèn kapara nutug,
pangrasanya kang mangkana,
pan wus lumrah kèh-kèhnya
    priya taruni,
suka tindak mangkana.

51 Now to change the subject. Before binding themselves in marriage, many young men often like to have sexual relations with women; some even make a habit of it and consider it a recreation, because it relieves their sexual passion. To others acting in this way even seems a necessity, in order to satisfy their sexual desire before they have a permanent, lawful wife.

52 Apan iku tunggalnya kang sisip,
tindak salah kang durung kawruhan,
empannya munggwing jiwané,
dèn kira yèn kadyèku,
lir wong mbuwang regeding dhiri,
hawa nepsunya sirna,
salir krana iku,
palah kebanjur lengganan,
semangsanya nepsunira kumat malih,
saya mempeng tyasira.

52 This is the same sort of mistake as is made by men who are already married and still like to behave in that way. In other words, such conduct is simply that of a man who spoils and soils his own inner feeling. Of course, men who cannot yet realise this regard it as normal, and feel it is merely a kind of pleasure. But the truth is that such behaviour is extremely dangerous, especially for young men, who later, when they are married, will generally become channels for the seed of future human beings. For pleasure of this kind is not easy to give up just like that; it is not an ordinary pleasure but, incited as it is by low forces, gives rise to boundless inner suffering.

53 Sebagaimana telah banyak dituturkan dimuka, perhubungan rasa asmara antara laki-laki dan wanita itu hakekatnya adalah pergulatan daya, yang telah dapat ditentukan siapa diantara mereka itu yang kalah atau menang, sehingga perasaan dan anggapan bahwa tindakan demikian itu hanya suatu hal biasa dan sebagai kesukaan belaka, sama sekali tidak dapat dibenarkan.

54 Oleh sebab itu baiklah tindakan dan kebiasaan seperti itu dihindari jauh-jauh, karena yakin bahwa sungguh-sungguh merusak diri hingga sampai ke jiwa.

55 Demikianlah sebabnya maka orang bersetubuh itu dikatakan : sejiwa. Jelaslah, bahwa tindakan yang demikian itu sungguh bukan berupa kesukaan, tetapi adalah tindakan yang berakibat kerusakan bagi jiwa semata-mata.

56 Karena itu, seseorang akan merasa sangat menyesal sekali bila dapat mengetahui sendiri segala yang terjadi itu. Sebab kerusakan-kerusakan yang diderita oleh hampir seluruh rasa diri dapat dilihatnya dengan sungguh-sungguh.

57 Iapun akan merasa sangat menyesal juga, sesudah mengetahui bagaimana sifat lahirnya yang bagus dan perkasa yang digunakan untuk kebesaran dan kelebihan dirinya, sampai terisi daya rendah yang tak sepatutnya menjadi isi rasa diri manusia. Demikianlah hingga gambaran sifat-sifat isi rasa dirinya itu sudah merupakan sesuatu yang asing bagi pandangannya.

58 Sampai sekianlah jauhnya akibat kesalahan itu. Maka teranglah, bahwa tingkah laku suka bergaul rasa asmara dengan wanita-wanita yang telah rusak isi rasa dirinya menyebabkan kerusakan hampir segala miliknya, sehingga semuanya telah berganti corak yang jauh sifatnya daripada yang asli.

53 Iku kulup solahnya sujanmi,
ingkang durung bisa wruh nyatanya,
kang mangka wos pasihané,
nyatanira puniku,
jeneng kumpul tuhu ngenani,
wus kakenan rasanya,
kolu lan kaulu,
datan béda lir lahirnya,
uwong mangan kang pinangan
    dadi daging,
manjing nèng raganira.

54 Mula nyata tindak kadya iki,
gawatira munggwing kautaman,
tetep ngrusak plungguhané,
palungguhan ingkang gung,
ingkang tumrap sujanma yekti,
jer mesthinya rineksa,
aywa kongsi gugur,
mula cetha kang mangkana,
karan tingkah kang tuhu ngrusak
    mring dhiri,
tembus tekèng jiwanya.

55 Apan nyata krana dèn arani,
karan iku mulanya sajiwa,
lan saresmi tunggal déné,
dadya trang nyatanipun,
yèn anunggil temtu ngenani,
kena lawan kakenan,
tekèng jiwanipun,
mula iku saya genah,
genah salah yèn ngrusak jiwaning janmi,
sujanmi jasmaninya.

13 DHANDHANGGULA

56 Apan iku nyatanira kaki,
nyatanira tingkah kasbut ngarsa,
yèn dèn wruhi sabeneré,
wujuding badanipun,
ingkang ana sajroning dhiri,
wus ora maya-maya,
mèmper lahiripun,
dadya wujud lahirira,
ingkang bagus sembada mbaléngah kuning,
ing njero lya gatranya.

57 Dadya bagus kang katon ing lahir,
kang mbaranyak tur besus wiraga,
njero tan na tembusané,
palah yèn bisa ndulu,
datan amung teka manglingi,
nging palah gundam-gundam,
saka anèhipun,
anèhnya saka tan pakra,
ora gathuk siji klawan sijinèki,
salir anggotanira.

58 Kongsi éwuh anggènnya ngarani,
lamun jinis jinisnya punapa,
salir aran temah gèsèh,
pan iku yektinipun,
saka luput wus rusuh nguni,
nggènnya kumpul salir tyang,
wong wadon kang rusuh,
mula temah nir asalnya,
asal janma upama asalnya nguni,
kalanira sih jaka.

53 As stated earlier, the sexual union of men and women is, in reality, a struggle between forces to determine which will win, which will be defeated. So it is not right at all to consider this behaviour as something normal and just a form of pleasure.

54 Therefore it is best to keep well clear of conduct and habits of that kind, because it is certainly true that they damage the self all the way to the soul.

55 This is because people who have sexual intercourse are said to be of one soul. It is quite clear, then, that conduct of that kind is not an amusement, but is behaviour that results only in harming the soul.

56 A man will therefore feel deep remorse when he is able to perceive for himself all that has happened. For he will then be able to really see the damage suffered throughout almost the whole of his inner feeling.

57 He will also feel deep remorse when he discovers how his handsome and manly outer qualities, which he has used to lend himself an air of power and superiority, have become filled with low forces unfit to be the content of a human inner feeling. Hence the qualities contained in his inner feeling make a picture quite alien to his own view.

58 That is how far-reaching the results are of such mistakes. Clearly, then, his habit of having sexual relations with women whose inner feeling is already damaged spoils almost all his qualities, changing his character to one very different from what it originally was.

59 Tetapi meskipun telah sedemikian rupa, kadang-kadang lelaki itu tak akan lupa atas kepentingan hidupnya, yaitu : kehendak yang masih memerlukan wanita muda untuk dijadikan kawan hidupnya dan menghendaki pula dari perjodohan itu supaya mendapatkan anak yang akhirnya dapat diharapkan sebagai pengganti atau penyambung hidupnya. Malahan justru lelaki yang telah berpengalaman sedemikian itulah yang lebih pandai memilih gadis-gadis yang molek dan bagus bangun tubuhnya lagi berasal dari keluarga baik-baik.

60 Caranya itu memang sungguh-sungguh benar, karena memang demikianlah cara laki-laki memilih gadis. Sebab dengan beristrikan wanita yang demikian itu, pertama, hati dan rasa perasaannya akan merasa puas karena kebagusan sifat lahir si istri; kedua, hati dan rasa perasaannya pun akan menjadi tenteram juga karena dihadapi dan disampingi oleh sifat istri yang berbudi-pekerti baik; yang terakhir, besar pengharapannya untuk mendapatkan anak yang berbudi utama.

59 Ing mangka ta nadyan wus kadyèki,
klawan durung kober mbangun jiwa,
wus adreng golèk jodhoné,
palah kèh-kèhnya manus,
kang mangkana luwih winasis,
anggènira ngupaya,
mring wanodya ayu,
ingkang éndah lan utama,
lan kang mijil asalnya janma utami,
pilihaning sujanma.

13 DHANDHANGGULA

59 Even in such a case, however, sometimes a man will not forget the importance of his life; that is, he will still feel the need for a young woman to become his life partner, and will also wish to conceive a child from that marriage, who may be expected in time to succeed him or be a continuation of his life. In fact, it is men with just that sort of experience who are better at choosing girls who are womanly and well-formed, and also from good families.

60 Mula bener utamanya kaki,
yèn miliha becik kang mangkana,
krana luhung temahané,
jer wanita kadyèku,
bisa dadi papan kang adi,
kang mangka papanira,
bénjang yèn sesunu,
nanging iki nora ngana,
tumanjanya palah wèh tunaning dhiri,
krana luputing priya.

60 That way is indeed right, because that is in fact the way a man chooses a girl. For by marrying a woman like that, first, his heart and feelings will be satisfied because of his wife's outward beauty; second, his heart and feelings will also become peaceful, because before him and beside him he will have a wife of good character; and lastly, he will have high hopes of begetting a child with the best qualities.

14
KINANTHI

'That is how the low forces in human guise influence another person, or how a person filled with low forces influences one filled with the human force, and vice versa.'

SUSILA BUDHI DHARMA

1. Tetapi bagi pemuda yang telah bertindak salah sebelum kawin, kemungkinan untuk mengalami keadaan sebaik itu dapat dikatakan hampir tidak ada. Sebab kesalahan-kesalahan itu sudah demikian rupa, sehingga isi rasa diri si istri karena hubungannya dalam asmara menjadi goncang, yang akhirnya menemui nasib sebagai suaminya juga.

2. Demikianlah terjadinya, sehingga harapan baik untuk jalan hidupnya kelak, karena itu telah menjadi kabur. Inilah peroleh orang yang bertindak hanya sekehendak hati saja, yang mengakibatkan jeleknya keadaan yang mestinya baik.

3. Sudah tentu daya-daya rendah dan busuk yang dialirkan oleh si laki-laki itu mempengaruhi istrinya sehebat-hebatnya, sehingga sifat isi rasa diri si istri yang dahulu suci murni menjadi keruh dan kotor.

4. Bagi si laki-laki perbuatannya itu tidaklah terpikir sebagai suatu tindakan yang merusak, karena hatinya telah menjadi alat daya-daya rendah dan busuk yang diperolehnya ketika sebelum kawin gemar bergaul asmara dengan wanita-wanita yang terisi daya rendah dan busuk.

5. Oleh sebab itu, meskipun hakekatnya merupakan suatu tindakan yang merusak, namun dirasakannya baik dan utama saja.

6. Demikianlah nasib seseorang yang rasa dirinya telah teperdaya oleh daya-daya rendah yang disebabkan oleh perbuatannya sendiri yang salah.

7. Karena itu rasa diri orang yang telah telanjur teperdaya oleh daya-daya rendah, kesadaran hatinya pun telah dipengaruhi juga, sehingga yang baginya berupa kesadaran, sesungguhnya masih diliputi oleh awan-awan gelap dari daya-daya tersebut.

1. Saka salah tindakipun,
kanthinya temah kakenin,
sru kakenan nisthanira,
lir kataman wisa mandi,
temah rusak kasarira,
ngowahken murnining nguni.

2. Apan iku yektinipun,
éman janma darbé rabi,
ayu luhung tur utama,
déné mung dèn gawé pranti,
jagan mangsan daya rucah,
kang ngumara anèng dhiri.

3. Makayangan gung dumunung,
anèng janmi nguwasani,
angatogken murkanira,
nggènnya mempeng mangsa janmi,
kumreyeg singa nèng ngarsa,
sipatnya lir rebut ngarsi.

4. Apan iki nyatanipun,
si sujanma datan ndugi,
yèn awaknya dèn nggo lésan,

14 KINANTHI

1 For a young man who has behaved wrongly before marriage, however, there is almost no chance of experiencing such good fortune. This is because the nature of his errors is such that sexual relations with him cause havoc to the content of his wife's inner feeling, which finally also becomes like her husband's.

2 This is how their hopes for a good life together become obscured. This is the result for a man who acts only from desire, turning what should be a good state into one that is ugly.

3 Inevitably, the low, foul-smelling forces flowing from the husband have a terrible effect on his wife, making the once clean and pure content of her inner feeling dirty and turbid.

4 The husband just does not think of his behaviour as corrupting, for his heart has become an instrument of the low, foul smelling forces which entered into him before marriage, when he took pleasure in associating sexually with women who were filled with such forces.

5 So although in reality his conduct is destructive, nevertheless he just feels it to be right and excellent.

6 Such is the fate of a man whose inner feeling – because of his own misdeeds – has been dominated by low forces.

7 In this way, if a man's inner feeling has been overly dominated by low forces, his awareness is also affected, until what to him seems consciousness really remains enveloped in dark clouds coming from those forces.

---

daya rucah kang nèng dhiri,
kang uga wus mréntah tyasnya,
ananya tan bisa ngerti.

5 Mula nadyan iku luput,
luputnya nora katitik,
saka sepi wus tan ana,
tipeting daya sujanma,
apan mula nora krasa,
kebanjur tan tulah-tulih.

6 Iku kulup yèn sirèku,
arsa weruh ubengnèki,
salir daya kang nèng janma,
ingkang samya andayani,
lahirira tan katingal,
krana ling-alingan dhiri.

7 Awak becik ayu bagus,
mbléngah kuning tur mrakati,
gandhes luwes yèn wanita,
yèn priya dhégus lan sigit,
salir iki yèn wong léna,
awaknya mung dèn nggo pranti.

SUSILA BUDHI DHARMA

8 Dengan demikian maka kebagusan warna dan akal pikirannyapun tak terlepas dari cengkraman daya-daya itu.

9 Sehingga akhirnya apabila ia mendapat anak, anaknya pun terpengaruh juga oleh daya-daya rendah itu. Demikianlah hingga anaknya nanti bertabiat yang jauh berlainan dengan ayahnya pada waktu masih muda dan murni.

10 Itulah sebabnya ada anak atau orang yang dapat terisi daya yang menyimpang dari garis keturunannya atau dapat terisi daya lain yang tidak sesuai dengan yang menurunkannya.

11 Karena yang demikian inilah, maka si anak akhirnya terpaksa selalu mengalami banyak penderitaan dalam hidupnya, lebih-lebih dalam hal menginsafi kepribadian manusia.

12 Adapun yang menjadi sebab-sebabnya, tak lain karena hampir segala isi rasa dirinya telah dipengaruhi oleh daya-daya rendah itu, sehingga gerak akal pikirannya pun selalu membelok menuju ke arah kepentingan daya-daya tersebut.

13 Itu pulalah sebabnya, akal pikiran itu sedikit sekali kemungkinannya dapat digunakan untuk menginsafi isi rasa diri yang benar.

14 Maka banyaklah diantara peminat dalam hal itu yang tidak sampai pada akhir yang dituju, karena justru akal pikiranlah yang masih digunakan sebagai syarat mutlak untuk itu.

8 Dadya janma trus kapupuh,
salir wus dèn kuwasani,
temah lamun darbé suta,
anak béda lan sudarmi,
nadyan lahirnya tan béda,
isinya tan kadya asli.

9 Asli mula bukanipun,
kalanya bapa ing nguni,
sih jaka kumala-kala,
asalira janma luwih,
kang sih murni tan kuciwa,
sih ajiwa kang utami.

10 Apan iki nyatanipun,
kalakonnya kang nèng wuri,
akèh bocah samya béda,
datan cocog lan sudarmi,
isi bapa asal janma,
kang nèng anak tan ngèmperi.

11 Temah akirnya si sunu,
tiba gadhog salir kardi,
mring sabarang jangkanira,

14 KINANTHI

kèh kang mandheg anèng margi,
luwih lamun marsudia,
mring kajiwan mrih utami.

12 Apan iki saya éwuh,
ing panggayuh asring tuni,
krana iki lya empannya,
tan saka empaning ati,
kalakonnya saka ora,
saka ora klawan pikir.

13 Asal pikir nora gathuk,
yèn gathuka palah sisip,
wit tyasnya wus dadi wrangka,
warangkaning daya sisip,
yèku daya kang tan ngrasa,
tan ngrasa butuhing janmi.

14 Mula salir arahipun,
amung tiba nyulayani,
mring empannya kasusilan,
ingkang tumrap pra sujanmi,
dadya salah kang pinanggya,
tan cundhuk laku utami.

8 This being so, neither his good looks nor his mind are free from the grip of those forces.

9 So later on, when he begets a child, his child will also be under the influence of those low forces, and will have a character that is very different from that which his or her father had when still young and pure.

10 This is the reason why people can be filled with forces differing from or not matching those of their ancestors.

11 Because of this, the child will eventually have to suffer a great deal in life, especially in becoming aware of his or her human individuality.

12 The reason is that almost the whole content of the child's inner feeling is under the influence of the low forces, causing his or her thoughts always to be deflected to the interests of those forces.

13 That is also the reason why it is very unlikely that the mind can be used to become aware of the true content of the inner feeling.

14 As a result, many people who are interested in this fail to reach their goal, for the very reason that they still use thought as the essential means for doing so.

15 Karena itu tidak sedikitlah diantara mereka yang dengan tidak diduganya lalu membelok ke lain jurusan, sehingga diakui sebagai kebenaran yang sesungguhnya masih salah. Demikianlah terbaliknya keadaan itu. Karena pengakuan yang benar itu, tindakan yang mestinya salah bagi daya orang, namun diakui benar karena kehendak daya yang memperdayakan akal pikirannya.

16 Dengan keadaan sebagai itu teranglah, bahwa yang berbuat salah tidak lain daripada si orang sendiri. Sesungguhnya daya-daya itu menurut keadaannya semula tidak akan dan memang tidak perlu mendesak kedudukan daya orang karena sifatnya memang peserta saja, tetapi oleh sebab orangnya sendiri tak dapat menahan nafsunya, maka dengan sendirinya daya-daya itu masuk kedalam rasa diri orang, sehingga dengan enak menduduki tempat yang dirasanya lebih bahagia daripada tempatnya sendiri.

17 Sedangkan si orang sesudah telanjur salah bertindak, akhirnya terpaksa tak berdaya dan meninggalkan segala miliknya yang berupa rasa diri sampai ke akal pikirannya hingga dengan leluasa dipergunakan oleh daya-daya itu.

18 Sudah tentu cara daya-daya mengerjakan milik si orang itu tidak dengan ukuran orang tetapi dengan ukurannya sendiri, sehingga milik orang yang berupa rasa diri dan akal pikiran itu terpaksa jatuh dalam keadaan yang hina nista.

15 Nanging nadyan kadya iku,
pan wus karan mathukneki,
wus mathuk klawan ananya,
kang dadya pribadinèki,
dadya karan ora salah,
salir apa kang pinardi.

16 Saka iku mula tuhu,
kang dadya endoning sisip,
tan na liya mung sujanma,
kang gampang nggléwang mring sisip,
léna ninggal awakira,
wèh papan mring daya sisip.

14 KINANTHI

15 Therefore, without suspecting it, not a few of them are deflected in another direction and end up claiming as truth what in reality is error. The situation is thus turned upside down; actions that are certainly wrong for the human force are claimed to be right, due to the will of the forces that are fooling the mind.

16 Clearly, in such a case, it is the person concerned who is at fault. The fact is that, in their original state, those forces will not and indeed need not encroach on the position of the human force, because their nature is actually just that of companions. But since the person cannot restrain his or her passions, those forces make their own way into his or her inner feeling and enjoy occupying a place where they feel happier than in their own place.

17 Temah awaknya karusuk,
    dèn nggo kudhung daya iki,
    anjejarah ngrusak tata,
    tata susilaning janmi,
    praptèng akir tekèng papa,
    dhumawah tekaning nisthip.

17 But the person, having behaved wrongly for too long, is finally made powerless and forced to give up all that belongs to them – from their inner feeling to their thinking – leaving those forces to make free use of it all.

18 Si nisthip kadhung kang untung,
    si uwong nemu bilai,
    kang nisthip antuk gegawan,
    uwongnya palah sesaji,
    teges iki ingkang karan,
    wong kalap mring daya sisip.

18 Of course, the way those forces use the person's property is not in accordance with human standards but with their own standards; so the person's inner feeling and his thinking are forced down into a state of degradation.

19 Demikianlah gambaran daya-daya itu sesudah berkuasa didalam rasa diri orang. Bagi seseorang yang belum mengetahui ini, dikira rasa dirinya walau bertindak begaimanapun juga akan tetap tinggal bersih dan tak berubah, sehingga dengan enak dan gemar saja bergaul dengan wanita-wanita cantik yang telah lama dan sering campur dengan berbagai laki-laki lain. Demikianlah keadaan hidup orang serta kejadian-kejadian dalam dirinya. Karena itu lebih yakinilah, bahwa akal pikiran akan tidak mungkin dapat digunakan untuk mendapatkan kenyataan tentang itu.

20 Maka kesimpulannya, untuk dapat mengetahui sampai ke alam pengertian tentang itu, rasanya tak akan ada cara lain semudah cara melatih diri dengan tidak perlu membangkitkan akal pikiran dan angan-angan.

21 Adapun melatih kiranya sudah tidak perlu digambarkan disini, karena sudah banyak diperkatakan dimuka.

22 Bagi wanita malahan penting juga, karena sesudah dapat melatih dengan sungguh-sungguh, ia akan dapat mengetahui isi rasa diri dengan segala peserta-pesertanya.

23 Sehingga akhirnya, apabila ia kumpul dalam hubungan asmara dengan suami, isi rasa dirinya tidak akan menjadi sasaran daya rendah yang diperoleh si laki-laki dari pergaulannya dengan wanita-wanita lain.

24 Lagipula, andaikata dengan latihannya itu dapat ia mencapai tingkatan yang diperlukan bagi kedudukan wanita, ia akan menjadi lebih sempurna, sehingga dengan tertib dapat memisah dan menyalurkan daya-daya itu kejurusan yang tertentu.

---

19 Apan iki wadinipun,
ananya mula si ati,
datan kena dèn nggo marga,
dedalan caranya uning,
uninga mring jatinira,
kang dudu lawan kang yekti.

20 Uga dudu saratipun,
saratira bisa nuli,
mbérat salir dayanira,
daya rucah kang mblaèni,
kajaba mung caranira,
nglatih rasa ninggal ati.

21 Lakunya lir kasbut ngayun,
akèh wus kajarwa ngarsi,
amung nganti tindakira,
ywa kadangon mundhak ringkih,
ringkih krana kwating manah,
kang kaisèn daya sisip.

14 KINANTHI

22 Lan iku utamanipun,
nadyan sipat wanitèki,
datan béda perlunira,
ngudi wruha jiwanèki,
lan mring salir rengganira,
kang dadya rengganing dhiri.

23 Perlunira bisa ngracut,
ngracut misah tan kakenin,
tan kegepok sambé kala,
wektu gathuk klawan laki,
laki ingkang kisèn hawa,
saka paran nedya ngungkih.

24 Klawan uga yèn wus gaduk,
tataraning wanodya di,
saka weruh sap-sapira,
mring saliring daya pranti,
adhakannya tan kalakyan,
ketaman regeding laki.

19 This illustrates what happens when those forces have gained mastery in a person's inner feeling. A man who is not yet aware of his inner feeling supposes that, however he behaves, it is bound to stay clean and unchanged. So, feeling only pleasure and enjoyment, he associates with attractive women who, over a long time, have frequently mixed with all sorts of other men. Such is the state of a person's life, and what goes on within them. This should convince you that the mind cannot possibly be used to find the truth about this.

20 Summarising, then: to be able to know this to the point of having real understanding, there seems to be no alternative as simple as training oneself without using thought and imagination.

21 However, this training need not be described here, because much has been said about it earlier.

22 For a woman too this is important, because after following the latihan in earnest she will be able to know the content of her inner feeling with all its companion forces.

23 So, eventually, in sexual relations with her husband the content of her inner feeling will not become the object of the low forces picked up by him through his association with other women.

24 Moreover, provided that her latihan enables her to reach the level needed for her role as a woman, she will be more perfect, and therefore able to separate those forces correctly and channel them into their proper directions.

SUSILA BUDHI DHARMA

25 Hal tersebut diatas itu umpama digambarkan, sifatnya serupa minyak yang dikumpulkan dengan air, meskipun orang dengan daya-daya kebendaan, tumbuh-tumbuhan dan hewan itu semua dalam keadaan yang kumpul, tetapi masing-masing dengan sendirinya memisah antara satu dengan lainnya, yang segera mengalir kejurusan yang menjadi hak tujuannya.

26 Tetapi meskipun demikian, dalam menerima rasa asmara kedua-duanya tak akan merasa kecewa. Hanya saja yang dikatakan menyalurkan rasa asmara itu, tidak dapat mencapai tingkatan yang dikatakan sejiwa, artinya : menyatukan jiwa laki-laki dengan istri. Kiranya ini mungkin agak menyalahi dari yang benar, sebab yang benar, kumpulnya asmara antara laki-laki dengan istri itu hakekatnya mempersatukan jiwa, sehingga hal ini tepat dengan kata-kata : sejiwa, sebagai yang tersebut diatas.

27 Hanya saja hal itu agak jauh berlainan dengan yang tersebut di muka, karena sifat penolakan yang terjadi dalam kumpulnya asmara itu, adalah suatu keadaan yang timbul dengan sendirinya dari dalam rasa diri, yang hakekatnya menghindarkan diri dari keadaan daya-daya rendah yang dibawa laki-lakinya.

28 Karena itulah, maka tindakan si istri tersebut sesungguhnya bukan suatu kesalahan, tetapi malahan adalah tindakan yang benar-benar patut dipuji.

29 Malahan tindakan itu hakekatnya tidak hanya menyelamatkan rasa diri pribadinya sendiri saja, meski rasa diri si laki-laki pun karena tindakannya itu dapat terhindar juga dari pengaruh daya-daya rendah.

25 Yèn ginambar paminipun,
    kadya lenga klawan warih,
    kumpul nanging meksa pisah,
    nadyan pisah nora nyingkir,
    lan mungguh ing rasanira,
    empannya tan nguciwani.

26 Yèn dèn pikir mesthinipun,
    karan iki nyulayani,
    déné ta nora prasaja,
    tindakira kang sesilip,
    kang tan netepi janjinya,
    ujarnya nggeguru laki.

27 Nanging nadyan iku luput,
    luputnya tumamèng becik,
    dadya nora jeneng nulak,

14 KINANTHI

nulak rasa sihing laki,
nanging perlu kono nulak,
lebunya daya bilai.

28 Palah iki nyatanipun,
    yèn priya bisa mangerti,
    begja déné darbé sémah,
    darbé guna lawan sekti,
    bisa mbéngkas nisthèng rasa,
    kang tumamèng dhirinèki.

29 Saka ngono akiripun,
    king sithik regeding laki,
    wiwit suda empanira,
    lan kemba tumindak sisip,
    yèku kulup begjanira,
    darbé rabi kang utami.

25 That point can be illustrated by comparing it to oil mixed with water. Although people have the forces of matter, vegetation and animals all gathered together in them, each will separate spontaneously from the others and quickly flow towards its rightful destination.

26 Nevertheless, in experiencing the feeling of passionate love, neither the man or the woman will feel disappointed; yet, those who may be called channels of that passionate feeling cannot attain to the level known as 'of one soul' – meaning that the husband's soul is united with his wife's. It may be that in this they will fall short of the ideal, which is sexual union between husband and wife being, in reality, a union of souls and so according with that expression 'of one soul'.

27 However, this case is far different from that described earlier, because the rejection that takes place in this sexual union is something that arises of itself from the woman's inner feeling, and in reality defends her self against the low forces brought by her husband.

28 For that reason, such a reaction by the wife is indeed not wrong; on the contrary, it is truly proper and praiseworthy.

29 In fact, that action safeguards not only her own inner self, but even that of her husband as well, because it enables him also to escape from the influence of the low forces.

30 Justru lelaki yang mempunyai kawan hidup demikian itulah sesungguhnya yang sangat beruntung, karena istrinya tidak hanya menjadi kawan hidup yang pandai mengatur rumah tangga saja, walau kebatinan rasa diri laki-lakinya yang terkena daya rendah pun dapat juga dibersihkan atau setidak-tidaknya dapat ikut serta membersihkan.

31 Demikianlah seharusnya wanita itu, sehingga kecantikan paras dan kebaikan asal-usulnya tidak akan tersia-sia. Malahan dengan keadaan demikian, namanya makin menjadi harum dan patut menjadi contoh bagi wanita-wanita lain.

32 Sesungguhnya bagi wanita yang telah beruntung dapat memiliki sifat diri seperti itu adalah suatu kebahagiaan; karena itu wajiblah ia memelihara kelahirannya dengan sebaik dan sesungguh mungkin, agar lahir dapat menembus ke batin, sehingga sifatnya yang demikian itu tepat dengan pandangan yang biasa dikatakan orang, laksana bidadari yang turun dari kayangan.

33 Oleh karena itu akan terasa kecewalah akhirnya, apabila ia oleh suatu sebab tidak dapat menepati sifatnya yang sebaik itu.

34 Karena kalau tidak dapat menyesuaikan tingkah laku dengan sifat lahirnya yang baik, maka kecantikan paras dan kebaikan turunan yang dimiliki itu tidak akan dapat membahagiakan hidupnya.

35 Lebih-lebih kalau hal yang demikian sampai telanjur dan tak sempat lagi diperbaiki, maka akan lebih mencelakakan dirinya lagi, karena kecantikannya makin telanjur diperalat oleh daya-daya rendah yang telah mengisi dan mempengaruhi rasa diri dan hati akal pikiran.

30 Dadya kono teges rukun,
nggènira jejodhon sami,
sapa baya antaranya,
kang éling njawil kang lali,
tegesnya mad-sinamadan,
nggènira bebrayan urip.

31 Karan iku wanodya yu,
ayu èndah tur utami,
dadya cundhuk lan warnanya,
kang gumebyar pindha sasi,
lan dadya pasemonira,
karan guruning pra èstri.

32 Klawan malih yektinipun,
begja déné sinung rupi,
ingkang èndah kadya wulan,
sedhengnya purnama sidi,
wuwuh asal wijilira,
kang saking janma utami.

14 KINANTHI

30   A husband who has a life partner like that is truly most fortunate, because his wife is not only a partner skilled at managing the household, but she can also purify, or at least help to purify, her husband's inner state, which has been affected by low forces.

33 Paran iku yèn tan mungguh,
    tegesnya tan anetepi,
    uwong ayu trusing srira,
    sulistyanya trusing batin,
    tuhu éman pungkasannya,
    jeneng iku nguciwani.

31   This is how a woman ought to be, so that her attractive appearance and good family background are not wasted. On the contrary, she will increasingly get a good name and become an example for other women.

32   Truly, a woman who is fortunate enough to have a nature like that is blessed. It is therefore her duty to look after her outward appearance as well and as carefully as possible, so that what is on the outside may penetrate within. With such qualities she seems, as is commonly said, like an angel come down from heaven.

34 Kuciwa jenenging manus,
    déné tebih ing pandugi,
    wanodya yu mung nèng rupa,
    lakunya mung njejemberi,
    temah rupa kang mangkana,
    tan paédah munggwing urip.

33   So she will regret it later if, for some reason, she is unable to live up to those good qualities.

34   For if she cannot match her behaviour to her pleasing outer features, then the attractiveness and good breeding that are hers will not give her a happy life.

35 Palah lamun sru kebanjur,
    kebanjur nir ngrasèng dhiri,
    ayunya mung karya lésan,
    empannya daya kang sisip,
    kang kekudhung rupèng janma,
    kang lahirnya yu linuwih.

35   This is especially so if the situation has gone too far for there to be any chance of remedying it, for she will then bring on herself even greater misfortune, because her beauty will increasingly be exploited by the low forces that have filled and influenced her inner feeling and her heart and mind.

36 Sehingga kecantikan paras yang lahir gilang gemilang itu akhirnya hanya merupakan tutup belaka dari daya-daya rendah yang telah bersembunyi didalamnya. Inilah bahaya bagi orang yang bertindak dengan tiada pertimbangan sungguh-sungguh dalam rasa perasaannya, atau bagi orang yang belum dapat menginsafi tentang jalan kejiwaan. Maka tak sedikitlah banyaknya wanita yang cantik-cantik dan mungkin juga keturunan baik-baik pada tersasar kelapangan yang dengan seenak rasa hatinya saja menjual diri kepada laki-laki yang sama membutuhkannya.

37 Bagi laki-laki yang tak dapat menahan hawa-nafsu asmara, adanya sifat pengaruh yang demikian itu malahan dirasakan sebagai suatu kesempatan yang terbuka, sehingga ia tanpa menoleh ke belakang ke keadaan keluarganya, telah menuruti saja desakan daya-daya rendah yang berselimutkan paras cantik dan bangun tubuh yang baik.

38 Lazim bagi laki-laki kalau menghadapi keadaan yang demikian rasa perasaannya malahan menjadi lemah. Karena itu rasa diri dan akal pikirannya dengan mudah dapat dipengaruhi oleh daya-daya rendah, sehingga dengan sendirinya rasa perasaan dan akal pikirannya itu sudah menjadi tidak berdaya lagi untuk merasakan lebih jauh akan akibatnya nanti.

39 Kesudahannya, setelah mengalami penderitaan lahir maupun batin, barulah ia teringat akan kesalahannya itu. Sedangkan wanitanya, sesudah dapat mengetahui keadaan mangsanya yang telah jadi sedemikian itu, tak segan-segan meninggalkannya dan dengan enaknya lalu melanjutkan langkah untuk mencari sasaran lain yang masih utuh.

36 Apan iku aranipun,
ayu nanging yu lelamis,
tegesnya ayuning rupa,
tan nembusi jiwanèki,
mula kèh wong kang mangkana,
mung gawé bingunging janmi.

37 Dhasarnya priya kang ngluyug,
seneng ngluyug golèk tandhing,
yèn weruha wong mangkana,
kreminya glis samya tangi,
ngangah muntab asmaranya,
lir raseksa weruh daging.

36 As a result, her attractiveness, outwardly radiant, becomes in the end just a veil over the low forces hidden within her. Here lies the danger for the man who acts without earnestly assessing the situation in his feelings, or for the man who is not yet conscious of the spiritual way. Not a few women who are attractive, and perhaps also from good families, have gone astray by doing only what pleases their heart, selling themselves to men who want them.

38 Wus tan ngrasa yèn kadyèku,
pan pinancing daya sisip,
daya sisip kang kudhungan,
kekudhung rupa kang manis,
ling-alingan leléwanya,
kang bakal ngremukken dhiri.

37 In the presence of such an influence, a man who cannot control his sexual passion feels that an opportunity is offered; so, without giving a thought to his family, he just yields to the pressure of the low forces that are disguised by a pretty face and a shapely body.

39 Yèn kalakon wus aremuk,
remuk njero klawan njawi,
adhakannya wong mangkana,
tan owel ninggal lumaris,
ngadhang-adhang mangsan liya,
kang sih samun ing paniti.

38 Generally a man's feelings weaken when he faces a situation like this. His inner feeling and his mind can therefore easily be influenced by the low forces, and then of course his emotions and thought become powerless to consider further what the consequences will be.

39 The result is that only after undergoing both outer and inner suffering will he realise his mistake. But the woman, as soon as she sees that her prey has come to such a state, unhesitatingly abandons him and contentedly goes on to look for another target who is as yet unspoilt.

40 Biasanya yang mudah terkena pengaruh daya-daya rendah yang berselimut paras cantik itu, ialah : laki-laki yang masih muda dan yang masih sunyi dalam hal kejiwaan. Lebih-lebih apabila si cantik itu dapat memikat hatinya dengan kata-kata yang manis, maka seluruh rasa perasaannya akan lebih mudah teperdaya, sehingga ia terpaksa lahir batin tunduk kepadanya.

41 Padahal inipun tak berbeda juga dengan yang tadi, yaitu : si cantik pun tak akan segan-segan pula meninggalkannya, apabila si pemuda telah mengalami nasib seperti laki-laki tersebut diatas.

42 Demikianlah akibat dari tindakan orang yang hanya menuruti hawa-nafsu saja atau yang belum menginsafi jalan kejiwaan, sehingga dengan tak didugariya sifat badannya yang bagus itu hakekatnya hanya menjadi alat dari daya-daya rendah semata-mata.

43 Dengan keadaan seperti ini daya-daya rendah merasa sangat beruntung, karena dapat memakai dan menggunakan sifat badan orang yang lebih sempurna daripadanya. Tetapi sebaliknya bagi si orang yang demikian itu berarti merusak diri sendiri, sehingga baik lahir maupun batin terpaksa menderita kerendahan hidupnya.

44 Sifat penderitaan yang dialami itu lahirnya dapat diketahui dengan pertolongan para ahli pemeriksa badan wadag, tetapi yang batin hanyalah dapat diketahui dengan pertolongan diri pribadi apabila dapat melatih rasa dirinya.

45 Karena itulah banyak terdapat diantara para pelatih yang dalam latihan merasakan badannya sebagai menderita sakit dan dirasakan juga kekurangan kemajuannya dalam latihan.

40 Dhasarira mula tuhu,
tumrap janma kang sih sepi,
sepi sepa tur sih jaka,
gampang yèn dèn pengaruhi,
dèn lédha raga lelèwa,
sinasaban tembung manis.

41 Ngasih-asih angreruntuh,
memancing welasing ati,
apan iki adhakannya,
si jaka runtuh kepati,
dèn sengguh ngono sanyata,
tibanya mung anèng lathi.

42 Mula akèh kang kaduwung,
kebanjur tumekèng nisthip,
awak rusak tyasnya mblasar,
durung kétung jiwanèki,
yèn weruha nora béda,
nggènnya saya nggagang aking.

14 KINANTHI

43 Aking kemlingking tur apus,
    apus pepes tur katitih,
    brangkangan dadi tumpakan,
    tumpakaning daya sisip,
    karan iki pan walikan,
    janmanya kang dèn kendhali.

44 Kendhali rangah tur kaku,
    krasa nistha munggwing dhiri,
    lamun obah palah lara,
    yèn meneng abot kepati,
    mula tetep wong sangsara,
    kelara-lara ing urip.

45 Iki nggèr yèn sirarsa wruh,
    tunggalnya kang samya nglatih,
    ananya pijer karasa,
    krasa lara jroning latih,
    pan iku sebab-sebabnya,
    saka luputnya ing nguni.

40 Often, the person easily misled by the influence of low forces masked by attractive looks is a man still young and ignorant in relation to matters of the soul. This is especially true if the charmer can entice him with honeyed words; then all his feelings will be more readily taken in, impelling him to give himself up to her, outwardly and inwardly.

41 Yet this case does not differ from the one just mentioned, in that the charmer will not scruple to abandon this young man too when he has experienced a fate like that of the man referred to above.

42 Such is the outcome of conduct where people follow only their passion, or when they are as yet unaware of the spiritual path; without suspecting it, their fine body becomes in reality simply a tool of the low forces.

43 In these circumstances the low forces feel extremely fortunate, because they can array themselves in and make use of the qualities of a human body, which are far superior to their own. But for the person, on the contrary, it means that they damage their own being and are forced to suffer a life of degradation, both outwardly and inwardly.

44 The nature of the outer harm they suffer can be discovered with the aid of physicians; but the inner damage can be perceived only with the help of their own inner self, if they are able to have their inner feeling trained.

45 That is why many of those who undertake the training feel, during the latihan, as though they are suffering from a bodily ailment, and also feel that they are not making much progress in the latihan.

46 Tetapi, bagi para pelatih, keadaan yang demikian baiklah tak perlu dirasakan dalam-dalam, karena semuanya itu telah lewat hingga tak ada gunanya lagi disesalkan kecuali memperbaiki tindakan yang sedang berjalan dan selanjutnya.

47 Maka teranglah bahwa tindakannya yang dahulu itu adalah tindakan yang sungguh-sungguh salah, hingga dirinya yang mestinya perlu utuh terpaksa mengalami kerusakan, mulai dari isi rasa diri sampai kebatas lahir yang penghabisan yaitu : wadag.

48 Demikian itulah cara daya-daya rendah yang berkedok sifat orang mempengaruhi orang, atau sifat orang yang terisi daya-daya rendah mempengaruhi orang yang terisi daya orang dan sebaliknya, sehingga sifat orang yang terisi daya orang yang mestinya berhadapan dengan sifat orang yang terisi daya orang juga itu masih belum banyak terdapat. Padahal yang tersebut belakangan inilah sesungguhnya yang diperlukan, karena dengan keadaan yang seimbang ini si orang dapat segera menyatukan isi, dan dari bersatunya isi ini akan dapat menduduki kepribadian manusia.

49 Disinilah letak kesukaran orang laki-laki dalam hubungan asmara dengan wanita, hanya karena nafsu saja dan tidak dimengerti lebih dahulu bagaimana keadaan yang berjalan dalam asmara itu.

50 Tetapi bagi orang yang telah menginsafinya, rasanya tak akan menemui kesukaran didalamnya, hingga dengan sendirinya ia akan mencapai juga tingkatan yang tak dapat dipengaruhi orang yang berisi daya jasmani, atau daya-daya lain yang rendah.

46 Wus mangkono empanipun,
gawé becik kang wus sisip,
wuwuh dhasarnya wus lama,
nggènnya pijer dèn kendhali,
iku dhendhanya wong salah,
kang sepi dugi prayogi.

47 Samana pijer kayungyun,
gampang katut ulat manis,
dina mburi tan rinasa,
yèn ngono bisa mblaèni,
anjalari rusakira,
jiwa raga pan waradin.

48 Iku kulup wadinipun,
empannya daya sujanmi,
tuhu langkung rungsitira,

	46 But it is best for those following the training not to ponder this too deeply, for it is all in the past. There is no use regretting it; it is better to improve their present and future conduct.
	47 Clearly, their earlier behaviour was truly wrong, causing their self, which needs to be complete, to suffer unintentional damage, beginning with the content of the inner feeling and spreading to the outer limits – that is, to the body.
jer nunggal butuhing urip, dhasarira mula padha, salir prabot apan sami.	
49 Wuwuh krana saratipun, sarating manunggal resmi, mangka uga karya lésan, dumadining wiji janmi, mula sanget pakéwuhnya, tangèh bisanya nyingkiri,	48 That is how the low forces in human guise influence another person, or how a person filled with low forces influences one filled with the human force, and vice versa. So, as yet, it seldom happens that a person filled with the human force meets, as they should, another person also filled with the human force. Yet, as has been said a little earlier, this is really what is needed, for in this balanced condition they can soon unite their content and thereby assume their human identity.
50 Apan iku palah baku, kudunya palah nglakoni, awit lamun tan mangkana, tan klakon janma dumadi, iku kulup rungsitira, iguhnya daya jasmani.	49 This is where the difficulty lies for a man who has sexual relations with a woman solely because of his appetites, and without understanding beforehand what actually happens during sexual intercourse.
	50 But someone who is aware of this should not have any difficulty. They will spontaneously reach a level where they cannot be influenced by a person filled with either the human force or with other, lower ones.

15
MIJIL

'… that which can take a person to a high level is not something that exists in any particular place, but is truly something that always envelops their self wherever they may be.'

SUSILA BUDHI DHARMA

1. Karena itu, untuk jelasnya, yang merupakan rintangan bagi bersatunya isi rasa diri yang utama antara sifat orang laki-laki dengan wanita sebagai yang tersebut di atas itu bukan sifat wadag si orang, tetapi daya-daya rendah yang menjadi isi wadag itu.

2. Demikian juga yang dapat memisahkan pengaruh semua daya-daya rendah itu bukan wadag atau orangnya, tetapi daya besar yang terasa menyentuh rasa diri sesudah akal pikiran tidak bekerja.

3. Dari sebab-sebab itu makin yakinilah, bahwa orang itu sesungguhnya tidak akan dapat meninggalkan daya-daya rendah sebagai yang tersebut di atas, karena memang menjadi peserta dan telah kumpul dalam wujudnya.

4. Bagi si wanita yang demikian itupun tak akan ada bedanya juga.

5. Karena itulah, maka rasanya sudah tidak akan ada gunanya lagi, andaikata orang yang karena membutuhkan kebaikan dan kebahagiaan hidupnya, memaksa mengasingkan dirinya ke tempat yang sunyi yang jauh dari masyarakat.

6. Demikian juga rasanya pun tak akan ada gunanya apabila orang laki-laki berniat menjauhi sifat wanita, dan sifat wanita menjauhi yang bersifat laki-laki, sebab kedua-duanya ini hakekatnya sama saja keadaannya, sehingga niat laki-laki meninggalkan wanita sama saja artinya dengan ia dapat meninggalkan diri sendiri, demikian juga sebaliknya bagi sifat wanita.

7. Oleh sebab itu hakekatnya, bagi kedua sifat itu sudah tak akan ada perlunya apabila mereka berkehendak memisahkan diri antara satu sama lainnya.

1. Nanging aywa kliru ing panampi,
apa kang kawiyos,
kang ngalingi pan dudu wadhagé,
kang asifat jalu klawan èstri,
nging yektinya iki,
kang nèng jroning manus.

2. Mula aywa salah surupnèki,
tumrap kang rinaos,
terang nyata yèn wadhag luguné,
datan bisa nyapih mring jasmani,
dé kang bisa iki,
kang ndayani manus.

3. Mula yèn wong nebihana iki,
yekti tan kalakon,
wit sih nunggil kalawan wujudé,
yèku wujud wak-awakirèki,
yektinya sirèki,
sira ananipun.

4. Nadyan ingkang nèng awaking èstri,
yektinya tan kaot,
jroning badan tan béda nyatané,

15 MIJIL

	1 So, to make it clear: the obstacle to the perfect union of the inner feeling of a man and a woman is, as stated earlier, not the nature of their bodies but the low forces that have become the content of their bodies.
klawan sipat jalu kang winarni, datan béda yekti, wawadining idhup.	2 Likewise, what can isolate the influence of all those low forces is not the body nor the person, but the Great Power that is felt touching the inner feeling after the thinking stops working.
5 Mula datan yogya yèn nyingkiri, ngadoh marang uwong, lan uga tan becik yèn andhéwé, kang sedyanya kudu anyingkiri, mring dayaning janmi, kang katon wong iku.	3 Be assured, then, that the man truly will not be able to rid himself of those low forces, for they are indeed his companions and have joined with his physical form.
	4 This will be the same for the woman, too.
6 Klawan uga tan yogya nyingkiri, mring kang sipat wadon, jer nyatanya iku padha déné, kakalihnya apan sipat tunggil, njro tan béda isi, salir daya iku.	5 Therefore it would seem that it is no longer of any use for people to force themselves to go to some lonely place far away from society just because they would like to improve their life or make it happier.
7 Ing yekti palah salah kepati, lamun nedya ngadoh, jer nyatanya janma nèng donyané, uripnya tan bisa ndhéwé yekti, lir kareping ati, ngemohi lyanipun.	6 Similarly, it would seem to be of no use for men intentionally to keep away from women or women from men. For in truth both are in the same situation. So a man's intention to have nothing more to do with women is the same as if he were putting aside his own self; it is also like that for a woman.
	7 So in reality there is no need for these two natures to wish to keep apart from each other.

8. Lagipula hal kesatuan antara orang laki-laki dengan wanita itu telah menjadi kodrat Tuhan, bahwa dalam hidupnya di dunia ini memang diperlukan agar mereka dapat menurunkan biji manusia.

9. Demikianlah sehingga keturunannya itu dapat merata di bumi ini dan selanjutnya dapat menghiasi segala tempat dengan aneka warna buah ciptaannya.

10. Pun dapat pula menggunakan bumi ini sebagai tempat mengasuh diri baik mengenai lahir maupun batin.

11. Karena itulah mereka perlu mempertinggi dan memperluas pengetahuannya, agar dengan pengetahuan yang tinggi dan luas itu tercapailah kebutuhan hidupnya yang bahagia.

12. Lagipula dengan pengetahuan yang tinggi dan luas itu memudahkan cara menyusun masyarakat, sehingga mereka dapat menciptakan masyarakat yang damai dan sejahtera.

13. Dengan demikian terciptalah pula kerukunan mereka bersama, yang di dalamnya banyak orang yang saling tolong menolong.

14. Misalnya : yang cerdik-pandai suka memberi pendidikan kepada yang masih bodoh; yang kaya raya tidak segan-segan memberi pertolongan kepada si miskin; dan yang kuat suka membantu yang masih lemah. Dengan keadaan demikian maka sungguh-sungguhlah bahwa bumi yang didiami ini merupakan suatu tempat yang mulia dan utama.

15. Kecuali itu merekapun masih pula tidak melalaikan caranya mengasuh rasa diri ke arah kepribadian; maka makin kukuhlah pendirian mereka sehingga dalam hidupnya dapat memiliki kebahagiaan lahir dan batin.

---

8. Tan mesthinya munggwing karsèng Widi,
kadya kang kawiyos,
wit ananya janma nèng donyané,
ingkang baku palah kudu yekti,
anurunken wiji,
trah-tumerahipun.

9. Trah-tumerah rata angratani,
mring saliring endon,
dèn agung ngreda dadya isiné,
ing donya karya janma mrih becik,
ngrenggani mring salir,
mrih samya aluhung.

10. Dèn prih kerta rahayu dèn nggoni,
dadya nggon pangasoh,
ngasuh budi trusa ing jiwané,
amrih sinung luhur lahir batin,
yuning kang pinanggih,
jujur tindakipun.

11. Apan mula ing donya abecik,
ngasah tyas kinaot,
mardi kawruh mrih gung kabisané,
bisa ngakal sartané ngaurip,
supaya nyukupi,
butwing idhupipun.

15 MIJIL

12 Apan mula yèn bisa nyukupi,
saya wuwuh kaot,
awit saya kuwat dèn agawé,
saratira mrih rukuning urip,
uripnya pra sami,
sasamining idhup.

13 Dadya donya karan nggon utami,
patut ndon kinaot,
papaning titah kang samya darbé,
tindak nung kang seneng gilir ganti,
tinulung nulungi,
lung tinulung rukun.

14 Ingkang wasis suka gung nulungi,
mring kang sepi kawroh,
ingkang cukup tulung kang tan duwé,
kang rosa tetulung mring kang ringkih,
dyan si ringkih ngungkih,
males ganti tulung.

15 Déné ingkang tumrap munggwing akir,
uga ywa kinaot,
dèn pardia supaya lekasé,
saking donya nggènira miwiti,
dèn gladhia sami,
uripnya sadarum.

8 Moreover, God has willed that the union of men and women is required during their earthly life, so that they may pass on the human seed.

9 This is in order that their descendants may spread over the earth and then adorn every part of it with the various fruits of their creativity.

10 And also that they may make use of the earth as a place to educate and look after themselves, both outwardly and inwardly.

11 For that reason they need to deepen and widen their knowledge, so that, with such high and broad knowledge, they may achieve what they need for a happy life.

12 Furthermore, deep and wide-ranging knowledge makes it easier for them to organise society, so as to create peace and prosperity.

13 In this way harmony will also be created between them, with many people helping each other.

14 For instance, learned people will be willing to teach those still backward; the wealthy will not hesitate to give aid to the needy; and the strong will be glad to help those still weak. With conditions like that, the world we live in will truly be a noble and excellent place.

15 Besides that, people will not neglect to care for and train their inner feeling in the direction of their individuality. This will give them ever greater confidence, so that in their lives they may experience inner and outer happiness.

SUSILA BUDHI DHARMA

16 Adapun caranya mengasuh ini, sebagaimana biasa yang telah ditindakkan oleh seseorang yang suka, ialah dengan cara mematikan segala nafsu dan akal pikirannya, hingga merupakan keadaan yang sungguh-sungguh sunyi yang tak mungkin dapat digambarkan.

17 Memang demikianlah cara orang mengasuh rasa diri ke jurusan itu; halnya jauh sekali berlainan dengan cara orang mengejar ilmu pengetahuan yang malahan memerlukan menggunakan akal pikiran yang sebanyak-banyaknya.

18 Karena itu para pengasuh kejiwaan dalam melatih rasa dirinya tidak hendak menggunakan akal pikirannya, melainkan mereka memerlukan mengosongkan segala sesuatu yang diangan-angan dan dipikirkan, agar dengan keadaan yang demikian itu dapat mereka menerima kemurahan Tuhan yang telah meliputi dirinya.

19 Demikianlah, sehingga apa yang didapat dalam melatih rasa dirinya itu tidak membekaskan hal-hal yang telah tercipta oleh hati, angan-angan dan akal pikiran.

20 Adapun kesudahan dari tindakannya yang demikian itu, mereka memperoleh kenyataan, sehingga segala daya-daya yang telah menjadi perintang bagi kemajuan dirinya dapat diinsafi dengan terang dan jelas.

21 Dengan apa yang telah diperoleh itu, kesukaran-kesukaran yang selalu didapat dalam melatih rasa diri sudah tak ada lagi, karena sifat daya-daya rendah yang menjadi perintang di dalam rasa diri itu malahan dengan sendirinya memisah dan selanjutnya menempati kedudukannya semula dengan rasa puas dan gembira.

16 Ing tumindak uwalnya king ati,
dèn sepi ing batos,
aywa ngarah lan ngira dadiné,
palah kono ana sihing Widi,
melok tan dinugi,
iku karsanipun.

17 Pan mangkono caranya nguladi,
tan lir lumrah kawroh,
kawruh pikir kang dadi king tyasé,
ingkang jumbuh lan kang dèn alami,
lahirnya pra pranti,
pancadriya iku.

18 Mula iku kèh dèn samya sirik,
aywa kongsi awor,
wadinya ywa tumpang suh rasané,
sidhem premanem praptaning wening,
wening wanuh ing sih,
sihing Hyang Maha Gung.

15 MIJIL

16 And the way to do this is in the way that has commonly been practised by those who want to; that is, by switching off all desire and thought until a state arises so truly quiet and peaceful that it cannot be described.

17 This indeed is the way a person develops their inner feeling in that direction; it is very different from the way a person pursues scientific knowledge, which requires the utmost use of the mind.

19 Apan iku lumrahnya pra wasis,
   kang samya kinaot,
   wit wasisnya pan dudu wasisé,
   akal pikir kang gung ngothak-athik,
   ingkang ngrantam salir,
   salir kang sih suwung.

18 Therefore, those who practise this spiritual training will not use their thought. On the contrary, they need to empty themselves of everything they imagine and think, so that they can then receive the grace of God, which already envelops them.

20 Mula kono muhung tyasnya nyepi,
   kadya lamun maot,
   kono wus nir rasa pangrasané,
   ingkang kisèn daya kang ngisruhi,
   dyan sirna wus ening,
   wikan dunungipun.

19 So what is obtained in the training of the inner feeling has no trace of anything conceived by the heart, imagination or mind.

21 Apan uga wikan marang salir,
   wawadining batos,
   temah salir samya ngégla dhéwé,
   dyan nut préntah mring pakonirèki,
   lega yèn tinuding,
   mulih asalipun.

20 The result of doing this is that they get evidence by which they can clearly and plainly be aware of all the forces that have become obstructions to their inner development.

21 In this way, difficulties they always encountered in the training of their inner feeling disappear, because the low forces that previously obstructed their inner feeling spontaneously separate themselves and return to their original places with contentment and joy.

22 Demikianlah apabila si orang dapat melaksanankannya dengan seksama. Selanjutnya, justru karena yang demikianlah menjelma kekuatan hidup yang ada dalam rasa dirinya, sehingga ia dapat menduduki kembali kedudukannya sebagai makhluk yang utama dan mulia.

23 Dan setelah itu akan tetaplah ia menjadi pengikat dan pengatur dari segala pesertanya.

24 Terutama dalam mempersatukan rasa asmara antara orang laki-laki dengan wanita, ia sudah tidak lagi dipengaruhi oleh daya-daya rendah, sehingga dalam hal itu dapat menyatukan isi rasa dirinya dengan yang bersifat wanita dan membawanya ketingkatan atas, yaitu : tingkatan manusia yang sempurna.

25 Demikianlah, maka terang bahwa yang perlu dipisahkan dari diri pribadinya itu bukan yang bersifat wadag, tetapi isi dari yang bersifat wadag itu. Begitu pula yang dapat mambawa ia ke tingkatan yang utama, pun bukan barang sesuatu yang ada dimana-mana, tetapi sesungguhnya yang selalu meliputi dirinya dimana saja ia berada.

26 Sebagai inilah gambaran akhir kenyataan dari latihan seseorang dengan memaksa diri dan mematikan segenap nafsu dan akal pikirannya itu, sehingga pelaksanaannya nampak sungguh-sungguh berat dan sukar bagi umat manusia di zaman sekarang ini.

27 Memang pada zaman dahulu kala banyaklah orang yang dapat melatih rasa diri secara itu, karena pada zaman yang jauh lewat itu hidup orang masih sederhana dan keadaan-keadaan sekitarnyapun masih nampak sunyi senyap pula.

28 Lagipula cara mencari penghidupan pun jauh masih belum seluas orang-orang zaman sekarang, sehingga kemungkinan untuk dapat melaksanakan latihan semacam itu masih sangat besar.

---

22 Iku kaki nyatanya sayekti,
yèn lir kang kacrios,
apan nyata yèn wus sinung walèh,
wus awalèh adegnya pribadi,
karan iku yekti,
daya ingkang luhung.

23 Mula luhung karan manungsa di,
titah kang kinaot,
apan iku yekti mangka suhé,
pan suhira salir daya urip,
kang nyartani janmi,
anèng dhirinipun.

24 Mangka esuh nanging tan kecuwik,
déning kang nedya wor,
krana saka agungnya dayané,
uga saka lembutnya kepati,
luwih saka ati,
tyas pikiring manus.

25 Yèku kaki ingkang kasbut ngarsi,
kang dudu wadhag wong,
dudu ingkang kasbut jasmaniné,

15 MIJIL

22 That is how it is if people can do it properly. And then, precisely because of this, the life force manifests in their inner feeling, enabling them to regain their place as exalted and noble creatures.

ingkang reged gampang kenèng sisip,
klawan ingkang ugi,
kang tan ajeg wutuh.

23 And after that they will remain the linchpin and organiser of all the forces that accompany them.

24 Especially during sexual union between man and woman, the man will no longer be affected by low forces; so he can unite the content of his inner feeling with that of the woman and raise her to a higher level – the level of a complete human being.

26 Nanging teka cara kang kadyèki,
   arang bisa klakon,
   krana mangkya pan dudu jamané,
   jaman sonya kang sih
       tentrem tintrim,
   kang durung kèh janmi,
   lan kertaning idhup.

25 So it is clearly not the bodily nature that has to be separated from a person's own self, but the content of that nature. So too, that which can take a person to a high level is not something that exists in any particular place, but is truly something that always envelops their self wherever they may be.

27 Klawan uga empaning pangerti,
   ingkang durung adoh,
   durung kadya lumrahnya samangké,
   kèh janma kang wus darbé pangerti,
   nyipta warni-warni,
   sawarnining wangun.

26 This describes the end result of the training practised by people who compel themselves to extinguish all their desires and thinking – something that seems really hard and difficult for people in the present age.

28 Klawan uga nora kadya mangkin,
   bebutuhaning wong,
   lumrahira sih sarwa sepélé,
   durung abot kang kadya samangkin,
   nggènnya golèk urip,
   tan wruh siyang dalu.

27 Indeed, in earlier ages many people were able to train their inner feeling in this way, because in those distant times people's lives were still simple and the conditions around them were very quiet.

28 Moreover, the ways of finding a livelihood were far more limited than they are today, so they had a far greater opportunity to train themselves in this way.

29 Oleh karena itu, bagi umat manusia zaman sekarang latihan rasa diri semacam itu sudah tidak dapat lagi dilaksanakan dengan mudah; maka untuk keperluan itu baiklah dicari jalan atau cara yang tidak perlu meninggalkan keperluan sehari-hari.

30 Dan juga yang tidak memerlukan menyendirikan diri lalu duduk termenung di tempat yang sunyi, umpamanya : di tepi samudra atau kali, gunung dan di dalam hutan.

29 Apan iku utamanya kaki,
yèn sira winongwong,
becik sira angupaya agé,
cara laku kang tan ninggal yekti,
padataning janmi,
kang anèng donya gung.

29 This is why people nowadays cannot readily undertake that kind of training of the inner feeling. So to meet this need it is better for them to seek a path or method that does not require giving up everyday necessities.

30 Klawan ingkang tan kudu mbalèni,
cara lir kang klakon,
cara laku lir kala kunané,
tapa nepi lan agung sesingid,
nèng arga lan malih,
tepi samodra gung.

30 Also, to find a way that does not require them to isolate themselves and sit meditating in solitary places such as the sea shore or river bank, mountain or forest.

16

SINOM

'… this form of training is not an imitation of what other people do, but is a way that arises by itself, and is truly appropriate and adjusted to the body and its strength.'

SUSILA BUDHI DHARMA

1. Demikianlah sehingga orang tidak perlu lagi mengulangi cara melatih rasa diri sebagai orang di zaman dahulu kala itu. Sebab kemajuan orang sekarang dalam cara mengatur kebutuhan hidupnya memang sudah sebegitu rupa, sehingga di berbagai tempat yang dahulu masih nampak hutan belukar sekarang sudah menjadi dusun dan kota, yang dahulu berupa jurang sekarang sudah banyak pula yang telah menjadi jalanan orang yang rapi dan teratur, pun di tepi-tepi pantai yang dahulu di situ orang hanya melihat alun samudra yang berombak-ombak dan mendengar suaranya yang gemuruh membentur karang sudah banyak juga yang telah menjadi tempat pemberhentian kapal-kapal dan tempat pemandian orang.

2. Padahal yang dimaksud tempat-tempat dimana orang dapat membersihkan rasa diri itu bukan tempat sewajarnya yang telah tersebut diatas. Terangnya, yang dimaksudkan gunung, bukan gunung dari tanah yang terlihat dimana-mana itu, tetapi adalah gunung rasa yang ada dalam dada, yaitu : yang dinamakan hati sanubari.

3. Yang dimaksudkan hutan dan tanah yang luas, itupun bukan sesungguhnya demikian, tetapi adalah itu hati pikir yang ada dalam kepala, yaitu : otak; pun yang dimaksudkan samudra dan kali, adalah sesungguhnya rasa seluruh badan orang ini dan yang dinamakan kali itupun sesungguhnya aliran rasa yang ada dalam anggota rahasia. Adapun maksud mengapa orang perlu bertapa di tempat-tempat tersebut di atas, pertama di gunung yang sesungguhnya di gunung rasa (hati sanubari) itu, tidak lain agar ia dapat mencegah daya angan-angan yang biasanya suka membayang-bayangkan hal-hal yang tidak-tidak; dan yang di hutan yang sesungguhnya di hati pikir (otak) itu, perlunya supaya dapat pula ia mencegah daya akal pikiran yang biasanya memikir-mikir ini dan itu; lagi yang di tepi samudra dan kali yang sewajarnya dirasa seluruh badan dan di aliran rasa yang ada dalam anggota rahasia itu, supaya ia dapat

1. Karan iku wus tan njaman,
nganomaken jaman mangkin,
jer samangkya jaman tuwa,
kang wus tuwa kebek isi,
isi mawarni-warni,
sanggon-nggoné wus tan suwung,
kèh alas dadi kutha,
jurang pèrèng dèn urugi,
pinggir kali lan samodra pan
      wus kerta.

2. Klawan malih dèn wruhana,
apan iku kang sayekti,
hakékatnya nora ngana,
nora ngono nyatanèki,
kang karan gunung iki,

16 SINOM

1 So people no longer need to continue following the ways of training the inner feeling that were used in earlier times. For people today have made so much progress in organising the needs of their lives that many places that used to be deeply forested have now become villages and towns; many former ravines have become neat and orderly roadways; and along the coast, where once people saw only the swell of the ocean and heard only the sound of the waves booming as they struck the rocks, there are now harbours for shipping and bathing resorts.

apan dudu gunung tuhu,
dudu gunung king lemah,
kang ngendhukur katon inggil,
nanging gunung kang karan
   gununging rasa.

2 And, in fact, what is meant by places where people can purify their inner feeling is not the natural places referred to above. In other words, what is meant by a mountain is not the mountain of earth that can be seen somewhere, but the mountain of feeling in the breast – in what is called the heart.

3 Gunung rasa kang nèng badan,
kang anèng jajaning janmi,
apan iku terangira,
ingkang kasbut sanubari,
déné kang karan kali,
kali lan samodra agung,
tan lya iki nyatanya,
kalam wadi ing sujanmi,
lan gelarnya punang rasa salir badan.

3 What is meant by forest and plain is likewise not to be taken literally, but is the place of thinking that is in the head – that is, the brain. What is meant by the ocean is really the feeling throughout the human body; and what is called a river is really the flow of feeling in the sex organs. As to the meaning of why a person needs to practise asceticism in the places referred to, first on a mountain, which is actually the mountain of feeling in the heart – it is simply to enable him or her to curb the force of their imagination, which usually likes to fantasise about what is unreal. And the forest, which is in fact the thinking mind, or the brain, is where asceticism is also needed to enable them to restrain the force of their mind, which is usually worrying about one thing or another. Again, ocean shore and river bank, which are actually the feeling throughout the body and the flow of feeling in the sex organs, are where

mencegah juga daya rasa perasaan yang kemana-mana dan mencegah pula daya nafsu asmara yang biasanya suka sekali hendak bersetubuh.

4 Itulah arti yang sesungguhnya dari hal tersebut diatas; maka teranglah bahwa yang demikian itu hanya suatu perumpamaan yang mengandung arti yang sangat dirahasiakan. Tetapi itu ada juga faedahnya, sebab biasanya bagi si pendengar kalau hal yang demikian diucapkan dengan sewajarnya malahan tidak begitu diperhatikan dan dianggap pula sebagai suatu hal yang biasa saja. Lain halnya kalau dituturkan seperti di atas, yaitu : kalau orang hendak menjernihkan rasa dirinya sebaiknya perlu mendiamkan diri di gunung, di tepi samudra dan di dalam hutan, maka ia akan lebih memperhatikannya, sehingga dengan sungguh-sungguh menjalankannya meskipun hasilnya nanti tidak akan berbeda dengan yang dikerjakan di rumahnya sendiri. Malahan ada pula ceritera-ceritera yang oleh penyusunnya sengaja dibuat agar pembacanya dapat mengerti atau menarik pengertian bahwa kebahagiaan bagi hidup seseorang itu hanya dapat dicapai apabila ia bertindak dalam sesuatu hal dengan jalan yang jujur dan selaras pula dengan keadaan diri pribadinya. Sebaliknya, seseorang akan terpaksa mengalami kerendahan dan kemiskinan hidup atas dirinya bila ia bertindak hanya menuruti hawa nafsu angkara murkanya saja atau menindakkan sesuatu hal dengan jalan yang tidak jujur dan tidak selaras pula dengan diri pribadinya.

5 Oleh sebab-sebab itu, maka yang utama bagi pembaca buku ceritera-ceritera baik yang disusun dengan irama lagu maupun yang ditulis dengan kata-kata biasa, ialah supaya dirasakan benar-benar tentang maksud isinya atau kalau sekiranya bagi dirinya masih sukar untuk dirasakan dan dimengerti, tanyakanlah kepada salah seorang kawan yang dapat mengupasnya, agar akhirnya ia tidak akan tetap tinggal hanya pandai membaca dan melagukannya saja, tetapi sungguh-sungguh dapat menginsafi tentang arti isi ceritera yang dihias dengan kata-kata yang pelik-pelik itu.

4 Dadi nora kadya ika,
dudu gunung klawan kali,
lan dudu banyu samodra,
kang katongton saben ari,
jer iki nyatanèki,
pan kinarya luwesipun,
luwesing kasusastran,
dèn reroncé amrih èdi,
kang supaya akèh janma
ingkang maca.

asceticism is necessary to enable a person to restrain his or her erratic feelings, and also to check the power of desire and the strong wish for sexual intercourse.

4 That is the true meaning of these things. Clearly, then, these are just metaphors containing well-hidden meanings. But metaphors have an advantage, because usually, if such things are said in realistic terms the listener does not pay attention, considering them commonplace. It is another matter when they are expressed as above; that is, if people wish to clear their inner feeling they need to quieten themselves on a mountain, on the seashore, or in a forest. They will take this more to heart and really do it, even though the eventual results are no different from those attainable in their own home. There are also stories written intentionally by authors to enable the reader to understand and draw the conclusion that people can achieve happiness in life only if they always act honestly and in harmony with their own self; and that people who act following only their passion of ruthlessness and greed, or do something dishonestly and not in accordance with their individuality, will be forced to undergo humiliation and poverty in their life.

5 Mula wadinya wong maca,
datan amung angger yekti,
bisa maca ngèdi swara,
kalongkongan ngelik-elik,
nanging bakunya yekti,
wruha surasaning tembung,
dèn atandhes yèn bisa,
ngungkap wadi kang nutupi,
yèku wadi kang karan
   wadining sastra.

5 Therefore it is best for those who read works of fiction – whether written in metre and accompanied by melodies or those written in ordinary language – really to feel the intention behind them. Or if it is difficult for them to feel and understand, let them ask some friend who can interpret them, so that in the end they will not just remain good at reading and chanting, but will truly be able to realise the meaning contained in these stories and dressed up in those puzzling words.

6   Malahan banyak lagi ceritera, baik orangnya maupun dusun yang menjadi tempat asal kelahirannya dengan segala keadaan dan kejadian yang tersebut di dalamnya, sesungguhnya hanya gambaran dari rasa angan-angan dan pikiran belaka, bukan hal yang sesungguhnya terjadi. Tetapi karena pandainya yang membuat, maka banyaklah para pembaca yang mengira bahwa isi ceritera itu sungguh-sungguh terjadi dan orang yang diceriterakan itupun dikiranya ada juga.

7   Karena itu terdapatlah diantara para pembacanya yang meniru tingkah laku si orang yang tersebut dalam ceritera itu dan tidak segan-segan pula mengerjakan caranya memperoleh kenyataan dengan jalan menepi dan mendiamkan diri di hutan, di gunung dan di tepi samudra dan kali. Malahan sebagaimana tertera dalam buku ceritera itu iapun beranggapan pula bahwa tempat-tempat itulah sesungguhnya yang menjadi pujaan untuk memperoleh kenyataan hingga akhirnya memungkinkan ia dapat bertemu dengan salah satu Dewa Suralaya yang dapat memberi petunjuk tentang jalan hidupnya yang benar.

8   Malahan ia mengira bahwa tindakannya itu akan sungguh-sungguh terlaksana seperti yang telah dibacanya, dimana banyak diceriterakan tentang satria-satria yang dapat berjumpa dengan bidadari dari surga itu.

9   Demikianlah kekeliruan orang yang belum dapat memahami arti sesungguhnya dari yang tersebut dalam buku ceritera yang dibacanya itu. Maka berbeda sekalilah halnya dengan lain orang yang telah dapat menginsafinya dengan sesungguhnya, sehingga yang demikian itu nampak hanya sebagai perlambang saja dan untuk memperoleh kenyataan tentang kepribadian rasa diri itu cukuplah ditindakkan di rumah dengan jalan biasa saja asalkan segala nafsu, angan-angan dan akal pikiran dapat dibersihkan secara yang benar.

6   Kadya iki pan sih kathah,
akèh crita kang sinandi,
jeneng janma lan asalnya,
kèh kang sinandi ing tulis,
iku mula dèn kardi,
èdinira kang cinatur,
warna-warna wedharnya,
kaya-kaya yèn tan ndugi,
kadya ana lakoning wong kang dèn crita.

7   Mula kèh kang kliru tampa,
pan iku dèn sengguh yekti,
temah samya ngémba-émba,
kadya kang kecritèng tulis,
palah ana kang sami,
dyan neniru lakunipun,
lalakon kang kacrita,
ingkang kasbut jroning tulis,
pangarahnya mbokmanawa pethuk déwa.

6 There are even many stories where the characters and the villages they come from, and all the circumstances and events described in them, are drawn solely from imagination and thought, and not from real life. But, through the skill of the authors, many readers suppose that these stories really happened and that the people in them really existed.

8 Pangiranya bisa klakyan,
pethuk déwa klawan dèwi,
lir kang kasbut nèng carita,
janma pethuk widadari,
palah jroning tyasnèki,
dèn gambar tumurunipun,
nuli wèh pangandika,
apa kang dèn arsi-arsi,
dèn pesthèkken bisa manggih
mulyanira.

7 For this reason, there are those among the readers who imitate the behaviour of a character described in the story, and do not hesitate to put into practice his or her means of finding truth: by withdrawing to achieve peace in a forest, on a mountain, or beside the sea or a river. They may even believe from what is said in the book that it is those places that are the objects of veneration and lead to the truth, and which eventually will enable them to meet one of the gods who can guide them towards the right path for their life.

9 Karan iku salah tampa,
salir crita kang tinampi,
pan dèn sengguh lamun nyata,
lir lumrahnya saben ari,
ing mangka nyatanèki,
pan ora kadya puniku,
benernya yèn anampa,
klawan rasa lamun uning,
dadya terang thak-thukira kang
dèn crita.

8 They think that those actions will truly lead to the events they have read about, where much is told of knights meeting nymphs from paradise.

9 Such are the errors of people who cannot yet understand the true meaning of what is said in the books they read. It is a very different matter with people who have been able to realise the truth, and see that such things are only symbolic, and that to get evidence of the real nature of the inner self it is sufficient to do this at home, leading an ordinary life, provided that all the desires, the imagination and thought can be purified in the right way.

10 Dengan tindakan ini malahan dapat pula ia meneliti benar dan tidaknya isi ceritera itu dan meninjau juga apakah penulisnya pada waktu melakukan pekerjaan tulis-menulis itu sudah dapat memisahkan pengaruh daya-daya rendah yang ada dalam dirinya.

11 Sesungguhnya hal itu memang menyilaukan sekali bagi si penulis, karena daya-daya itu selalu berganti-ganti mengalirkan dayanya ke tempat nafsu, angan-angan dan akal pikiran. Justru dengan yang demikian itulah, kalau si penulis kurang waspada, mudah ia terpengaruh oleh daya-daya itu, sehingga dengan tidak terduga telah memutarbalikkan isi ceritera yang ditulisnya, yaitu : keadaan yang salah dijadikan yang benar dan yang benar malahan tidak sampai diceriterakan.

12 Karena hal-hal yang demikian itu, tidak kuranglah banyaknya ahli pikir yang masih meragukan isi ceritera itu. Apalagi kalau isinya itu sengaja dibuat dengan kata-kata yang muluk, sehingga seluruh isinya dianggapnya suatu ceritera kosong yang tidak mengandung arti apa-apa, meskipun sesungguhnya banyak kata-kata yang mengandung arti yang dalam.

13 Sungguh masih banyaklah ceritera-ceritera yang isinya tidak cocok dengan kenyataan. Hal ini kiranya bagi si penulis hanya suatu siasat belaka, agar segala rahasia yang tersebut dalam ceritera itu tidak dapat diketahui oleh pembaca dengan terang-terang, atau memang disengaja menutupi rahasia orang yang tersebut dalam ceritera itu hanya atas perintah dan kehendaknya belaka.

10 Ngiras pantes niti priksa,
yektiya empaning tulis,
pan apa wus sinung cara,
bisa misah saka ati,
yèku ati kang sisip,
kang pinurba daya luput,
daya luput arannya,
daya barang kang nyétani,
lan liyanya kang dudu daya sujanma.

11 Apan iku nyatanira,
sulapnya pan ngleluwihi,
krana nunggal marganira,
padha mréntah jroning ati,
mula lamun durung ning,
wening pisah lan tyasipun,
pan maksih bisa sulap,
barang ala wruhé becik,
ingkang becik kang palah
nora ketara.

12 Mula kadhang ora salah,
yèn ana sawenèh janmi,
kang wus jembar wawasannya,
ahli pikir dhasar wasis,
mring crita kang tinulis,
ingkang isi ngaluk-aluk,
pan dèn anggep salirnya,
crita ingkang tanpa isi,
ujarira iku crita ngayawara,

13 Apan yekti kèh carita,
ingkang mlèsèt saka yekti,
suprihira tan katara,
kang ala sinalin becik,
betèknya mung nutupi,
wadinira kang cinatur,
kongsi nir ingkang nyata,
kang akèh crita tan yekti,
wuwuh-wuwuh kang ala
 pinrada-prada.

10 By doing this they are even able to look closely into whether the content of these stories is true or not; they can see whether the author, when writing them, was able to set aside the influence of the low forces within his or her self.

11 Indeed, an author can be quite blinded by the constantly changing flow of these forces to the seat of his or her desire, imagination and thought. For that very reason, if the author is not alert enough, he or she may easily be influenced by those forces, so that, unawares, the content of the story being written is distorted; that is to say, a wrong situation is made out to be right and the right one is not even mentioned.

12 It is for these reasons that many scholars remain doubtful about the content of a story. Particularly if a story is intentionally written in high-flown language, its entire content is considered to be an empty tale of no significance, even though much of it may in fact contain a deep meaning.

13 True, the content of many stories does not agree with reality. This may be simply the author's device to prevent the reader seeing clearly all the secrets referred to in the story, or of course it may be to conceal – at the wish and request of the person concerned – the secrets of a person mentioned in the tale.

14 Karena itulah pembacanya salah tangkap dan melenyapkan pula isi ceritera yang sesungguhnya. Hal ini bagi seseorang yang telah banyak pengalaman tentang kejiwaan memang tidak menjadi suatu hal yang sukar dan mengherankan, tetapi bagi yang belum sedemikian, mudah terjadi salah raba, sehingga kecuali isi ceritera itu dianggapnya sungguh-sungguh terjadi pun menimbulkan pula rasa-hati yang hendak menirunya.

15 Justru keinsafan segelap itulah yang menyebabkan ia melakukan atau mengerjakan barang sesuatu sebagai yang tersebut dalam ceritera itu. Tetapi apakah gerangan yang didapatnya dari tindakan meniru langkah orang dalam ceritera itu? Tidak lain hanya kehampaan belaka, sehingga segala tingkah lakunya yang bersusah payah itu sama sekali tidak ada artinya. Karena itu, bagi kamu anakku, baiklah kalau kamu mengerjakan latihan atas rasa dirimu itu sebagaimana yang telah banyak dituturkan di muka, yaitu : latihan yang tidak menghendaki menyendirikan diri dimana-mana dan tidak meninggalkan segala keperluan hidup sehari-hari.

16 Malahan inilah suatu latihan yang ringan dan yang memungkinkan pula terdapatnya suatu kenyataan, dimana daya-daya rendah itu memisah dengan sendirinya. Sebagaimana telah banyak dituturkan dimuka, dapatnya orang menerima latihan rasa diri itu ialah karena menjelmanya kekuatan hidup besar, yang pada saat permulaannya disampingi oleh seseorang yang telah dapat menerima kekuatan besar itu lebih dahulu. Dalam hal itu, sebagaimana juga telah dituturkan, sifat nafsu, angan-angan dan akal pikiran sudah tidak lagi terasa mempengaruhi rasa diri.

17 Lagipula cara latihan yang terdapat disitu bukan meniru cara orang lain, tetapi adalah semata-mata cara yang timbul dengan sendirinya dan yang sungguh-sungguh selayak dan seukur dengan badan dan kekuatannya.

14 Temah adoh sungsatira,
kadya bumi klawan langit,
kongsi éwuh kang nyurasa,
luwih-luwih yèn pinikir,
begja tumrap kang ngerti,
nora kudu mblilu tau,
nanging tumrap kang tuna,
tuna pikir klawan budi,
kang mangkana dèn anggep
crita kang nyata.

15 Mula temah kliru tingkah,
saka manut kang tan yekti,
tiwas sayah kakyan polah,
ing pangarah tiba sepi,
krana iku sirèki,
becik aywa kadya iku,
utamanya yèn bisa,
ngupayaa ingkang yekti,
cara nglatih kang kadya
kajarwa ngarsa.

14 So the reader misunderstands the story and misses its real content. These problems do not cause difficulty or surprise to anyone with much spiritual experience. But people lacking such experience may easily misunderstand and, as well as thinking the incidents of the story really happened, may feel the wish to imitate them.

16 Yèku cara kang pinanggya,
ing sawusnya sira panggih,
lan kang kinarya lantaran,
ananira bisa nampi,
pan iku kang utami,
wit saking pribadinipun,
tegesnya tan lawanan,
lawanan sipating ati,
yèku sipat kang isi pikir lan akal.

15 It is precisely this clouded awareness that causes a person to copy something mentioned in the story. But what can possibly be gained by imitating someone in a story? Nothing, only emptiness, making all their painstaking activity utterly meaningless. Hence it is best for you, my children, to follow the training of your inner feeling that has often been explained earlier – a training that does not require you to isolate yourselves anywhere nor to abandon all the everyday needs of your life.

17 Cethanira pan punika,
kono darbé cara mligi,
kang ucul saka pamrihnya,
pamrihnya akal lan pikir,
mula kang katon yekti,
tan ana cara neniru,
lugunya kono ana,
wus ana cara kang asli,
yòku cara kang saukur awakira.

16 On the contrary, this is an easy training, and one that also makes it possible to find a reality where the low forces separate off by themselves. As has been said many times before, a person can receive this training of the inner feeling because of the working of the power of the Great Life, and because when they begin they are accompanied by someone who has been able to receive this great power previously. As has also been said, under these circumstances they can feel that the desires, imagination and thought are no longer influencing the inner feeling.

17 Moreover this form of training is not an imitation of what other people do, but is a way that arises by itself, and is truly appropriate and adjusted to the body and its strength.

18 Dengan demikian segala gerak latihannya tidak akan merugikan atau merusakkan masing-masing anggota badan, bahkan dapat membawa dan mendatangkan kesehatan bagi seluruh tubuh orang, yang tak sedikit nilainya. Sungguh apa yang terasa disitu bukan suatu kejadian yang elok dan asing, tetapi adalah suatu kejadian yang biasa saja yang sesungguhnya memang menjadi milik manusia yang abadi.

19 Memang, kalau menurut keadaan pada waktu menerimanya, hal itu adalah suatu kejadian yang sungguh di luar kebiasaan, karena timbulnya getaran badan yang akhirnya tersusul dengan gerakan yang makin menjadi kuat dengan sekonyong-konyong itu.

20 Lagipula, ketika badan terasa demikian, akal pikiran telah tidak dapat dirasakan lagi kemana dan dimana pergi dan duduknya, sehingga dalam saat itu terasa benar-benar sebagai orang yang tiada mempunyai arah tujuan dan kehendak, melainkan sunyi senyaplah yang terasa, yang sifatnya hanya menyerah kepada kekuasaan Tuhan saja.

21 Oleh karena itu makin nyata bahwa timbulnya gerakan yang meliputi seluruh tubuh itu tidak karena dikehendaki oleh hati akal pikiran. Dengan demikian makin menjadi jelas bahwa untuk dapat menerima gerakan semacam itu orang perlu mendapatkan cara yang dengan seketika telah dapat memisahkan tercampurnya daya akal pikiran yang ada dalam rasa dirinya.

22 Selanjutnya, menyambung keterangan diatas, sesudah badan bergerak, akhirnya merata keseluruh dirinya hingga membangkitkan tubuhnya yang menyerupai orang bangun dari tidur. Demikian itu, apabila si orang dalam waktu hidupnya tidak pernah menjalankan hal-hal yang tidak baik dan memang ia keturunan orang yang baik-baik juga.

18 Ukur bobot lan kekwatan,
king salir anggotanèki,
mula kono ananira,
pan dhawah sasami-sami,
dadya nora wèh sisip,
lan ing tindak weruh dunung,
wruh cara kang prayoga,
lan cundhuk kang dèn lakoni,
apan iku nyatanya wus darbèkira.

19 Pan ing kono purwanira,
kang karasa wektu wiwit,
krasa geter kang sumrambah,
nglimputi badan sakalir,
krasa anèh kepati,
wit ana rasa dumunung,
kang anyar lagya teka,
kang timbul king jroning dhiri,
kang tan dangu saya krasa rasanira.

20 Nadyan krasa kang mangkana,
parandéné sipat ati,
nora ana dayanira,
kajaba mung krasa sepi,
sepi tan darbé karsi,

16 SINOM

datan kadya adatipun,
jer adatnya si manah,
salir tingkah mung nyrawungi,
amung iki teka ati nora daya.

21 Mula terang nyatanira,
melokira kang puniki,
sawusira sepi sepa,
dayanira akal pikir,
pan iku mula yekti,
tumrap janma kang nedya wruh,
ananya kang priyangga,
kang kasbut lajering janmi,
tan na liya kajaba mung misah manah.

22 Yata sawusnya mangkana,
yèn dhasar rasanirèki,
datan agung nggènnya kena,
sambèkalaning ngaurip,
yèku tindakirèki,
tindak luput kang kapungkur,
kono nuli tumindak,
apepolah lir wong tangi,
tangi turu saka lami nggènnya néndra.

18 This being so, none of the movements of the latihan will harm or damage any part of the body; on the contrary, they can bring health to a person's entire body – something of no little value. And in fact it is not something magical and strange, but something ordinary that is actually the eternal possession of a human being.

19 Of course, if you consider what happens when you receive it, it really is an extraordinary event, because a vibration arises in the body that finally leads on to movements that suddenly grow stronger and stronger.

20 Furthermore, when a person feels this in his or her body, they can no longer feel where their thinking has gone or where it is located, and so they truly feel as if they have no special desires or aims. Nothing is felt but this emptiness, in which the person simply surrenders to the power of God.

21 This makes it very clear that the arising of that movement, which encompasses the whole body, is not by the will of the mind. Plainly therefore, to be able to receive a movement like this a person must find a way by which the forces of thought that are mixed with his or her inner feeling can be separated instantly.

22 To take this explanation further: once the movement starts, it eventually spreads throughout the whole body, which is aroused like someone waking from sleep. That is how it is if the person has not done anything wrong in his or her life, and if their forebears were also good.

23 Kemudian berdirilah ia hingga bertenaga rupa-rupa semacam orang berolah-raga, dan ada pula yang bergerak semacam orang menari dan berbakti. Pun ada juga yang nampaknya bertenaga sebagai anak kecil, sehingga semuanya itu yang menjalani sendiri dirasakan sebagai suatu kejadian yang aneh sekali.

24 Tetapi meskipun begitu, olehnya dirasakan enak saja lagipula tetap sadar dalam rasa dirinya. Akhirnya, sifat gerakan yang selalu diterima itu dapat dirasakan dan diketahui kenyataannya, bahwa yang demikian itu adalah sifat contoh bagi keahlian dirinya yang benar.

25 Dengan demikian teranglah bahwa itu bukan suatu gerakan dan tenaga yang tidak ada arti dan gunanya, tetapi justru itulah yang sesungguhnya merupakan sifat petunjuk tentang keahlian dirinya yang benar. Dengan inilah akhirnya dapat ia memperoleh kesesuaian jalan dengan caranya mencari penghidupan sehari-hari itu. Inilah, maka jauh sekali bedanya dengan jenis gerakan dan tenaga yang dimiliki karena kesatuan hati akal pikiran (gedachten concentratie) atau karena pelajaran.

26 Sungguh macam gerakan yang dialami itu berlainan sekali dengan yang tersebut belakangan, karena yang pertama hanya diperoleh apabila si orang sungguh-sungguh dapat meniadakan daya akal pikiran, sedangkan yang kedua malahan diperoleh karena kesatuan akal pikiran atau pelajaran. Dengan demikian teranglah, bahwa gerakan dan tenaga yang didapat dalam pelatihan itu sekali-kali tidak memerlukan akal pikiran, melainkan di dalam rasa diri perlu menyampingkan kepahaman otak dan rasa perasaan dan malahan diperlukan agar dapat menyerahkan segala apa yang ada pada diri manusia kepada kebesaran Tuhan Yang Maha Esa.

23 Yèn dinulu solahira,
lir patraping bocah cilik,
trèg-entrègan pan gembira,
ambungahi lir nenampi,
dedolanan kang yekti,
kang lami dèn tunggu-tunggu,
mula katonnya samya,
solahnya lir nyalawadi,
krana polah solahnya pan kadya bocah.

24 anging nadyan mangkonoa,
ing pangrasa tetep nampi,
krasa genah nora owah,
datan ana kang ndayani,
kajaba rasèng dhiri,
kang krasa lir wèh pituduh,
kang pinetha nèng solah,
wèh weruh kang dadya isi,
yèku isi kang karan nyataning jiwa.

23 They will stand and begin to move like people doing physical exercises; others may make the movements of a dance or of worship, or they may move like a small child. All this feels very strange to the person doing it.

24 Nevertheless, they have a feeling of well-being and remain conscious in their inner feeling. Eventually they will be able to feel and to know the real meaning of these movements they keep receiving – that they represent the true abilities of their self.

25 Dadya nora waton polah,
sapolah-polahirèki,
klawan uga datan kadya,
solahnya wong kenèng pamrih,
pamrihing ati pikir,
kang sampun ginulung-gulung,
kang ginulung wèh kuwat,
kuwatnya ciptèng pamikir,
yèku èlmu kang karan bangsa gagasan.

25 So this movement and activity is clearly not without meaning and use, for it is exactly this that points to a person's true talent. With this a person may at length find a suitable way of earning their living. This is far different from the kind of movement and activity experienced through mental concentration or through study.

26 Pan iki nora mangkana,
séjé-séjé marginèki,
iki palah nyatanira,
kang perlu misah mring ati,
wit yektinya puniki,
melèknya pan saking suwung,
suwung nora gagasan,
mung sumarah karsèng Widhi,
apan mula ing kono amung prasaja.

26 Truly these kinds of movements, which we experience, are very different from this latter kind. Because the first kind occurs only when a person can truly extinguish the power of thought, whereas the second kind is the result of concentrating thought or of studying. This makes it clear that the movements and actions that come in the latihan absolutely do not require thought; on the contrary, the inner feeling needs to ignore the understanding of the brain and the emotions, and the person needs to surrender everything within them to the greatness of Almighty God.

27 Sekarang tentang lanjutan jalan latihan bagi lain-lain pelatih. Adalah diantara para pelatih itu yang tidak selancar kawannya yang tersebut di atas di dalam pelatihannya. Keadaan yang berbeda semacam ini, disebabkan karena sebelum menjalankan latihan telah banyak mereka mengalami kesalahan tindakan, artinya : sebelum mereka suka menjalani latihan rasa-diri itu, sudah seringkali menindakkan hal-hal yang tidak baik hingga mengakibatkan kerugian bagi kesehatan dirinya. Lagipula hal itu disebabkan juga oleh kesalahan-kesalahan yang telah dialami oleh para orang tua yang menurunkannya.

28 Justru karena kesalahan tindakan berturut-turut yang dimulai dari yang menurunkan hingga sampai pada dirinya sendiri itulah yang mengakibatkan ia sekarang mengalami kelambatan dalam latihan dan mengalami juga penderitaan dalam rasa dirinya.

29 Dengan inilah kiranya menjadi jelas, sehingga ia tidak akan merasa bosan untuk melanjutkan latihannya dan tidak pula akan memilih jalan lain yang kadang-kadang disukai orang seperti : cara menghheningkan cipta di tempat yang sunyi yang disertai laku mengurangi makan dan tidur.

30 Memang laku semacam ini kadang-kadang amat disukai orang, karena dianggap lebih mempercepat dapatnya hasil yang diinginkan. Tetapi dalam prakteknya jaranglah orang dapat mencapai arah yang ditujunya. Karena terang, bahwa ini adalah laku yang hakekatnya hanya terdorong oleh daya-daya yang masih dapat memperdayakan hati akal pikirannya. Sebagaimana telah banyak dituturkan dimuka, kedudukan hati akal pikiran dalam diri manusia itu memang tidak lebih daripada alat peserta belaka. Demikian itu kalau si orang telah dapat mengetahui tentang keadaannya yang benar, sehingga langkah yang dikehendaki tadi betul-betul merupakan suatu pilihan yang tepat yang sesuai dengan jiwanya. Tetapi kalau tidak, apakah pilihannya

27 Yata ana wedharira,
pan akèh ana panglatih,
kang datan kadya mangkana,
nora rancag glis anampi,
katonnya solahnèki,
king sakedhik majengipun,
dadya gung bédanira,
klawan ingkang kasbut ngarsi,
krana iki mring dhiri kèh luputira.

28 Luput laku kang wus klakyan,
ingkang sampun dèn lakoni,
klawan uga salahira,
nguni saking kang nuruni,
iku sebabnya kaki,
ananya tan bisa lurus,
mula samya wruhana,
perlunya ywa kliru tampi,
lamun iku ingkang dadya sebabira.

16 SINOM

27 Now about the progress of the latihan for other people: some do not progress as smoothly in their training as their fellows referred to above. The reason for this difference is that before they followed the latihan, many of them had acted wrongly; in other words, before they decided to undergo this training of the inner feeling they had often behaved badly, thereby damaging their health. These differences are also caused by the faults experienced by their parents.

29 Mula aywa banjur ngrasa,
rasa bosen nggènnya nglatih,
temah mutung medhot ndalan,
adreng nggènnya nggugu ati,
ngupadi laku kang glis,
tan ngétang aboting laku,
perlunya dyan glis bisa,
titis wicaksanèng budi,
karan iku teka kenèng pamrihing tyas.

28 Such successive wrong conduct, which began with their ancestors and was carried down to the person's own self, is precisely why he or she now experiences slow progress in the latihan and suffering in their inner feeling.

29 Having now made that clear, perhaps these people will not get bored as they continue with their latihan, nor choose another way that sometimes attracts people, such as meditating in a lonely place and reducing their food and sleep.

30 Utamanya ywa mangkana,
ywa gampang dèn pamrih ati,
jer ati iku nyatanya,
lir kang wus tinutur ngarsi,
kang mungguh nyatanèki,
sipatira kadya urub,
urub sakaning lenga,
kang ana nèng wadhah iki,
ingkang katon sipatnya dilah punika.

30 Indeed, at times people are very fond of doing that sort of thing, believing that it can speed up the result they want. But in practice it is rare that they achieve the desired aim. For, in reality, these actions are clearly impelled only by forces that are still able to mislead their heart and mind. As has been said many times before, the position of the heart and mind in the human self is, in fact, simply that of an accompanying tool. It is different if the people concerned have become able to know their true condition, so they deliberately choose to do these things because it is in harmony with their soul. But if this is not the case, will not choosing this way divert them from their aim? This is an example of what comes from an action encouraged only by the

itu tidak akan menyasarkan arah dan tujuannya? Inilah gambaran tentang akhir kenyataan dari sesuatu tindakan yang hanya terburu nafsu saja. Karena itu baiklah segala laku yang akan dijalankan perlu ditinjau benar-benar sebelumnya.

31 Ketahuilah, bahwa sifat : wadag, isi dan hati akal pikiran orang itu adalah seumpama : lampu, minyak dan menyalanya. Adapun kenyataannya, baik dan tidak atau terang dan suramnya lampu itu menyala, sesungguhnya tergantung pada sifat minyak yang ada di lampu itu. Demikianlah, maka bagi orang pun utama dan tidaknya hati akal pikiran itu tentu tidak akan meninggalkan bagaimana sifat daya yang telah menjadi isi dirinya.

32 Karena itu, yang utama, janganlah orang memudah gampangkan menuruti kehendak hatinya yang demikian itu. Karena ketahuilah, bahwa dengan mudahnya ia menuruti kehendak hatinya yang hakekatnya masih teperdaya oleh daya-daya rendah itu, sesungguhnya sama saja artinya dengan menyerahkan dirinya kepada kekuasaan daya-daya itu untuk dipakai dan digunakan sesuka-sukanya.

33 Lebih-lebih kalau rasa diri dan hati akal pikirannya itu sampai terisi daya kebendaan; ini akan lebih celaka lagi, karena dengan itu hidupnya nanti akan sama saja sifatnya dengan sifat benda, yang karena hal sekecil-kecilnya saja sudah tidak merasa sayang menaruhkan dirinya sebagai barang.

34 Malahan kalau hal yang demikian itu sampai telanjur hingga tidak timbul ingatan yang sadar kepada kewajiban manusianya, maka akan makin sengsaralah hidupnya, karena tidak hanya lahirnya saja yang rusak, meski batinnyapun akan mengalami keadaan yang sama juga.

31 Apan iku munggwing janma,
si wadhah pan badan iki,
déné kang sanépa lenga,
pan iku daya ranèki,
dadya urubing ati,
nyatanya pan saka iku,
déné ananya daya,
yèku barang klawan malih,
tetuwuhan kéwan klawan jasmaninya.

32 Apan iku nyatanira,
becik aywa dèn turuti,
krana iku mung wèh tuna,
amung mburu butuhnèki,
nak-énuk pijer nggitik,
awaking wong karya kudhung,
mula yèn wongnya léna,
bungahnya kepati-pati,
wit kelakon kang sinedya bisa teka.

desires. So, when choosing a course of action one needs to look into it carefully beforehand.

31 Do understand that a person's body, its content, and the heart and mind are like a lamp, its oil and the flame. Whether in fact the lamp burns well or badly, brightly or dimly, really depends on the quality of the oil in the lamp. So for people, the fine or poor quality of their heart and mind will certainly not be unconnected with the quality of the forces that have become the content of the self.

32 So it is best if a person does not readily follow the demands of the heart and mind. For you should know that freely following the will of the heart and mind, which in reality are still in the power of the low forces, is just the same as giving yourself into the power of those forces, for them to make whatever use of you they please.

33 Karan iku yèn sujanma,
nurut ati temah tuni,
saya lamun kang memréntah,
daya barang kang nyétani,
pan iku luwih tuni,
luwih tuna temah katut,
tut-katut belasakan,
seneng ngungkih kawruh sisip,
lan saya gung nggènnya
ngumbar murkanira.

33 Especially if a person's inner feeling and heart and mind have become filled by the power of matter, this will be most disastrous, because their life will then be of the same quality as that of a material object; and simply on account of something trivial they will not be ashamed to act as if they themselves are a material thing.

34 Palah lamun kongsi lama,
pan kedaut tan ngélingi,
mring raganya kang kepréntah,
temahannya ntuk bilai,
raga rusak kepati,
rekasa mrih pulihipun,
tan lya sapa kélangan,
apan amung janmanéki,
karan iku jeneng niksa awakira.

34 Indeed, if things have gone so far that they have no conscious remembrance of their obligations as human beings, then they will suffer still more in their life; not only will they be damaged outwardly, but inwardly they will also experience the same condition.

35 Demikianlah, maka macam latihan yang telah dimiliki itu baiklah dikerjakan terus meskipun kemajuannya dapat dikatakan masih lambat. Sebab kelambatan itu, kalau anakku telah dapat menginsafi, bukan karena dirinya tidak beruntung, tetapi memang diperlukan demikian, agar kemajuan yang pelan-pelan itu tidak membawa kerusakan anggota-anggota badannya yang serba halus. Jelasnya, memang telah dikehendaki oleh jiwa karena jiwa lebih mengerti tentang ukuran kekuatan yang ada pada dirinya.

36 Disitu si jiwa sungguh lebih mengetahui tentang bagaimana jalan yang tepat untuk mengembalikan rasa dirinya yang salah ke keadaan yang baik. Oleh sebab itu dalam latihan seringkali terasa sebagai diberhentikan, tetapi tidak lama kemudian dimulai lagi, kadang-kadang juga sebagai mengulangi gerakan yang telah dialami.

37 Malahan perlu juga rasanya diketahui, agar jangan keliru anggapan, bahwa dalam latihan itu seringkali terasa sebagai orang yang sedang menderita sakit. Dan sifat sesakit yang dirasakan dalam latihan itu, malahan tidak hanya merupakan satu atau dua sifat saja, tetapi kadang-kadang banyaklah ragamnya karena selalu berganti-ganti.

38 Adapun sebabnya mengapa terasa demikian, ialah karena pada waktu dahulu sebelum melatih telah banyak ia menderita sakit dan meskipun sampai pada waktu melatih rasa diri nampaknya telah sehat kembali, namun di dalamnya masih juga ada bekas-bekasnya, sehingga dalam saat latihan itu terasa kembali lagi seperti sediakala. Hanya saja meskipun dirasakan lagi sakitnya yang sudah-sudah itu, namun tak akan membawa penderitaan suatu apa, malahan justru dengan adanya yang demikian itu, bekas-bekas sakitnya menjadi lenyap yang kemudian benar-benar mewujudkan rasa diri yang sehat dan bersih.

35 Sayogyanya mula sira,
dèn sabar raosirèki,
nadyan ora bisa rancag,
ing panampa kadya ngarsi,
nrimaa sawatawis,
tan na guna nusu-nusu,
jer iku wus ukuran,
ukurannya dhirinèki,
hakékatnya dèn timbang lan bobotira.

36 Kono yekti luwih wikan,
pan uninga kang sayekti,
sepira kekwatanira,
wus kaukur siji-siji,
dadya rindhiknya iki,
pan amrih beciking laku,
lan uga mrih utama,
ing panampa mbanyu mili,
salir apa ingkang dadi butuhira.

35 Therefore it is best for people to go on with the latihan, even if their progress appears to be slow. The cause of this slowness – if, my children, you can be aware of it – is not because they are unfortunate but because it is necessary: this slow progress will not cause damage to the finer parts of their body. To be clear, this is willed by their soul, for the soul understands better the measure of their strength.

36 For its part, the soul really knows more about the right way to bring a faulty inner feeling back to a good state. That is why the latihan often feels as if it is being stopped, but then starts again not long afterwards, and why movements already experienced are repeated sometimes.

37 Palah nadyan wus mangkana,
ing tumindak meksa nampi,
krasa lara lir wong lara,
kang tansah ganti-gumanti,
sipatnya warni-warni,
pan akèh lamun cinatur,
nging iki nyatanira,
lamun sira arsa uning,
apan iku krananya tipeting lama.

37 Moreover, in order to prevent you getting the wrong idea, you need to realise that in the latihan a person often feels as if they are suffering from an illness. And the nature of the illness felt in the latihan may not even take the form of just one or two symptoms, but sometimes of many different kinds, because they keep changing.

38 Tipet lara kang wus lama,
sakitira duk ing nguni,
kalanya durung anampa,
latihan kadya samangkin,
ing kono krasa malih,
wit kagigah raosipun,
dadya kono nyatanya,
sedyanira amrih pulih,
pulih waras kadya purwaning
　　　　　　　dumadya.

38 The reason why people feel this way is that in the past, before doing the latihan, they had suffered a lot of ill health, and although by the time they started the latihan they appeared to have recovered, traces of their illnesses still remained within them. So, during the latihan they feel the way they used to. But although they feel their old illness again, it is not accompanied by any suffering; rather, it is by this means that the traces of their illness disappear and their inner feeling becomes truly healthy and clean once again.

39 Itulah sebab-sebabnya, maka tidak perlu dikhawatirkan apa yang telah dirasakan dalam latihan itu. Sebaliknya malahan memuji syukur atas kemurahan Tuhan karena dengan timbulnya yang demikian itu badannya dapat menjadi sehat kembali dan rasa dirinyapun menjadi bersih dan jernih, sehingga kemudian ia dapat bertindak atau bekerja dalam lapangan yang sesuai dengan jiwanya.

40 Karena itu, sesungguhnya sifat latihan yang telah sama dimiliki itu adalah merupakan suatu sumber dimana rasa diri mendapatkan kebersihan tertimbang kekeruhan, kesalahan dan kesakitan. Hal ini bagi seseorang yang memang menderita sakit adalah sebagai suatu peristiwa yang diluar dugaan atau akal pikiran, karena hanya dengan cara yang nampaknya sederhana saja, telah dapat menyembuhkan dan menyehatkan kembali badan dan rasa dirinya. Tetapi janganlah dilupakan, bahwa ia pun dalam latihan merasakan juga kesakitan dalam dirinya sebagai kawan-kawannya yang tersebut diatas. Malahan agak lebih, karena sesungguhnya memang ia menderita sakit.

39 Mula aywa kliru tampa,
puniku dudu sesakit,
ingkang anyar lagi prapta,
mbarengi latihanèki,
palah iku kang yekti,
srana warasnya satuhu,
satemah bisa lagang,
anggènira arsa uning,
mring jatinya kang dadya plungguhanira.

39 That is why they do not need to worry about what they have felt in the latihan. Rather they should give praise and thanks for the mercy of God, because through this experience their body is able to become healthy again and their inner feeling clean and clear. They can then become active, and work in the sphere suitable to their soul.

40 Apan uga tumrap lyannya,
kang pancèn darbé sesakit,
iku uga tunggalira,
tan béda krasa yèn sakit,
nging iki palah becik,
palah dadya saratipun,
waluyanya king lara,
wuwuh pulih awaknèki,
pulih waras kadya wingi-winginira.

40 So the true nature of their latihan is like a well-spring, from which the inner feeling draws purity instead of dirt, faults and illness. To those actually suffering from an illness this is something they would never guess at nor imagine, for by a means that seems so simple their body and inner feeling are cured and restored to health. But do not forget that they too, like their fellows mentioned earlier, will have feelings of illness during the latihan; in fact rather more, because of course they really are ill.

17
PANGKUR

'… they soon become familiar with a way of seeing, hearing, smelling, feeling and talking, in which the low forces that accompany their life are not taking the lead.'

SUSILA BUDHI DHARMA

1 Bagi seseorang yang sedang menderita sakit sebagainipun kemajuannya dalam latihan juga pelan-pelan seperti kawan-kawannya yang tersebut diatas.

2 Demikianlah, maka bagi orang baik yang masih menderita sakit maupun yang telah sembuh, sesudah menerima latihan yang pelan-pelan itu lama-lama pun banyak juga yang diterimanya.

3 Akhirnya sifat gerakan yang diterima itu meliputi seluruh tubuh dan mewujudkan suatu gerakan yang teratur, yaitu : gerakan yang sifatnya sebagai orang menari, pencak silat, berolah raga dan sebagai cara orang yang sedang berbakti.

4 Malahan masih banyaklah lagi yang selalu diterima dalam latihan itu, sehingga dari gerakan-gerakan yang telah dimiliki itu sekedarnya dapat digunakan untuk meninjau adanya daya-daya rendah yang menyertai hidupnya dan bagaimana caranya kalau mempengaruhi angan-angan dan akal pikiran. Hanya saja meskipun telah sedemikian rupa, namun kefahamannya tentang itu dapat dikatakan masih belum sempurna.

5 Oleh karena itu sifat gerakan yang demikian makin lama makin mendalam, artinya : makin lama gerakannya itu makin meresap ke rasa diri, sehingga sifat rasa diri menjadi sehat dan bersih.

6 Dengan kesudahan inilah mereka baru menginjak tingkatan yang dalam, mereka segera mengenal cara melihat mendengar, mencium, merasakan dan mengucap yang tidak didahului oleh daya-daya rendah yang menjadi peserta hidupnya itu.

7 Demikianlah, sehingga mereka dapat menginsafi siapakah sebenarnya yang menguasai adanya mereka dapat melihat, mendengar, mencium, merasakan dan mengucap itu.

1 Apan iki nora béda,
pan kadya kang wus kapungkur tinulis,
sarwa alon solahipun,
saka sithik undhaknya,
yèn katongton lajunya pan grumut-grumut,
nanging nadyan mangkonoa,
tan béda bisanya nampi.

2 Pan mangkono sawusira,
salir iki wus samya dèn atampi,
kono saya kèh pinangguh,
saben wanci gumantya,
warna-warna pan nurut kekwatanipun,
kekwatan kang wus pininta,
kang pininta anèng dhiri.

3 Saya suwé saya ngreda,
nyumrambahi salir badanirèki,
kemput ing saubengipun,
mula suwé pan saya,
saya akèh solahira kang dinulu,
rowa lamun cinatura,
angathahken kang tinulis.

4 Nanging nadyan wus mangkana,
jeneng iki pan masih anèng njawi,
durung karan nglebetipun,
paran déné wus bisa,

17 PANGKUR

karya nandha ananya ingkang
    alungguh,
yèku daya kang memréntah,
kang karaga siang latri.

5 Karan iku wus lumayan,
sawatara pan sampun bisa nampi,
nadyan lagi pethanipun,
yèku pethaning jiwa,
kang rumuhun tansah mréntah
    manahipun,
kongsi tyasnya tan nglegéwa,
awaknya karya sesingid.

6 Sawusnya sira mangkana,
lami-lami rasanira saya ning,
ning wening wanuh andulu,
lan wiwit bisa nampa,
nyatanira ingkang krungu lan
    kang ngambu,
klawan ingkang kasbut rasa,
uga ingkang amemuni.

7 Apan iku yèn kinandha,
sira temah bisa wruh kang ningali,
klawan uga ananipun,
bisa krungu lan ngganda,
kang ngrungokké klawan
    ingkang ngaras iku,
bisa krasa lan angrasa,
kang ngrasakké lan kang muni.

1 While someone is ill like that, their progress in the latihan is also slow, as it is for their fellows referred to earlier.

2 That is how it is. After receiving slowly in the latihan at first, both those still unwell and those who are already cured will in time receive a great deal.

3 Eventually the movements received encompass the whole body and become orderly; movements, that is, like someone dancing, performing martial arts, practising sport, or worshipping.

4 Many other kinds of movements are also received in the latihan; so the movements people have can be used to some extent to observe the low forces that take part in their life, and the way in which they influence their imagination and thought. Despite that, however, their understanding of this cannot yet be called complete.

5 These movements go progressively deeper; in other words, the longer these movements continue the more they are absorbed into the inner feeling, making it healthy and clean.

6 Once this has happened, those following the latihan then pass to a deeper level. Here they soon become familiar with a way of seeing, hearing, smelling, feeling and talking, in which the low forces that accompany their life are not taking the lead.

7 And so they become aware of who has really been controlling their capacity to see, hear, smell, feel and speak.

8   Selanjutnya, apabila itu telah mereka terima dengan sempurna, barulah mereka dapat mengetahui dimana adanya daya-daya rendah yang menjadi peserta hidupnyaitu, juga bagaimana caranya mempengaruhi rasa diri, angan-angan dan akal pikiran. Malahan bersamaan dengan ini daya-daya rendah itu lalu dengan sendirinya memisah yang akhirnya kembali ke tempat asalnya.

9   Artinya : yang asal kebendaan kembali ke kebendaan, asal tumbuh-tumbuhan kembali ke tumbuh-tumbuhan, asal hewan kembali ke hewan, dan asal orang kembali ke orang (jasmani), meskipun semuanya itu masih dalam lingkungan manusia.

10 Sesudah itu barulah mereka dapat menduduki kedudukannya yang semula sebagai pengaturdan pengikat atas sekalian daya-daya peserta hidupnya itu dan barulah mereka dapat menciptakan kerjasama dalam menyusun hidup kekeluargaannya yang sempurna juga.

11 Dengan demikian teranglah bahwa adanya daya-daya dalam lingkungan manusia itu sebenarnya bukan menjadi perintang dan penghalang bagi kemajuan hidupnya, tetapi malahan menjadi peserta hidupnya yang terpenting, sehingga akhirnya dapat mereka melaksanakan tugas kewajibannya sebagai makhluk yang utama dan mulia.

12 Karena itu dalam hal ini diperlukan supaya manusia dapat mengatur secara bijaksana, agar kepada daya-daya itu sungguh-sungguh dapat ia memberikan jalan yang layak, sehingga daya-daya itu dapat memperoleh kepuasan yang sebenarnya.

8   Lamun iki wus tumata,
    wus kanyatan sira bisa anampi,
    lagi sira jeneng weruh,
    wruh nyatanya si daya,
    kang makutha amemréntah dhirinèku,
    temah salir kebadharan,
    samya mulih asalnèki.

9   Si barang mulih mring barang,
    tetuwuhan mring tetuwuhanèki,
    si kéwan mring kéwanipun,
    déné jasmani daya,
    pan mulih mring sira anèng papanipun,
    rasa rumangsa pangrasa,
    kang sipatnya andhèwèki.

10 Ing kono sira pan nulya,
    pan wus datan pinréntah liyanèki,
    nanging palah juru ngutus,
    ngutus marang salirnya,

17 PANGKUR

8 Then, when they have received this fully, they can detect where those low forces that take part in their lives are located, and how they influence the inner feeling, imagination and thought. At the same time the forces spontaneously split off, returning finally to their sources.

mring nyatanya ingkang dadya
    perlunipun,
yèku perluning sarira,
nyukupi butuhing urip.

9 This means that those that come from the force of matter return to the force of matter; those that come from the force of vegetation return to the force of vegetation; those that come from the animal force return to the animal force; and those that come from the human force return to the human physical force – although all of them remain within the human self.

11 Apan kono saya cetha,
butuhira ponang daya sakalir,
kang anèng badaning manus,
jer yektinya punika,
apan salir wus dadi rengganing manus,
anguwatken adegira,
anggènnya tumitah urip.

10 Only after that happens can people fulfil their original role as organiser and regulator of all the accompanying forces of their life, and only then can they get them to work together like a complete family.

12 Wosing perlu nyatanira,
jeneng janma ingkang kudu ngawruhi,
ingkang dadya perlunipun,
perlunya ingkang daya,
ingkang samya angawula anèng manus,
siji-siji pan tan béda,
samya darbé butuh yekti.

11 So it is clear then, that the forces present in the human self are not in fact hindrances and obstructions to a person's progress in life; rather, they are the most important companions, which enable him or her finally to fulfil the tasks and obligations of a high and noble creature.

12 Human beings must therefore be able to organise these forces wisely, in order to guide them to their proper path and enable the forces to obtain true satisfaction.

13 Hakekatnya, kebutuhan daya-daya pesertanya itu sesungguhnya tidak berbeda dengan sifat kebutuhan manusia. Daya-daya pesertanya itupun butuh juga kebahagiaan dan kemuliaan hidup sebagai manusia. Karena itu, perlunya mengabdi kepada manusia tidak lain, agar pengabdiannya itu dapat memperoleh jalan yang benar hingga akhirnya memudahkan kembalinya kealamnya yang pribadi.

14 Oleh sebab itu, hakekatnya, daya-daya itu bukan perintang dan penghalang bagi kemajuan jalan hidup manusia, bahkan selalu tunduk dan menurut atas perintah manusianya.

15 Adapun sebabnya mengapa manusia sampai dapat diperalat olehnya, ialah karena manusia sebagai pengatur dan pengikatnya itu tidak dapat bertindak benar, yaitu, dalam segala tingkah lakunya ia tidak dapat memisah-misahkan sifat kebutuhan dan kepentingan yang untuk daya-daya pesertanya dan yang mestinya untuk diri manusianya sendiri.

16 Dari keadaan yang demikian itu teranglah bahwa pokok pangkal segala kesalahan itu letaknya adalah di orang sendiri. Demikianlah akibat dari kesalahannya itu, karena memang dalam waktu hidupnya hanya mementingkan hidup kenafsuannya saja dan sekali-sekali tidak suka merasakan hidup dirinya bagaimana akan jadinya nanti di belakang hari kalau ia sampai tidak dapat menginsafi tentang isinya itu. Padahal isi dirinya inilah yang menjadi kepentingan hidupnya, adanya ia dapat berdiri teguh dan sempurna itu.

13 Mungguh butuhira samya,
apan sama kadya lumrahing janmi,
mrih énak nikmating idhup,
mula ngèngèr mring janma,
suprihira antuka suwarga agung,
dèn trima pangawulanya,
tekèng akhirnya pinesthi.

14 Apan iku butuhira,
ananira samya anèng sujanmi,
ngrenggani butuhing idhup,
pan tan kedah kumedah,
wèh pakéwuh mring janma kang amrih luhung,
nadyan mring tindaking janma,
uga tan kudu ngowahi.

17 PANGKUR

13 In reality, the needs of these companion forces do not differ from human needs. Like humankind, these forces also need happiness and nobility in their existence. That is why they need to serve human beings, so that their service will enable them to find their right path, assisting them to return eventually to their own realm.

15 Déné janma tekèng salah,
   apan saka salahira pribadi,
   géné kongsi nora weruh,
   mring saliring renggannya,
   ingkang mesthi pan janma kudu
               wèh wuruk,
   mrih katata lungguhira,
   dadya nora mung ngribedi.

14 So these forces do not in reality hamper and obstruct the progress of human life; indeed, they always obey and follow human commands.

16 Pan mula teteping salah,
   tan na liya amung saking sujanmi,
   nggènnya sungkan mardi idhup,
   uriping badanira,
   kang kadadyan pan saking
              saliring idhup,
   yèku king saliring daya,
   kang dadya rengganing urip.

15 The reason why people can end up becoming the tools of these forces is because they are not able to act rightly as the organiser and regulator; that is to say, in all that they do, people cannot separate the needs and interests of these accompanying forces from those that belong to their own human self.

16 It is clear that the origin of all these faults lies in the people themselves; and it comes from the fact that during their life they pay attention only to the life of their desires, never bothering to be aware of the life of their self and of what will happen later if they cannot become conscious of its content. Yet it is the content of their self that is important in their life, to enable them to stand secure and complete.

17 Demikianlah, maka yang utama baiklah hal itu dipahami benar-benar, sehingga orang tidak menjadi asing dengan pesertanya itu, dan dalam usahanya untuk melatih rasa diri nanti tidak perlu meninggalkan dan menyampingkan ini dan itu. Kesimpulannya, dalam mengerjakan sesuatu si orang dengan peserta-pesertanya itu tidak semestinya berpisahan, malahan hakekatnya perlu kumpul, tetapi masing-masing mempunyai tugas dan kewajiban sendiri-sendiri, sehingga dalam bekerjanya nanti dapat mewujudkan di dalamnya suatu sifat kerjasama yang harmonis. Hal ini dimisalkan sebagai orang yang hendak mendirikan rumah, ada tukang perancangnya, tukang gambar, tukang periksa, tukang bekerja dan pelayan-pelayan yang mengambil ini itu. Untuk kesempurnaan pekerjaan itu, yang mestinya si tukang rancang tidak seharusnya ikut campur kerja dalam lapangan pekerjaan si pelayan-pelayan. Lebih tidak semestinya lagi kalau si perancang sampai suka minta bagian dari hasil pekerjaan yang telah dicampurinya itu. Macam inilah persamaannya, sehingga keadaan dalam pekerjaan itu bukan hanya kurang sempurna saja, tetapi dapat pula mengeruhkan suasana didalamnya. Selanjutnya, kekeruhan ini mengakibatkan saling bertengkar berebutan kekuasaan, dan akhirnya mudah terjadi, bahwa si perancang tergeser kedudukannya sehingga tempatnya diduduki oleh si penggambar atau lain-lain dari tingkatan yang terbawah dan si penggambar beralih ke tempat yang diatas atau mungkin malahan ke bawah dan tempatnya diduduki oleh lain-lain dari tingkatan yang terbawah juga.

17 Mula apan lugunira,
lamun sira wus bisa angawruhi,
mring saliring kang kasebut,
yektinya pan tan kedah,

17 PANGKUR

aneninggal mring sawiji-wijinipun,
jer salir iku nyatanya,
sarat mutlak ing sirèki.

17 It is most important for this point to be truly understood, so that people do not become estranged from their companion forces, and are not required – in their efforts later to train their inner feeling – to lay aside or give up this and that. To sum up: in carrying out any task, a person ought not to be separated from his or her accompanying forces; on the contrary, the truth is that they must be gathered together – though each has its own duties and obligations – to bring about harmonious cooperation in the work they then do. This can be compared to someone wishing to build a house: there is the architect, the draughtsman, the foreman, the skilled workmen and the labourers who fetch and carry. For the work to be done properly, the architect must not interfere in the labourers' work. It is even worse if the architect then asks for part of the wages for the work he has interfered with. That is what can happen; it not only leads to imperfect work but also to a confused atmosphere. This confusion then leads to quarrels and struggles for power; and in the end it may easily happen that the architect is removed from his or her position, which is then occupied by the draughtsman or by others from the lowest level. And, while the draughtsman is moved to the higher post – or even to a lower one – he or she is being replaced by others from the lowest grade.

SUSILA BUDHI DHARMA

18 Karena itulah, kembali ke soal diatas tadi, sebaiknya orang jangan berkehendak meninggalkan atau menyampingkan peserta hidupnya itu, sebab meskipun nampaknya merupakan perintang, namun hanya dengan itulah si orang dapat memperkokoh kedudukannya yang utama. Sebaliknya, apabila si orang tidak hendak memperdulikan keadaannya, peserta-pesertanya itu malahan mudah sekali menjadi perintang dan penghalang, sehingga si orang dalam segala langkahnya nanti akan selalu mengalami banyak gangguan.

19 Lagipula, hakekatnya, orang tidak akan dapat meninggalkan daya-daya pesertanya itu, meskipun di dalam hatinya menghendaki kelenyapannya, karena memang sekalian daya-daya itu telah dikodratkan menjadi pengisi dirinya hingga terwujud yang sempurna itu.

20 Dari sebab itu, meskipun kemana saja si orang hendak menjauhkan diri, namun tak akan dapat ia meninggalkan dirinya yang pengisinya pun tidak akan berbeda juga dengan lain-lain orang. Demikianlah sebabnya, maka utama kalau orang hendak melatih rasa diri, supaya mencari jalan atau cara yang tidak memerlukan meninggalkan segala sesuatu yang menjadi wajibnya, antara lain anak dan bini.

21 Dengan demikian pada hakekatnya orang tidak akan tersasar, dan tidak akan percaya pula bahwa di tepi samudra dan di gunung-gunung orang akan mendapatkan wahyu dan kebahagiaan hidupnya. Padahal kalau diturut cara ini, hasilnya nanti tak lain hanya akan menyakitkan badan dan malahan menambah derita kesengsaraan belaka.

18 Klawan malih lamun sira,
    nedya ninggal mring salir daya iki,
    kaya paran temahipun,
    dyan apa pancadannya,
    anggènira sumengka marang
              ngaluhur,
    lamun salir ponang daya,
    temah onya mung ngribedi.

19 Mula yekti tan na akal,
    pan kapriyé pratikelnya puniki,
    nggènnya bisa ninggal sagung,
    jer salir wus kanyatan,
    pan wus dadya don-adoning
              jeneng idhup,
    nyatanya wujuding badan,
    kang kok gawa wira-wiri.

18 So, to return to the previous point, it is best for a human being not to wish to give up or put aside these life companions; for although they may appear to be obstructions, yet only with them can a person maintain their high status. On the other hand, if human beings are unwilling to take notice of their state, these companions easily become hindrances and obstructions instead, and will greatly hamper them later in whatever they do.

19 Moreover, in reality, people will not be able to rid themselves of their companion forces even though in their heart they may wish them gone; because of course all these forces have been put in them by God's will, to make them complete.

20 Tekan ngendi baé ana,
ana sira mesthi ana puniki,
jer iku katut mawujud,
mulanya ywa mangkana,
yèn ngupadi caranya becik
    sih kumpul,
kumpul anak klawan sémah,
byasa dhahar lawan guling.

20 Therefore no matter where a person wants to escape to, they will be unable to leave their self behind, whose content will be no different from that of other people. That is why, when a man wants to train his inner feeling, it is best to look for a way that does not require him to abandon all his responsibilities, including his wife and children.

21 Dadya nora ngayawara,
anenepi nèng pinggiring jaladri,
klawan anèng gunung-gunung,
palah iku ngrekasa,
yèn tan begja temah tan
    manggih rahayu,
dhasar iku setilahnya,
pokalnya daya kang sisip.

21 With such a way a person will not in fact go astray, nor believe that they will obtain revelations and salvation on a seashore or mountain; for that way later leads to nothing but bodily illness and added suffering.

22 Sebagaimana telah dituturkan di muka, yang demikian itu adalah cara yang tersebut dalam buku ceritera (dongeng), yang kebenarannya masih perlu diketahui. Sebab banyaklah ceritera-ceritera dalam buku itu yang mengandung arti yang masih dirahasiakan, sehingga kebenarannya masih perlu ditinjau dengan sungguh-sungguh. Maka terhadap hal-hal semacam itu orang harus waspada dalam menelitinya, agar akhirnya nanti dapat menginsafi tentang keadaannya yang benar.

23 Sekarang mengulangi peri keadaan yang seringkali dialami oleh para pelatih dalam waktu latihan; bahwa banyaklah diantara mereka itu sesudah bergerak tubuhnya sedikit-sedikit sudah segera mengeluarkan suara.

24 Lama-lama suara yang dikeluarkan itu makin menjadi kuat, sehingga bunyinya menyerupai orang yang sedang menyanyi, mengaji dan lain-lain. Malahan ada pula sehabis bersuara sedemikian terdengar juga ia merintih-rintih bagai orang yang sedang meminta ampun kepada Tuhan Yang Maha Kuasa tentang segala dosanya. Dan ada pula diantaranya yang tertawa gelak-gelak dan menangis. Kadang-kadang didalam sendirinya mengeluarkan ucapan-ucapan laksana orang sedang berbicara dengan kawannya atau orang lain.

25 Malahan tidak kurang-kuranglah diantara mereka itu yang berkata-kata dengan bahasa rupa-rupa yang tidak teratur, sehingga oleh si penerima sendiri dirasakan sangat geli dan kecewa karena tidak dapat mengerti arti dan maksudnya. Memang, hal itu bagi para pelatih yang baru saja mengerjakan latihan sesungguhnya adalah suatu hal yang tidak mudah dimengerti. Karena sebagian besar yang diterima itu, adalah kata-kata yang dahulu dibawa oleh angan-angan dan akal pikiran kedalam alam ucapan, sedangkan dalam saat latihan tadi kata-kata itu terpaksa terpisah dari sarangnya, yaitu : angan-angan dan akal pikiran. Maka dalam keadaan yang demikian itu, kalau si penerima andaikata sudah dapat, ia akan merasa sebagai orang yang kedua,

22 Wit benernya kang kacrita,
   ingkang karan gunung klawan jaladri,
   yektinya anèng sirèku,
   kadya sampun kacrita,
   wus jinarwa anèng kandha
        kang rumuhun,
   mula sira kang waspada,
   mring salir kandhaning janmi.

23 Ya ta ana sawenèhnya,
   tumanggalnya pan tan kadya puniki,
   saking uni kang rumuhun,
   uni karya bubuka,
   amiwiti mijilaken isinipun,
   yèku isi kang nèng badan,
   ingkang kasbut jiwanèki.

17 PANGKUR

22 As stated earlier, those are ways referred to in books of legends and fables; the truth of their meaning has yet to be known for sure. For many of the tales told in these books embody meanings that are still secret, and so their truth still needs to be put seriously to the test. One has to be alert in examining matters of this kind, so that eventually one can be aware of their correct nature.

23 Now to return to experiences people often meet when they are doing latihan. Many of them, after their body has moved a little, soon utter sounds.

24 Warna-warna kang dèn ucap,
salir tembung kathah kang samya mijil,
swaranya kadya wong padu,
padu ngrembug prakara,
lir prakara kang gawat kalangkung-
      langkung,
mula kang ngawaki samya,
krasa geli ing panampi.

25 Apan iku nyatanira,
uninya salir daya kang ndayani,
kang ndayani anèng manus,
kang lama tan kawiyak,
lagi mangkya wektunya
      mijilken wuwus,
krana janma temah bisa,
nyepèkken murkaning ati.

24 Gradually these sounds grow stronger until they resemble someone singing, intoning, and so on. After making sounds of that sort, some people are even heard sobbing like a person asking forgiveness of Almighty God for all their sins. And some of them burst out laughing, or cry. At times words are spoken spontaneously, as though the person was talking with a friend or somebody else.

25 Quite a few even speak, in a disordered way, in various languages; this makes them very amused, or disappointed because they cannot understand the meaning or purpose of it. Certainly for those who have only recently started doing the latihan this not easy to understand. This is because the greater part of what is received like this are words that previously came to be spoken from the imagination and mind; but during the latihan these words are of necessity separated from their home in the imagination and mind. In this state the person receiving will – if already able to do so – feel as if they are two people; thus they can tell that the speaker is not in fact their genuine self but another

sehingga disitu ia dapat merasakan bahwa sesungguhnya yang mengucap itu bukan ia sewajarnya, tetapi adalah daya lain yang telah lama menjelma dalam rasa diri. Karena itu teranglah, bahwa segala ucapan yang dikeluarkan itu, sebagian besar dibangkitkan oleh daya-daya yang telah menjelma dalam rasa diri orang. Justru dari sebab-sebab yang demikian itulah dapat dibenarkan kenyataan, bahwa ucapan orang sehari-hari itu sebagian besar adalah karena dorongan dari daya-daya yang telah meguasai rasa dirinya. Tetapi ada juga ucapan-ucapan di dalam latihan yang terlepas dari daya-daya itu, yang sesungguhnya berasal dari rasa diri pribadinya. Hanya saja, biasanya ini masih terasa sangat lemah, karena memang baru saja dilahirkan sejak dibuka atau dilatih. Itulah sebabnya, maka didalam latihan selalu diterima ucapan2 yang bertentangan satu sama lain. Tetapi keadaan semacam ini lambat-laun dengan sendirinya akan menjadi reda, karena pengaruh daya-daya yang masih ada didalam rasa diri itu makin lama makin berkurang, sedang sebaliknya, daya kekuatan rasa diri pribadinya makin lama makin menjadi kuat, sehingga akhirnya dapat menguasai di dalamnya dan dapat melahirkan pula sifat keahlian jiwanya yang benar.

26 Memang, pada umumnya bagi saudara-saudara pelatih yang masih baru yang demikian itu masih dirasakan sebagai suatu hal yang ganjil. Karena itu mereka masih bersikap ragu-ragu terhadap apa yang diterimanya.

27 Tambah dirasakan heran lagi apabila dalam latihan mereka dapat mengucapkan kata-kata dengan irama lagu yang baik-baik. Malahan kadang-kadang ada pula diantara mereka itu yang dapat menyanyi dengan irama lagu yang mereka sendiri tidak mengenal asalnya.

28 Lebih mengherankan dan membingungkan mereka lagi apabila sehabis menyuarakan irama lagu yang baik-baik itu lalu menangis dan mengeluh tentang kedosaan yang telah mereka tindakkan diwaktu yang lampau.

26 Mula akèh ingkang ngrasa,
samya gumun anggènnya anenampi,
déné teka waton muwus,
tan kaya sabenira,
lumrahnya wong kang samya mijilken wuwus,
genah bisa dèn atampa,
lan ngerti maksuding uni.

27 Nging sawenèh uga ana,
ingkang nampa basa lir saben ari,
sineling ing sanèsipun,
lan uga ingkang ana,

17 PANGKUR

power that has long been embodied in their inner feeling. From this it becomes clear that a large part of everything a person says is inspired by forces that are acting within their inner feeling. This confirms the truth that the impulse behind most people's everyday talk comes from forces that have taken charge of their inner feeling. Some things spoken in the latihan, however, are free from the influence of those forces and truly spring from the person's inner self. But usually these are very weak, because they have been expressed only since the person started doing the latihan. That is why, in the latihan, people sometimes receive words that conflict with one another. However, this will gradually abate by itself, because the influence of the forces still within the inner feeling will progressively decrease, whilst, on the other hand, the power of the inner self will become increasingly strong, until eventually it is able to rule within them and bring into the open the true talent of their soul.

nampa basa dudu basa tanahipun,
mula akèh kang angrasa,
gumun bungah dadi siji.

28 Nadyan muni tetembangan,
meksa akèh kang nampa apan kadi,
lagu kang tan naté pethuk,
kadhang alon lan sora,
kadhang ana kang sawusnya nuli ngguguk,
ngguguk nangis asesambat,
minta ngapura mring Gusti.

26 Of course, for those new to the latihan such things still seem odd, so they remain hesitant about what they are receiving.

27 They feel even more astonished if, in their latihan, they are able to utter words in a pleasing melody and rhythm. At times some of them can also sing a rhythmic melody, the origin of which is unknown to them.

28 They are still more amazed and bewildered if, after singing such a melody, they then cry and moan over sins they have committed in the past.

29 Kalau didengar bagaimana tangis dan keluh para saudara yang sedang berlatih itu sungguh dapat meratapkan hati, tetapi kalau diketahui halnya yang benar, keadaan yang demikian itu hanya menampakkan penyesalan terhadap diri pribadinya yang karena lengah sampai dapat digunakan oleh daya-daya rendah untuk menjalankan sesuatu hal yang salah.

30 Karena itulah, maka sesudah latihan nampaknya mereka sudah tidak lagi sebagai orang yang sedang menderita kesusahan. Hanya saja meskipun demikian, pengalaman yang didapat itu namun meresap juga dalam rasa dirinya, sehingga akhirnya diluar kehendak hatinya adat istiadatnya yang tidak baik telah berubah dengan sendirinya menjadi yang utama seukur dengan jiwanya.

31 Begitulah kenyataannya. Karena itu hal-hal sedemikian seharusnya tidak perlu dipikirkan, malahan yang utama baiklah diterima saja bagaimana yang akan berjalan nanti. Sebab kemajuan tentang jalan kejiwaan itu bukan suatu hal yang dapat dicapai dengan kekuatan akal pikiran, melainkan hanya karena sungguh-sungguh menyerah kepada kebesaran Tuhan Yang Maha Esa dengan jalan melatih rasa diri sebagai yang telah banyak disebut di muka.

32 Lain daripada itu, tentang tidak baiknya akal pikiran digunakan, bukan hanya sampai sekian saja, tetapi malahan dapat mengakibatkan kekalutan dalam suasana akal pikiran, sehingga kemudian keinginan yang suka lekas mengerti itu malahan terbalik menjadi suatu penderitaan batin yang akan selalu dialami.

29 Kaanannya kang mangkana,
yèn sinawang kadya caraning ati,
katonnya susah kalangkung,
nanging iki nyatanya,
apan iku sesambating dayanipun,
daya ingkang samya ana,
kang anèng dhirining janmi.

30 Mula nadyan mangkonoa,
sakèhira pra kang samya anglatih,
yèn wus tan na tabetipun,
tabet nggènnya nalangsa,
kadya kang wus kacarita anèng ngayun,
amung samya dèn agagas,
anèhnya ingkang tinampi.

17 PANGKUR

29 It can really grieve the heart to hear how they cry and lament during the latihan. But, rightly understood, their state simply shows their remorse that their heedlessness has made it possible for the low forces to use their inner self to do things that are wrong.

31 Apan iku mula nyata,
    lamun ati tumrap iku nora wrin,
    sarta wus nir dayanipun,
    kang ana amung rasa,
    rasa agung kang agung ing asmanipun,
    kang nglimputi temah rata,
    nguripken rasanirèki.

30 That is the reason why, after the latihan, they no longer appear troubled. Even so, the experience they undergo penetrates into their inner feeling, so that eventually, without their willing it, their former bad habits spontaneously change and become excellent, in accordance with their soul.

32 Mula aywa dèn memanah,
    sih kurangnya nggènnya
        durung mangerti,
    cethanira kang tinemu,
    jer ati nyatanira,
    tanpa guna yèn memikir tumrap iku,
    palah yèn tan na begjanya,
    ngisruhaken pikirnèki.

31 That is the truth of it. So matters of this sort should not be thought about; rather it is best just to accept whatever comes next. For progress along the path of the soul cannot be achieved by the power of thought, but only through sincere surrender to the greatness of Almighty God by way of training the inner feeling, as has been said many times earlier.

32 Apart from that, the undesirability of using thought does not stop there; it may even cause a confused mental state, where the desire for quick understanding turns into an inner suffering that is felt constantly.

33 Oleh karena itu, jalan yang terbaik bagi para pelatih, ialah menerima saja apa yang dapat diterima, karena yang demikian itu memang telah menjadi ukurannya, sehingga kemajuannya nanti berjalan dengan tertib. Seandainya berkehendak mempercepat itu, kiranya tidaklah berguna, karena tindakan semacam itu hanyalah membakar hatinya belaka.

34 Sekarang ganti hal; sesudah para pelatih menerima hingga dapat mengucapkan kata-kata sebagaimana diutarakan diatas tadi, biasanya tak lama kemudian akan disusul dengan hidupnya rasa yang meliputi seluruh tubuh. Dengan inilah kemudian si-pelatih sedikit demi sedikit dapat merasakan dirinya, siapakah sesungguhnya yang selalu mengisinya.

35 Keadaan diri yang demikian itu sesungguhnya tidak berbeda juga dengan yang tersebut diatas, dimana daya-daya itu pun selalu saling berganti mengisi diri manusia, sehingga keadaannya disitu merupakan seumpama orang sedang rebutan kuasa. Sebagai itulah cara daya-daya mengisi dan mempengaruhi rasa diri manusia; kalau si orang tidak awas-awas tentang keadaanya, ia akan mudah teperdaya.

36 Dari situlah si pelatih mulai sedikit demi sedikit dikenalkan dengan sifat daya-daya itu dan ditahukan juga bagaimana cara daya-daya itu menyertainya. Sesungguhnya adanya daya-daya disitu (dalam diri manusia) hanya melayani saja kepada kebutuhan manusia, dan memang sifatnya hanya peserta belaka. Tetapi kalau disitu manusianya belum dapat menduduki hak pribadinya, maka daya-daya yang bersifat peserta itu terbalik malahan menjadi penguasa.

33 Kranèku dèn weruhana,
utamanya dèn trima nadyan sithik,
watonnya lumintu maju,
kesusu tan utama,
lumpat kidang temah nora
      manggih luhung,
béda klawan kang narima,
anggernya sregep anglatih.

34 Samangkya pan candhakira,
candhakira ingkang muna lan muni,
tan adangu nulya muncul,
rasa pangrasanira,
yèku rasa kang bisa ngrasakken tuhu,
yektinya ingkang karasa,
kang krasa lungguh nèng dhiri.

17 PANGKUR

33 Therefore, the best course for those being trained is just to receive whatever they can receive. That is the right measure to ensure orderly progress; whereas the desire to speed it up would appear to be useless, because it only excites the heart and nothing more.

35 Apan iki nora béda,
kang kasebut daya ingkang ndayani,
anèng dhirining si manus,
pan tunggalnya kang mréntah,
mréntah ngrasakken salirnya
  kang sinambut,
pepanganan rupa-rupa,
kang binukti siyang latri.

36 Dadya kono wiwit sira,
angrasakken caranya lamun bukti,
saliring daya kang kumpul,
kumpul nunggil sapapan,
wus amor apan kadya pamoring
  duwung,
mula kono yektinira,
angèl yèn tan antuk tuding.

34 Now to change the subject. Once those being trained receive to the point of being able to utter words, as mentioned above, what usually follows before long is the coming alive of the feelings throughout the body. This will then enable them, little by little, to feel aware of their self and of who is actually its content.

35 This state really does not differ from that referred to before, where the forces that fill the human self are always changing, so its condition is like one in which people are struggling for power. This is the way the forces fill and influence the human inner feeling. When anybody is heedless of their state they will easily be overcome by them.

36 From there on, those taking the training begin gradually to be introduced to the nature of these forces, and also to perceive how the forces accompany them. Truly, these forces are there, in the human self, only to serve human needs, and their nature is indeed only that of companions. But if people, for their part, are not yet able to assume their rightful being, then the forces whose nature is that of companions take over and become the masters.

37 Demikianlah, maka dengan terjelmanya kekuatan hidup di luar dugaan akal pikiran yang telah diperolehnya dalam latihan itu, ia akan segera dapat merasakan bagaimana pisah dan kumpulnya daya-daya itu dengan hak pribadinya dalam rasa diri. Keadaan si orang dalam hal ini adalah juga sebagai pada waktu ia menerima latihan mengucapkan kata-kata aneka warna tersebut di muka, yaitu : si orang menjadi sebagai orang yang kedua.

38 Keadaannya itu makin lama makin menjadi jelas, sehingga akhirnya biasalah ia pisah dan kumpul dari dan dengan daya-daya pesertanya itu. Bagi tinjauan dengan menggunakan akal pikiran, kejadian ini sungguh mengherankan juga, tetapi bagi seseorang yang telah beruntung dapat memiliki kepahaman tentang kejiwaan seperti tertera d iatas tadi, kiranya yang demikian itu bukan lagi merupakan suatu hal yang asing bagi dirinya.

39 Selanjutnya, sesudah si pelatih jelas dalam menerima tentang pisah dan kumpulnya daya-daya peserta dengan hak pribadinya, ia akan makin dapat merasakan dengan jelas bagaimana cara daya-daya pesertanya itu mempengaruhi rasa diri hingga membangkitkan nafsu : murka, angkara, sabar dan menerima (Jawa : nrima).

40 Juga dapat dirasakan bagaimana cara daya-daya itu memperdaya sehingga si orang gemar sekali menikmati rasa makanan yang dimakan; begitu pula caranya memperdayakan orang hingga gemar menjalankan sesuatu yang tidak baik.

37 Wit saka tuduh kang nyata,
tunggalira kang sampun dèn lakoni,
ing tampi tan bisa kisruh,
wus pisah klawan nyata,
apan kadya sira anèng pungkuripun,
wus mangkana tumindaknya,
grengsengnya amribadèni.

38 Pan satemah dadya genah,
trajangira ingkang samya ngemori,
kang kembul lahirnya wungkul,
lahirnya tan kanyana,
lamun iki bisa pisah lan sirèku,
bisa pisah krana misah,
kang tan mawa dèn pamrihi.

17 PANGKUR

39 Mula kono saya genah,
    saya genah nggènira anyipati,
    mring saliring lakunipun,
    lakunya yèn memangan,
    ananya samya ngangsa lan
            mbotenipun,
    sarta kang murka lan nrima,
    kang sarèh lan kang ngecemil.

40 Uga ngrasakken caranya,
    anikmati mring pangan kang tinedhi,
    lan mring apa kang rinangkul,
    krangkul kagepok badan,
    badanira kang klimputan rasa idhup,
    mula temah saya cetha,
    ponang daya kang nèng dhiri.

37 So, through the manifesting of the life force experienced in the latihan – and which is beyond the scope of thought – a person will soon be able to feel how these forces separate from and combine with his or her individuality within the inner feeling. Their state will then be the same as when they are receiving the latihan and speaking all sorts of words, as has been described; that is to say, he or she becomes like two people.

38 That state will become progressively clearer until at last the person becomes accustomed to separating from and combining with these companion forces. Looked at with the mind, this experience is actually quite astonishing; but for someone fortunate enough to possess understanding of the realm of the soul, as described a little way back, it will probably no longer seem strange.

39 Then, after those being trained are clear in their receiving about the separating and recombining of their companion forces with their true being, they will be able to feel more and more clearly how these forces influence the inner feeling and arouse the passions of greed, ruthlessness, patience and acceptance.

40 They can also feel how these forces lure a person into taking great pleasure in the taste of the food they eat – and also how they delude him or her into doing something wrong.

SUSILA BUDHI DHARMA

41 Lebih penting lagi bahwa disitupun dapat dirasakan juga bagaimana caranya memperdaya hingga si orang gemar sekali bersetubuh. Karena itu banyaklah yang diperoleh, sehingga lambat laun dapat ia memisahkan rasa diri pribadinya dari aliran daya-daya yang mempengaruhi rasa diri seburuk itu, dan sejalan dengan itu sedikit demi sedikit diperolehnya pula cara membuka jalan untuk menyalurkan aliran daya-daya itu kejurusan yang memang menjadi tempat sasarannya. Dengan keadaan yang demikian, maka akhirnya apabila bersetubuh dengan istri, akan dapat ia menyatukan isi rasa diri dari kedua sifat, yaitu : laki-laki dan wanita.

42 Demikianlah keluasannya nanti. Karena itu maka sebelumnya telah diperlukan ia membiasakan bagaimana cara memisahkan rasa diri pribadi dari pengaruh daya-daya itu dalam saat-saat kalau bersetubuh dengan istri.

43 Dengan kesudahan tindakannya yang demikian itu, makin lama ia makin menjadi tangkas dan jelas, sehingga dalam bersetubuh dengan istri akhirnya dapatlah ia mewujudkan sebagai dan menjadi suatu tempat, yang dapat dituruni isi biji manusia yang sempurna.

44 Arti sempurna dari isi biji manusia, ialah : bahwa sifat isi itu akhirnya akan mewujudkan suatu sifat budi yang luhur dan akan melahirkan pula suatu sifat pekerti yang sungguh-sungguh bermanfaat bagi hidup serta kehidupan manusia dan masyarakat.

45 Demikianlah, sehingga keadaan si anak nanti baik lahir maupun batin akan jauh sekali berlainan dengan keadaan orang tuanya, yang pada waktu awal pelatihan hingga sampai sekian lama terpaksa harus tahan penderitaan batin dan mempunyai penuh kesabaran.

---

41 Luwih-luwih gunanira,
lamun sira tuhu wus bisa nampi,
ngrasakken salir puniku,
yèn sira kumpul garwa,
kono bisa misahken kang
    nedya nrambul,
anrambul kumpul asmara,
ngemori jroning saresmi.

42 Iki nyatanya kang gawat,
kudu sinung kabisan misah yekti,
perlu ywa kongsi ketrambul,
ketrambul bekasakan,
kang klinteran tansah nèng
    raosing manus,
jer bakunya kumpul garwa,
darbéa rasa kang adi.

43 Makna adi kang kajarwa,
wit ing kono si janma kudu resik,
resik tindak mrih rahayu,
antuka adinira,

17 PANGKUR

dining rasa kang mungguh
   drajating manus,
supaya yèn akirira,
sinung wiji dadya becik.

44 Bisa becik tur utama,
   pan dadia janma ingkang sayekti,
   yekti njawi nglebetipun,
   lan akir tambah genah,
   luwih lagang tinimbang
      ingkang sesunu,
   klawan uga luwih gampang,
   caranira anglelatih.

45 Wus nora kaya si bapa,
   jroning latih mung pijer sru anampi,
   tan énak ing tindakipun,
   grumut-grumut tur lama,
   kudu darbé kesabaran
      ingkang luhung,
   wuwuh kudu kèh narima,
   pepintan kang dèn atampi.

41 More important still, people will also be able to feel how they are influenced to have a great liking for sexual intercourse. So they will gain a lot, and will eventually be able to separate their inner self from the stream of forces that have such a bad influence on their inner feeling. At the same time, little by little, they will acquire the ability to open the way for these forces to flow towards their proper goals. Once a man is in this state, eventually he will be able, during his sexual union with his wife, to unite the content of the inner feeling of their two natures, the male and the female.

42 Such is the opportunity awaiting him. That is why he must first get used to separating his inner self from the influence of these forces when he has sexual union with his wife.

43 Once he has done so, he will grow progressively more deft and clear in doing this, so that in his sexual union with his wife he can eventually become a vessel into which can descend a content – the seed of a perfect human being.

44 The meaning of a perfect human seed is a content that in time will become a noble nature, with the kind of character that is of real value to the life and livelihood of the person and of society.

45 So the state of the child later on, both outwardly and inwardly, will be very different from that of his or her parents who, from the time they began the latihan and for a long time afterwards, had to endure inner suffering and to have complete patience.

SUSILA BUDHI DHARMA

46 Untungnya, hal itu telah dapat ditemukan sebelum terlambat, sehingga ia segera dapat melatihkan rasa dirinya, meskipun dalam saat-saat pelatihan terasa tidak dapat maju dengan cepat. Tetapi berkat ketabahan rasa dirinya, namun akhirnya tercapai juga apa yang diinginkan.

47 Malahan lama kelamaan dalam waktu mengalami latihan itu biasanya bangkit juga suatu keadaan, sehingga ia dapat mulai sedikit demi sedikit mencium bagaimana cara daya-daya peserta hidup manusia itu memperdaya hingga si orang suka mencium aneka bauan.

48 Dalam hal ini keadaan si pelatih sama saja dengan yang dituturkan di muka : ia merupakan orang yang kedua. Karena itu maka ia dapat menginsafi disitu mana yang karena rasa diri pribadinya sendiri, dan yang dibangkitkan oleh daya-daya peserta hidup manusia.

49 Disitu bagi si pelatih makin lama makin bertambah jelas, sehingga ia menginsafi sebab-sebabnya mengapa orang sampai mempunyai kegemaran mencium bau-bauan; pun diinsafinya kenapa diantara orang banyak timbul perbedaan kegemaran dalam hal itu.

50 Dengan pengalaman yang seperti itu dalam latihan, akan menjadi jelas pula baginya, bagaimana sesungguhnya orang yang sedang bercumbu-cumbuan. Karena itulah maka dalam latihannya pun diperlukan juga supaya ia dapat memisahkan aliran yang dari daya-daya peserta hidup manusia dan yang berasal dari rasa diri pribadinya, sehingga selanjutnya sesudah terpisah mengalir dengan sendirinya kejurusan yang memang menjadi haknya.

46 Mung tujunya klakon bisa,
sinung begja bisa nampa kang yekti,
lowung kinarya pepucuk,
pepucuking kang marga,
marganira bisa nampa kang satuhu,
nadyan isih sipatira,
durung cetha kang sajati.

47 Mula kudu sih narima,
undhakira ingkang saking sakedhik,
lumintu amupuk-mupuk,
suwé-suwé gya natar,
yèn ta iki uruta ing lakunipun,
wiwit ndungkap empanira,
ing alam ganda puniki.

48 Ing kono kaananira,
wiwit ngambu caranya angarasi,
salir daya kang nyarawung,
nyrawung kumpul ing sira,

17 PANGKUR

gatranira kadya kang kecritèng
　　　　　ngayun,
amung béda empanira,
kang iki empan ngarasi.

49　Kono caranya angganda,
klawan uga seneng lan karemnèki,
énak nikmat kang jinaluk,
kono pan béda-béda,
sanadyan ta sih kegolong
　　　　　tunggalipun,
tegesnya padha jinisnya,
jinising daya kéwani.

50　Salir iku kaanannya,
wiwit ngégla sira bisa anampi,
caranya lamun tumanduk,
gregetnya béda-béda,
klawan uga thuk-thuknya kang
　　　　　mesthi gathuk,
njaluk gathuk mring jodhonya,
amrih marem kang pinanggih.

46　Fortunately they were able to find this way before it was too late, and so could train their inner feeling, even though in the latihan they did not feel they were making quick progress. But thanks to the firm resolve of their inner feeling, they could attain what they wished for in the end.

47　Furthermore, eventually people will usually experience a state in the latihan where they begin, little by little, to be able to smell how the accompanying forces of human life influence them to want to smell various smells.

48　Here the state of the one being trained is just the same as that already mentioned: he or she feels like two people. For they become aware of what comes from their inner self and what is aroused by the forces that accompany human life.

49　This becomes increasingly clear for them, until they are aware of the reason why people get pleasure from smelling smells and why it is that different people like different smells.

50　From experiences like this in the latihan it will also become clear to them what is really going on when two people are kissing and caressing[4]. For that reason, then, in their latihan it is also necessary for them to be able to separate the stream of the forces that accompany human life from those whose source is their inner self, in order that after separation the forces may flow spontaneously in their rightful directions.

18
PUCUNG

'That is how life is supposed to be, with the human being occupying the highest place. So it is fitting that a person should be able to manage the current of these forces in his or her inner feeling.'

1 Untuk ini akal pikiran tidak perlu digunakan, sebab dengan alat itu tak mungkin orang dapat memahaminya, malahan kalau rasa dirinya tidak teguh-teguh akal pikiran mudah tergoncang.

2 Maka yang utama baiklah hal itu dikerjakan saja dengan cara latihan rasa diri sebagai seringkali disebut di muka, karena merupakan suatu jalan yang dapat dicapai dengan mudah.

3 Tercapainya itu sungguh mudah sekali, asalkan orang dalam prakteknya tidak menyalahi yang diuraikan di atas.

4 Karena hakekatnya, itu telah bersatu di dalam rasa diri, sehingga orang hanya perlu menggunakan kewaspadaannya saja.

5 Oleh sebab itu perlulah orang merasakan dengan sungguh-sungguh bagaimana terasanya kalau sedang mencium barang sesuatu.

6 Karena, dalam waktu mencium itu tak sedikit pulalah daya-daya yang mencampurinya, sehingga kalau barang seketika saja orang lengah, maka tak ayal lagi, ia tak akan dapat merasakan perbedaan daya yang mendayai rasa diri dalam keadaan sedemikian.

7 Dengan begitu tidak mungkin ia dapat merasakan desakan daya yang dari ia (manusia) dan yang dari pesertanya. Tetapi sebaliknya, apabila orang tetap waspada, akan dapatlah ia mengetahui perbedaannya.

8 Dengan terlaksananya ini, maka pergaulan antara ia dengan daya-daya pesertanya akan merupakan sebagai sifat orang berkeluarga, si orang kepala keluarga, sedangkan daya-daya pesertanya merupakan kawan hidup atau pekerja untuk menegakkan kedudukannya.

1 Kadya pocung, yèn pinikir
        temah bingung,
    mula ywa mangkana,
    becik nora dèn pepikir,
    tiwas tuwas yèn pinikir temah
        nglampra.

2 Ingkang bagus, becik lamun
        nurut tuduh,
    tuduh ingkang ana,
    ana ingkang wus tinampi,
    apan iku kang genah tur nora ngaya.

3 Mula iku, utamanya yèn lumaku,
    becik kadya ngarsa,
    wit nyatanya iku kaki,
    kenanira nora sarana dèn peksa.

4 Karan iku, temah temu
        kang dèn luru,
    pancèn iku nyata,
    nyata cepak angemori,
    carup kumpul mung durung samya
        waspada.

18 PUCUNG

5 Milanipun, lamun sira arsa dunung,
   wosnya kang rinasa,
   becik aywa ninggal yekti,
   kawaspadan empannya lamun
                          angganda.

6 Wit ing ngriku, santun-santun
                       ing pangambu,
   kang kumpul nèng rasa,
   mula lamun tan nitèni,
   temah tuna tan krasa sakaning karsa.

7 Nyatanipun, lamun sira bisa dunung,
   ngerti silahira,
   akèh lugunira kaki,
   sipat daya kang ndayani karsanira.

8 Karan iku, wus mangkono
                     karsèng idhup,
   sipatnya bebrayan,
   patrapnya lahir lir janmi,
   mengku praja ngrengga rowangnya
                              makarya.

1 Thinking should not be used for this purpose, because with that faculty it is impossible for a person to grasp this; indeed, if their inner feeling is not really firm, their mind could easily be shaken.

2 Much the best thing, then, is for this to be done only by means of the training of the inner feeling – frequently referred to earlier – because it is a way that is easy to follow.

3 It really is very simple to follow, provided that in practising it a person does nothing that conflicts with what has been explained above.

4 For in reality the latihan is already one with the inner feeling, so all a person needs to do is be attentive.

5 Therefore they need really to sense what they are feeling when they smell something.

6 Because when they are smelling something many of the forces get involved. So if a person is inattentive, even for just a moment, they will certainly be unable to distinguish between the forces that impose on their inner feeling at that moment.

7 In that state it is impossible to distinguish between the pressure of the human force coming from their self and the pressure of their companion forces. But if they remain attentive, they will be able to tell the difference between them.

8 When a person does this, the relationship between them and their companion forces is like that in a family: the person is the head of the family and the companion forces are like comrades or employees to support their position in life.

9 Demikianlah sudah menjadi kehendak hidup, orang menduduki tempat yang teratas. Maka dengan itu sudah selayaknyalah pula kalau orang harus pandai jadi pengatur aliran daya-daya itu di dalam rasa dirinya.

10 Artinya : si orang harus dapat menyalurkannya ke tiap-tiap jurusan yang menjadi azas tujuan yang pribadi (hak), sehingga keadaannya merupakan suatu kerjasama menuju keabadian hidup yang dapat membawa kebahagiaan hidup, baik yang dimiliki manusia maupun yang dimiliki masing-masing daya itu.

11 Demikianlah sifat keuntungan yang didapat oleh manusia yang telah pandai mengatur aliran daya-daya pesertanya yang ada dalam rasa diri. Maka tak akan mengherankanlah apabila manusia akhirnya segera dapat menemukan sifat keperluan pribadi.

12 sehingga ia terang-terang dapat menyadari guna daya-daya itu di dalam rasa diri manusia.

13 Sesudah demikian barulah orang insaf bahwa dalam setiap tindakan, umpamanya saja orang yang sedang mencium barang sesuatu, selalu disertai oleh daya-daya pesertanya,

14 sehingga dengan begitu orang akan lebih mengenal cara daya-daya peserta manusia mencampuri dalam rasa diri.

15 Iapun akan dapat menginsafi bagaimana sifat keinginan daya-daya itu kepada barang sesuatu yang dikehendaki.

16 Selanjutnya akan dapat diketahui perbedaan sifat keinginan masing-masing daya, sehingga keadaannya dikenal betul oleh si orang meskipun selalu campur dalam tingkah lakunya setindak demi setindak.

9 Kono manus, kang minangka
                    tunggulipun,
tetungguling daya,
sipat daya kang nyartani,
mula kono si janma ingkang kuwasa.

10 Kwasa ngatur, ing préntah
                    kena dèn turut,
saka adilira,
ing pranatan lawan malih,
datan ana tindak ing sawenang-
                    wenang.

11 Begjanipun, lamun janma bisa ngatur,
kadya kasbut ngarsa,
malah weruh pilahnèki,
pra silahnya salir daya rengganira.

12 Luwih luhung, saya mruhi gunanipun,
gunanya si daya,
yèku sipat daya salir,
kang wus dadya rerenggannya
                    dhirinira.

18 PUCUNG

13 Kono tuhu, wiwitira sira nemu,
nemu nyatanira,
pilahnya sawiji-wiji,
dayanira kang amor sajroning rasa.

14 Caranipun, yèn ngemori jroning laku,
lakuning sujanma,
nyatanya pan nora sami,
siji-siji béda-béda dayanira.

15 Apan iku, titinen wektu lumaku,
kang mempan nèng rasa,
salir mring kang dèn karemi,
klawan semnya marang barang
kang dèn pinta.

16 Nora luput, ing tembé
pan sira wanuh,
salir lagyanira,
kang kaana anèng dhiri,
ingkang kumpul nunggal tingkah
lakunira.

9 That is how life is supposed to be, with the human being occupying the highest place. So it is fitting that a person should be able to manage the current of these forces in his or her inner feeling.

10 This means that he or she must be able to channel each of them in the direction of their rightful goal, so that they are working together towards eternal life, which can bring happiness both to the human being and to each of these forces.

11 Such is the benefit obtained by people who have become skilled at organising the flow of the accompanying forces present in their inner feeling. It will be no surprise, then, if in the end they are quickly able to discover the nature of their own needs.

12 This enables them to be very clearly conscious of the role of these forces in the human inner feeling.

13 Only then does a person realise that in everything they do – when smelling something, for example – their accompanying forces always take part.

14 And in that way they will become more familiar with how the forces that accompany human beings blend with their inner feeling.

15 They will become aware of the quality of each of these forces' desires for whatever they want.

16 Then they will be able to recognise the differences between the desires of each force, and so really come to know its quality, even though these forces always involve themselves in a person's behaviour at every step.

17 Sungguh banyaklah yang didapat orang disitu, sehingga dengan sendirinya dapat ia menyalurkan aliran daya-daya itu kejurusannya sendiri-sendiri.

18 Karena itulah maka bagi seseorang yang masih kosong kefahamannya tentang ini, rasa diri dan hatinya mudah sekali dipengaruhi oleh daya-daya peserta manusia itu,

19 dan diluar kesadarannya si orang hanya menuruti kehendak keangkara-murkaan daya-daya itu, sedangkan diantaranya yang terdekat mempengaruhi rasa diri manusia ialah daya kebendaan.

20 Demikianlah, jadi berlainan sekali dengan orang yang telah memahami perihal daya-daya mencampuri rasa diri manusia. Bagi orang ini sekalian daya itu sudah bukan lagi menjadi perintang jalan atau mempengaruhi rasa diri, tetapi telah mendapatkan jalan sendiri yang menuju kejurusan haknya.

---

17 Krana iku, kono akèh kang tinemu,
énaknya tan sama,
maremnya uga tan sami,
iku nyata saka bédanya si daya.

18 Mula iku, tumrap janma kang
sih suwung,
kang durung uninga,
tata silah munggwing iki,
gampang kena kakenan
kareming daya.

19 Daya asor, kang nenuntun
   tindak luput,
   tekèng angkaranya,
   pan samono teka janmi,
   tan rumangsa yèn tindaknya
   iku salah.

20 Béda lamun, klawan kang
   wus samya weruh,
   salir empanira,
   sagung daya kang ndayani,
   temah genah sinisih daya kang salah.

17 Through this people really learn a great deal, and they can spontaneously channel the flow of these forces in the direction that is appropriate for each one.

18 If people are still without any understanding of this, then their inner feeling, heart and mind are very easily influenced by these forces that accompany human beings.

19 Unaware of this, they just follow the greedy desires of these forces. And the one that most influences the human inner feeling is the power of matter.

20 That is what happens. Very different, then, is the person who already understands about the forces involved in the human inner feeling. For this person they no longer obstruct or influence the inner feeling, because the forces will have found their own path towards their rightful destination.

19
MEGATRUH

'The meaning of completeness
is that you, as human beings, will
have found your individual or
authentic inner purpose.'

SUSILA BUDHI DHARMA

1 Sekarang ganti yang dibicarakan. Untuk lebih menjelaskan bagaimana daya-daya peserta manusia itu bekerja di dalam masing-masing anggota badan, baiklah diterangkan pula selain yang telah diuraikan di atas.

2 Daya-daya peserta manusia itu campur juga di dalam rasa diri manusia yang sedang mendengarkan bunyi atau suara barang sesuatu.

3 Disitupun mereka berebutan di muka, mana diantaranya yang dapat lebih cepat mendekati hati.

4 Sesudah tercapai, maka dengan sendirinya daya yang terdekat dihati itu segera memasuki rasa diri yang menjelma dengan utuhnya menjadi kehendak manusia.

5 Yang banyak dan yang mungkin mudah mendekat ke hati manusia itu ialah daya kebendaan, yaitu : daya barang yang nampaknya mati dan yang bergerak hanya karena orang.

6 Oleh sebab itu, bagi kamu 'nak, dalam keadaan yang sedang demikian itu perlu pula dirasakan dengan sungguh-sungguh bagaimana perbedaan cara daya-daya itu mempengaruhi rasa diri, dan bagaimana keadaannya masing-masing setelah menyisih dari kehendak anakanda pribadi, yaitu : kehendak manusia pribadi.

7 Caranya mempengaruhi rasa diri hingga akhirnya menjelma dalam pendengaran manusia itu pun tidak berbeda pula dengan apa yang telah dituturkan di muka.

8 Karena yang demikian itulah maka kamu harus waspada, anakku. Bekerjanya masing-masing daya yang ada dalam pendengaran itu, pergantian kesukaan dan kegemarannya, harus sungguh-sungguh dirasakan, agar anakku dapat mengerti kemudian bagaimana tabiatnya masing-masing.

1 Ganti mangkya jejernya ingkang rinembug,
mrih terangnya kang tinulis,
dèn pepegat raosipun,
mrih terangnya kang tinampi,
kang nèng ndoning praboting wong.

2 Pan samangkya sawusnya ganda rinembug,
ganti ingkang tumrap pyarsi,
yèn sujanma krungu iku,
datan béda kono yekti,
salir daya kumpul amor.

3 Amor kumpul meksa kono rebut ngayun,
singa kang kacedhak ati,
lawan endi ingkang baut,
baut mikat sihing ati,
iku ingkang akekatong.

4 Angrajani krasa kwasa ngerèh manus,
sakarepnya dèn turuti,
dhasar uwis ngesur lungguh,
temah nunggal dadi siji,
nèng sajroning rasaning wong.

19 MEGATRUH

1 Now to change the discussion: to explain further how the forces that accompany human beings work in the various organs and members of the body, it is good to add to what has been explained before.

5 Adhakannya daya kang kadya
    puniku,
daya barang kang kaèksi,
lahirira nora idhup,
ora bisa mobah-musik,
lamun nora krana uwong.

2 These accompanying forces also involve themselves in the inner feeling of a person hearing any kind of sound or voice.

3 Here too they race one another to be first to reach the heart and mind.

6 Mula iku dèn samya ngèstokken
    tuduh,
pituduh kang wus tinampi,
yèku wektu sira krungu,
dèn titi kang samya nampi,
ingkang tansah kudu awor.

4 Once they get there, the force closest to the heart and mind immediately enters the inner feeling and unites with it, manifesting its entirety as a human desire.

5 The one that most usually, and perhaps most easily, can reach the heart and mind is the force of matter; that is, the force of things that appear inanimate and only move because of human beings.

7 Perlunira tan béda kadya ing ngayun,
dèn wruhana solahnèki,
béda-bédanya tumanduk,
wektu sira amiarsi,
marang saliring rerungon.

6 Therefore, my children, in these circumstances you must feel thoroughly the different ways in which these forces influence the inner feeling; and you must feel the state of each of them after it has separated from your own will – that is, from the will of your own human individuality.

7 The way in which they influence the inner feeling until eventually they manifest in a person's hearing is also no different from what has been said earlier.

8 Datan béda kono sengsem
    karemipun,
mring salir kang dèn piarsi,
béda daya béda semu,
uga béda lagyanèki,
pan iku kudu waspaos.

8 That being so, my children, you must be alert. You really need to feel the working of each of the forces in your hearing, and the shifting of their various pleasures and enthusiasms, so that later you can understand their individual characters.

9 Sekarang beralih pula yang perlu diterangkan : bersamaan dengan penerimaan yang telah dialami tadi, engkau akan dapat merasakan pula bagaimana daya-daya peserta manusia itu campur dalam penglihatan.

10 Pun dapat dirasakan juga bagaimana daya-daya itu mencampuri rasa ketika anakanda sedang merasakan makanan dan berbicara; selanjutnya dapat pula dirasakan campurnya dalam rasa dikala kamu sedang merasakan kenikmatan rasa diri.

11 Demikianlah sudah menjadi kehendak kodrat hidup. Daya-daya itu memang ditentukan menjadi peserta manusia, sehingga secara mudah orang dapat mengatakan, bahwa daya-daya itu sehidup semati dengan manusia. Hanya saja yang perlu ananda insafi ialah agar dengan itu engkau dalam hidupmu dapat menerima menjadi pengatur kerjanya masing-masing.

12 Bagi kamu 'nak, itulah sesungguhnya yang terpenting, karena dengan teraturnya apa yang berada disitu, kedudukanmu sebagai manusia akan dengan sendirinya menjadi teguh dan dapat mengawasi serta mengetahui bagaimana kerja dan guna masing-masing daya peserta itu.

13 Karena itu dalam latihan perlulah ananda rasakan benar-benar apa yang terjadi dengan sekalian daya-daya itu.

14 Dengan berhasilnya apa yang tersebut di muka, maka dengan sendirinya akan terbukalah jalan bagi kamu, anakku sehingga engkau dengan mudah dapat menuju ke arah kesempurnaan.

---

9 Nulya malih candhaknya
saking puniku,
apan nulya uga nampi,
sedyanira daya iku,
ingkang nedya angemori,
anèng jroning tingaling wong.

10 Nadyan rasa ing njero pan
nora luput,
dèn emori daya salir,
kumpul nedya kudu mèlu,
ngrasakken ing nikmatnèki,
nikmating rasa kang wados.

11 Kadya iku yektinira pan sadarum,
saliring daya puniki,
apan wus kodrating idhup,
kumpul awor nunggal janmi,
amung béda munggwing enggon.

19 MEGATRUH

12 Iku mula perlunira sira weruh,
    weruhana silahnèki,
    pra bédanya saliripun,
    lan daya kang saking janmi,
    dadya sira wruh ing wados.

13 Apan iku kang dadi wadining manus,
    mula dèn bisa anampi,
    saliring pituduhipun,
    kang melok ing latyanèki,
    samubarang kang kawiyos.

14 Temah lamun yèn iki wus
          sira pangguh,
    lagi bisa sira uning,
    laku ingkang tuhunipun,
    kang dadya lakuning janmi,
    kang tumuju mring kang yektos.

9 Now there are other things that need to be explained. At the same time as you receive the experience just mentioned, you will also be able to feel how the forces that accompany human beings take part in seeing.

10 Likewise you will be able to tell how these forces involve themselves in your feeling while you are tasting food, or speaking. Furthermore you will also be able to notice them blend within your feeling when you are experiencing inner bliss.

11 That is how God has willed life to be. These forces are indeed destined to be the companions of human beings, so one may well say that they are with us in life and death. However, you need to become conscious of them, so that during your life you may thereby receive how to direct the work of each of them.

12 That really is most important for you, my children, because when these forces within you have been organised, your status as a human being will spontaneously be strengthened, and you will be able to know and supervise the work and the use of each of these companion forces.

13 That is why in the latihan you really need to feel what is going on with these forces.

14 By succeeding in this you will find the way opening for you by itself, my children, so that you can easily set your course towards completeness.

15 Arti sempurna, ialah : bahwa ananda sebagai manusia, telah dapat menemukan sifat guna diri yang pribadi atau sejati, yang dengan ini kamu sudah tidak merasa lagi sebagai badan orang yang tak terisi kekuatan luar dugaan yang membangkitkan rasa diri hingga dapat menjadi alat penerima pengertian untuk guna hidup manusia di dunia dan di akhirat.

16 Demikianlah kenyataan yang didapat disitu, hingga dengan jelas kamu dapat bertindak atas guna dirimu dengan rasa hidup yang tak memungkiri kebesaran Tuhan Yang Maha Esa.

17 Kamu akan tahu dan mengerti, anakku, batas-batas kemauan dan kemampuan masing-masing daya itu; begitu pula dapat kamu insafi kemampuan guna diri pribadimu sendiri.

18 Sehingga disitu terasa sebagai sudah terpisah satu sama lain, meskipun semua itu sesungguhnya masih campur ibarat gula dengan manisnya.

19 Dengan kesudahan yang kamu peroleh, hakekatnya daya-daya itu merasa puas, yang sebabnya tidak lain karena masing-masing telah dapat menemukan jalan yang memang menjadi hak tujuannya.

20 Sedangkan untuk kepribadianmu sendiri tak kurang pula yang diterima, sehingga sungguh-sungguh dapat dirasakan kelancaran bagi tindakan dan perjalananmu.

15 Yektinira wosing perlu
    munggwing manus,
    gunanira kang sayekti,
    nèng donya lan akiripun,
    dadya donya akirnèki,
    nora manggih kahnan kopong.

16 Temah isi kisèn daya ingkang luhung,
    jiwaning manungsa kèksi,
    ingkang nggawa gunanipun,
    gunaning janma sayekti,
    marganing urip kinaot.

17 Sira weruh sira ngerti butuhipun,
    butuhnya jiwanirèki,
    jiwanya manungsanipun,
    lan butuhnya kang nyartani,
    dadya nora tumpang esoh.

19 MEGATRUH

18 Bisa ngedum ing pandundum
　　　　　　nora éwuh,
　saka salir wus anampi,
　sipatnya butuhing idhup,
　nora kurang nora luwih,
　temah dèn trima ing raos.

19 Rasa lega wit kalegan kang
　　　　　　dèn suwun,
　saka wus nurut kepati,
　nurut marga jinisipun,
　jinisira siji-siji,
　temah nora tekèng kisroh.

20 Nadyan sira lungguhira
　　　　　　jeneng manus,
　wit saka wus ngudanèni,
　wus anampa tatanipun,
　tatanira daya salir,
　ing laku yekti kinaot.

15 The meaning of completeness is that you, as human beings, will have found your individual or authentic inner purpose. With this you will no longer feel like a human body empty of that power beyond reckoning, a power that awakens the inner feeling to become an instrument for receiving understanding about the purpose of human life in this world and the hereafter.

16 That is the reality you will find; it will enable you to act with clear knowledge of your own role, with a feeling that is alive and does not deny the greatness of Almighty God.

17 You will know and understand, my children, the limits of the will and of the abilities of each of these forces; likewise you will become conscious of the ability and purpose of your own individuality.

18 Then, in that state, it will feel as if the forces have become separated from one another, although they are really all mixed together in the way sugar is mixed with its sweetness.

19 Once you have reached that stage, in reality these forces will feel satisfied, for the simple reason that each will have been able to find its right destination.

20 And you will receive no less for your own individuality; you will be able to feel really sure that your steps and your journey will be unimpeded.

20
DHANDHANGGULA

'... may those who are on this way
follow the training of the inner feeling
diligently; and may they also be able to
receive the grace of Almighty God,'

SUSILA BUDHI DHARMA

1 Dengan demikian maka akan segera kamu memperoleh keahlian bekerja yang selaras dengan jiwamu, yang sudah tentu akan membahagiakan hidupmu, karena dilahirkan atau ditumbuhkan oleh jiwa manusiamu yang membawa hidupnya seluruh rasa dirimu. Begitulah anakku, sehingga semangat bekerjamu tetap ada dan pertumbuhan atau kemajuan dalam pekerjaan tidak akan mengecewakan.

2 Itulah sesungguhnya yang disebut : kebudayaan, karena berasal dari jiwa manusia yang diterima oleh rasa diri yang telah bangkit terhindar dari pengaruh daya-daya pesertanya. Juga itulah sesungguhnya suatu sifat kebudayaan yang terisi daya hidup yang tiada henti-hentinya. Oleh sebab itulah, maka sifat pekerjaan yang kamu kerjakan merupakan jalan untuk kebaktianmu terhadap Yang Maha Esa.

3 Kalau dilihat dari sudut biasa atau lahir, sifat pekerjaanmu itu tidak berbeda dengan sifat pekerjaan biasa, tetapi hakekatnya jauh sekali berlainan. Sebab sifat pekerjaan dan keahlian biasa itu diperdapat karena belajar dari orang lain atau dari pergaulan, yang belum dapat ditentukan cocok tidaknya dengan diri pribadi. Sedangkan keahlian bekerja yang kamu peroleh itu, adalah suatu sifat keahlian yang berasal dari jiwa manusia seperti yang telah diterangkan di muka.

4 Oleh sebab itu, dalam melakukan pekerjaanmu nanti, tidak boleh tidak lahir dan batinmu akan selalu sefaham, dan dengan demikian tentu akan mendatangkan suatu kemajuan dalam pekerjaanmu sesuai dengan pertumbuhan dan perubahan zaman yang kamu hadapi.

1 Luwih manis ing laku pratitis,
saya cetha wit nora kagodha,
salir daya kekanthiné,
temah sira rahayu,
saya wruh mring gunaning dhiri,
ngaléla tumanggalnya,
king jiwaning manus,
saya ngreda nora ngaya,
krana ana datan nganggo dèn golèki,
melok karsaning jiwa.

2 Apan iku kulup nyatanèki,
nyatanira kang jeneng kagunan,
ingkang agung manpangaté,
wit iku nyatanipun,
sipat guna kang mawa isi,
kang asal king karsanya,
karsaning idhup gung,
pan samana kang tinampa,
anèng rasa kang winengan
    king jiwadi,
jiwa janma sampurna.

20 DHANDHANGGULA

3   Mula iku nadyan ta ing lahir,
    sipatnya tan béda lan lyanira,
    nyatanira gung bédané,
    wit iki asalipun,
    king Kwasa trus jiwa nembusi,
    tekèng rasa pangrasa,
    trus badan sakojur,
    lan wus pilah lan sartanya,
    yèku salir sipating daya kang sisip,
    kang nèng ngandhaping janma.

4   Krana iku ing bénjang sirèki,
    yèn tumindak nindakken pakarya,
    nora pisah lan batiné,
    makna batin wosipun,
    isi badan lajering urip,
    yèku ingkang sanyata,
    bisa wèh pituduh,
    lakunira olah karya,
    pakaryanta kang cocog sira lakoni,
    nut jaman kahnanira.

1   That being so, you will soon gain ability and skills within your work that are in tune with your soul; and, because these will stem or grow from your human soul, which brings your whole inner feeling to life, this will certainly make your life happy. That is how it is, my children; so you will always have enthusiasm for your work, and your development and progress in it will not be disappointing.

2   That is what can truly be called culture[5], because its source is the human soul and it is received in an inner feeling that has awakened, free of the influence of its companion forces. It is a culture filled with a life force that never stops; and that is why the work you do will be a means for you to worship the Almighty.

3   Seen from an ordinary or outer viewpoint, the nature of your work will not differ from that of normal work, but in reality it will be far different. For ordinary work and skill are acquired by learning from someone else, or through associating with others, and as yet one cannot be sure whether or not these are in harmony with one's individuality. But the work skills that you will acquire are of a quality whose source, as previously explained, is the human soul.

4   That is why later, in doing your work, your outer and your inner can never be other than in accord; so you will be bound to progress in your work in a way that is in accordance with the advances and changes of the times you live in.

5 Sebagai itulah anakku, maka diharapkan supaya kamu jangan sampai meninggalkan latihan kejiwaan itu, karena sesungguhnya merupakan cara yang mudah dijalankan dengan tidak memerlukan menjauhkan diri dari khalayak ramai, dan mudah pula mendatangkan buah kenyataan yang dapat meneguhkan kepribadianmu.

6 Sungguh banyak yang kamu peroleh disitu, sehingga sifat kebutuhan yang selayak sepadan dengan dirimu akan mudah dicapai dengan tidak perlu bertenaga susah payah.

7 Lagipula, dengan yang demikian itu keadaanmu selalu diliputi oleh kekuatan hidup yang di luar dugaan akal pikiran, sehingga kamu dengan mudah menemukan jalan yang terbuka luas bagi pandangan hidupmu.

8 Maka teranglah bahwa sifat keahlian bekerja yang kamu peroleh karena latihan kejiwaan itu sesungguhnya adalah sifat kebudayaan yang asli, sebab memang lahir dan tumbuh karena jiwa manusia yang telah terhindar dari segala pengaruh daya-daya peserta manusia. Oleh sebab itulah maka sifat kebudayaan ini bukan akan membawa matinya pengetahuan manusia dan menutup jalan bagi kebaktian manusia terhadap Yang Maha Esa, tetapi justeru menjadi syarat juga bagi kebaktian manusia terhadap Yang Maha Esa, karena kenyataannya memang : berasal dari Tuhan kembali ke Tuhan.

9 Sekianlah, maka sebagai penutup tulisan ini, tiada lain yang diharap semoga para pelatih rajin menjalankan latihan rasa diri, dan diharap pula semoga dapat menerima kemurahan Tuhan Yang Maha Esa, sehingga akhirnya dapat mereka sungguh-sungguh memberi rintisan jalan kepada para peminat latihan rasa diri.

5 Mula kono sira kang sayekti,
nampa tuduh tumrap perlunira,
perlunira nèng donyané,
kapindho datan suwung,
ingkang tumrap uripnya akir,
dadya sira nyatanya,
njaba njro tan suwung,
temah kukuh adegira,
ing tumindak bisa ngatur rasanèki,
rasaning badanira.

6 Krana lamun kalakon sirèki,
nyakup salir apa kang kinandha,
temah agung pakolèhé,
wit salir butuhipun,
butuhira ngolah pakarti,
sira tansah winulang,
saking jiwanipun,
tur ing kono melokira,
mboya kudu rekasa angulir ati,
cukup nurut ing karsa.

7 Pan sawusnya salir sira tampi,
temah sira ing tindak tan ana,
samar-samar ing lakuné,
wit ing kono sirèku,
jroning tindak pan sinung éling,

20 DHANDHANGGULA

éling mring Hyang Kang Kwasa,
kang wèh nugraha nung,
temah slamet tindakira,
ing tumindak saya genah amuwuhi,
jembar wawasanira.

8   Iku kaki kang jeneng sayekti,
jeneng guna ingkang linimputan,
Sih Kwasaning Hyang yektiné,
mula kono tan suwung,
ing tumindak tan béda dadi,
srana panembahira,
mring Hyang kang maha Gung,
mula condhong nyatanira,
saka Gusti yèn mulih bali
      mring Gusti,
mangkono karsanira.

9   Mangkya mangka panutuping tulis,
dèn pepuji muga pra kang samya,
samya nglatih mring dhiriné,
dèn lagangna ing laku,
lakunira anglatih dhiri,
muga glisa winengan,
wewadining idhup,
supaya bisaa sigra,
gawé sendhon sesendhon
      uriping dhiri,
karya pambukèng rasa.

5   That is how it is, my children. So it is to be hoped that you will not stop doing the latihan, for truly it is a way that is simple to follow and that does not require you to isolate yourself from society; it will also easily bring you real results that strengthen your individuality.

6   You will truly gain a lot from it, making it possible to satisfy the needs that are most fitting for you without having to make huge efforts.

7   Moreover, as a result of this your existence will always be enveloped by a life force outside the grasp of the mind, so enabling you easily to find the path that will broaden the scope of your life.

8   So it is clear that the ability in your work you acquire through the latihan is actually your innate culture, for indeed it is born and grows from your human soul, which has become free from all influences of the forces that accompany human beings. For that reason, this culture will neither destroy human knowledge nor close the way for people to worship the Almighty; instead it is a requirement of that worship, for in reality it comes from God and to God it returns.

9   That is all, and so this writing ends, closing with simply this hope: may those who are on this way follow the training of the inner feeling diligently; and may they also be able to receive the grace of Almighty God, so that in time they may sincerely show the way to others who are interested in the latihan of the inner feeling.

APPENDICE

APPENDICES

Appendix 1

About the poetry of *Susila Budhi Dharma*

1. What *Tembang* is

The original text of *Susila Budhi Dharma* was written in a form of Javanese poetry or 'metrical prose' called *Tembang*.
The eight words *Sinom, Dhandhanggula, Kinanthi, Pangkur, Megatruh, Asmarandana, Pucung,* and *Mijil* are the names of stanza forms in this genre of verse.

Until very recent times, almost all books in Javanese on literature, history, and religion were written in *tembang*.

Tembang have tunes to which they can be sung. On the radio, in the countryside, and in the royal courts, Javanese books are still recited aloud, often with different people taking turns singing. This custom still survives at Bapak's house in Pamulang, where Subud members gather in his memory every month or so on a Friday night to do latihan, recite from the Quran, and sing passages from *Susila Budhi Dharma*.

When writing in *tembang* form certain rules must be followed. One must take into account *guru wilangan* (the number of syllables) and *guru lagu* (the tone), meaning that the ending of a word in each stanza follows a certain rhyme and runs for a certain number of *gatra* (lines of poetry). Each *tembang* has its own *guru wilangan* and *guru lagu*.

Tembang is sung to a special tune which may be accompanied by the gamelan – *tembang* poetry cannot therefore be separated from musical form.

In books written in *tembang* the start of a new chapter is marked by a change of verse form, and each chapter is automatically called by the name of the verse form in which it is written.

These titles were simply copied into the Indonesian commentary and English translations of the commentary of *Susila Budhi Dharma*, and one can see why no attempt was ever made to translate them.

2. Translations

All eight words do have meanings of their own, but no purpose is served by trying to translate them. In fact, the real significance of these stanza names seems to have got lost centuries ago, and the Javanese of today simply use them as technical terms and don't think too much about their other meanings. It's much like the English word sonnet, which means 'a little song', but sonnets in the minds of today's people are less 'little songs' than they are fourteen-line iambic pentameter poems.

APPENDIX 1

Below are the literal meanings of the names of these verse forms. It should be immediately clear why they need not or cannot be translated. Some of the words and phrases have more than one meaning. Where this is the case, the meaning most Javanese accept as the relevant one is marked with an asterisk.

Sinom:
a) Tender tips of the yam vine.
b) Young tamarind leaf.
c) Tip of the tamarind leaf.
d) The downy fringe of hair across the forehead at the hairline.
e)* Young boy.
f) Princess.
g) Upper section of a four-tiered roof.
h) A certain dagger-blade pattern.

Dhandhanggula:
Brown carrion crow. (There also happens to have been a medieval Javanese poet with a variant of this name, Dhandhang Gendhis, and there may well be a connection with him.)

Kinanthi:
Accompanied. The noun *kanthi* (companion) turned into a passive verb with the infix in *kinanthi*.

Pangkur:
The name of an ocean fish, but the word is seen as resembling *pungkur*, which means * 'past' or 'behind', and this is the association this name has for most Javanese.

Megatruh:
A phrase, *megat ruh*, meaning 'causing the soul to separate from the body'.

Asmarandana:
Asmara is intense romantic love, and *ndana* can mean 'gift', so this could be translated as 'love's gift'.
The symbolic expression of this metre has a connection with *asmara*, which is derived from the Sanskrit word *smara* meaning the God of Love.

Pucung:
a)* *Bapak pucung* is the name of a tiny red and black insect that infests the kapok tree. Many poems in the pucung meter address riddles to this insect.
b) The seed of the *kluwak* tree (*Pangium edule*), which is used as a spice and can cause intoxication.
c) The Indonesian plant, *kepajang*, which is a sort of intoxicating or stunning bread fruit.

Mijil:
The verb: 'to appear'.

APPENDIX 1

3. Nature of the Stanza Forms

Each of these forms has a character of its own and is considered suitable for a certain class of subject matter:

Sinom:
Character: Friendly, congenial, romantic.
Suitable for: Giving advice, sending messages, recording intimate conversations, or telling love stories.

Dhandhanggula:
Character: Refined, cultured, happy.
Suitable for: Teaching, describing mutual love, recording victories, and for use in the final chapter of a work.

Kinanthi:
Character: Happy, affectionate, loving.
Suitable for: Explaining philosophy or doctrine, or describing infatuation and passion.

Pangkur:
Character: Earnest, harsh.
Suitable for: Describing heightened feelings, narrating stories with an intense meaning, giving serious advice, or describing intense passion.

Megatruh:
Character: Lovesickness combined with desperation.
Suitable for: Arousing feelings of disappointment, or sorrow.

Asmarandana:
Character: Alluring, sad, lovesick.
Suitable for: Love stories.

Pucung:
Character: Loose, relaxed.
Suitable for: Riddles, jokes, and any other material devoid of intensity.

When used for teaching philosophy, it is meant to reduce the heaviness of the subject matter.

Mijil:
Character: Full of feeling.
Suitable for: Giving explanations or advice, but may also be used for love stories or to describe sadness.

Appendix 2

Correspondence concerning the translation of *Susila Budhi Dharma*

The following letter from Muhammad Subuh is taken from *Reflections on Subud* (1960) by Husein Rofé, and is Rofé's own translation from the Indonesian.

> Together with the second instalment of my manuscript, I must send you some explanation to meet your surprise at the manner of its composition. Certainly, if that book had been written while you were still in Yogyakarta, the question of its translation would have been greatly facilitated. It is really strange that, during that period, I had no inclination whatever to write anything on spiritual matters. You say you are astonished, but I should mention that I, myself, am also amazed.
>
> This shows that we should not rush matters, but act patiently, and await the hour. This does not mean that we should just sit still and be indifferent, but that we must act in an orderly and cautious manner.
>
> As to the second fascicle [part] of my book, which I am herewith enclosing, with an Indonesian commentary, I hope you will be easily able to translate it into English. When the original is commented on in such a way, one can easily think it over, or at least think about it. But, from the esoteric point of view, this is still a state comparable to a cork bobbing up and down on the waves; for the Indonesian translation gives little if any possibility for the consciousness to be affected by the Life current.
>
> To take your own case, although you are quite unfamiliar with Old Javanese (*Kawi*), you should feel affected by reading the original, and be in a position to divine its true meaning. Nevertheless, as the book is destined to be read by a number of people in other countries where readers are accustomed to make critical use of their minds, it would be a good thing to undertake a free and scientific translation, as you suggest.
>
> I still have some reservations about this matter however, since, in typing the Indonesian commentary, I am obliged to make use of desire in a normal way; I make typographical errors, and rapidly feel exhausted. This is however of little importance since the work requires a maximum of concentration on my part.

Appendix 3

Further correspondence concerning *Susila Budhi Dharma*

In January 1971, in a letter to Matthew Sullivan, Muhammad Subuh gave clarification about his translation from the Javanese of *Susila Budhi Dharma*. The following quotation is from the English translation of that letter made at the time it was written:

> Concerning the book *Susila Budhi Dharma*, the translation from the Javanese into Indonesian was done by Bapak himself. Indeed, Bapak's translation is an explanation of the meaning and it is not a literal translation from the Javanese into the Indonesian language.
>
> Even though you may feel that such a translation is not so exact as a literal translation would be, since usually it is done that way there, nevertheless it is not possible to make a literal translation from the Javanese, which is a language composed of melody and also containing many words of the Djawa-Kawi language.
>
> Bapak gives as a little example, the following:

Pangkur	**Literally translated**
Mingkar mingkuring ukara...	to draw forth and go behind the meaning of the words'
Hakarana karenaning mardi siwi...	origin in order to train children
Sinawung resmining kidung...	accompanied by a pleasing melody
Sinuba sinukarta...	to be spread abroad and made known
Mrih kretarta pakartining ilmu luhung...	in order to distribute equally the highest wisdom
Kang tumraping tanah Djawa...	for the country of Java
Agama ageming hadji...	the religion as believed by the Kings.

> When the foregoing is not translated literally:
>
> > The purpose of the contents of this book is to give the reader an illustration of the way to bring up children. As for the need to accompany it with a melody, it is so that the instructions and guidance that concern the highest wisdom and that have become the belief (religion) of the Kings can be spread (broadcast) throughout the whole of Java.
>
> If you will read the two translations, there is a great difference between them in the meaning, and yet it is only a translation of the ordinary or general language and not of the Kawi dialect or of the meaning of names given to parts of the body of those persons who occupy high positions and to those of low estate.
>
> For example, take the word *mata* (eye). The translation of *mata* into the Indonesian language is: mata. While [in Javanese] it is not permitted to use the word 'mata', but *mripat* for an older person or one of high position, and for one of a still higher position, the word *paningal* is used. But in the translations into the Indonesian language, there is only the word 'mata'. Yes, in short, it is difficult to translate into Indonesian from the Javanese, and above all if what is translated is guidance or instruction concerning knowledge that is sung like a *matjopat* (poem).
>
> Therefore, if it is desired to translate the contents of a book such as this one, just take the meaning. Fortunately, the book *Susila Budhi Dharma*, which Bapak composed or wrote, was translated by Bapak himself, and although it is not a literal translation, nevertheless it is a true explanation about the meaning.

Notes

1   A reference to the opening (q.v.). A Subud member who witnesses the initial latihan of a new member.

2   The Indonesian word used is *laki-laki*, which specifically refers to the human male nature, as distinct from a low male nature.

3   *Garwa* is a Javanese word that has no equivalent in any other language. It comes from the words *sigaring jiwa*, a javanese term meaning 'half of the soul'.

4   It should be noted that in Indonesian the word 'to kiss' is *mencium*, 'to smell'. So the primary sense traditionally considered to be involved in this activity is the sense of smell. In social situations where people kiss each other's cheeks or hands, Indonesians sniff rather than smack their lips as in European culture.

5   The word 'culture' used here is translated from the Indonesian word *kebudayaan*, which comes from *budi daya*, words that imply a force of creativity that comes from within.

Translators' Notes

Forces/powers [from Indonesian *daya*]:
Literally 'force' but, where appropriate, also translated as 'powers' since the author often uses the word to describe the influence on human beings of entities belonging to different levels – material, vegetable, etc.

Heart [from the Indonesian *hati*]:
The feelings that are limited to our mortal nature. *Hati* literally means 'the liver', considered to be the seat of feelings, emotions and desires; 'heart' is not a perfect fit, since it is also considered to be the place where imagining and daydreaming go on.

Individuality [from the Indonesian *diri pribadi*]:
Our true self, as distinct from the personality we acquire through imitation or learning.

Inner feeling [from Indonesian *rasa diri*]:
The true feeling that we can rely on to guide us in our life, because it comes from our true self, as opposed to **'feelings'** [*rasa perasaan*], which are our everyday emotions.

Latihan [from the Indonesian *latihan kejiwaan*]:
Literally 'spiritual training' or 'training in the realm of the soul', it describes the practice of divine worship in Subud that is the main topic of this book. In English it is now commonly referred to as 'the latihan'.

Opening [from the Indonesian *pembukaan*]:
From the root *buka*, meaning 'open', the term that is used for the first occasion when someone experiences the latihan (q.v.).

Passion/desires [from the Indonesian *nafsu*]:
The motivations in a person that originate from the life powers that are lower than the human level.

Soul [from the Indonesian *jiwa*]:
The part of a living being that does not die – the living content. The important point, however, is that the *jiwa* of a person is not necessarily human; it may contain elements from other, lower, life powers. When a person dies, these separate and return to their respective worlds. The human soul may therefore be incomplete or even non-existent.

SUBUD

Subud is a spiritual movement which began in 1924. It now exists in over seventy countries and numbers about 10,000 members.

Subud is an association of people who share a certain inner experience based on surrender to what may be called the Great Life Force, or the power of God. As an outer expression of its aims, the association has set up health, educational and social projects around the world, funded in some cases by business enterprises.

Subud is based primarily on direct experience, not on belief or teaching. There is no leader, nor any hierarchy within the movement. The path of Subud is the path of spiritual completion as a human being; the word Subud itself has a meaning denoting wholeness or completeness. It is also an acronym of the three Sanskrit words *Susila*, *Budhi* and *Dharma*.

Subud is non political and open to members of all races, nationalities and creeds, without distinction. Since no belief or behaviour system is involved, members of all religions as well as those with no religious beliefs – even atheists – are attracted to Subud.

The purpose of Subud is not to supplant religion. Subud is not an alternative to religious practice, but on the contrary produces a deeper understanding of religion and a stronger commitment towards it.

Subud does not engage in any kind of advertising or propaganda, and does not seek to attract members by such means. However, there are books about it, and about the experiences of individuals in Subud. These can usually be obtained from libraries.

FURTHER READING ABOUT SUBUD

SUBUD

PUBLICATIONS & CONTACTS

Among many books published about Subud are:

The Meaning of Subud
Muhammad Subuh
ISBN: 1 869822 12 9

Subud
Rashid Lyle
ISBN: 0 907728 01 4

Living Religion in Subud
Matthew Sullivan
ISBN: 0 907728 05 7

Subud is a Way of Life
Harlinah Longcroft
ISBN: 1 869822 06 4

A Special Assignment
Varindra Vittachi
ISBN: 1 869822 69 2

Saving Grace
Marcus Bolt
ISBN: 0 9535766 0 4

Antidote
Salamah Pope
ISBN: 1 869822 03 X

History of Subud – Volume 1
Harlinah Longcroft
ISBN: 1 882216 06 7

These and other books and leaflets about Subud can be obtained from:

Subud Publications International Ltd
Loudwater Farm, Loudwater Lane
Rickmansworth, Herts WD3 4HG
UK

e-mail: spi@subudbooks.co.uk

Subud USA
14019 NE 8th St. Suite A
Bellevue, WA 98007
USA

e-mail: subudusa@wolfenet.com

The Subud Britain National Office can be contacted on: 0870 444 2604
Local Subud groups are often listed in telephone directories.
The Subud web site is: www.subud.org